PRACTICE OF
FOREIGN EXCHANGE

三訂

外国為替
の実務

経済法令研究会 編

経済法令研究会

は し が き

　外国為替業務の内容は多岐にわたり、広義には、金融機関が行う国際業務全般を指します。狭義には、金融機関に依頼される個々の外国為替実務、つまり輸出入、為替予約、外国送金、外貨預金、外貨貸付け、海外進出支援業務等の取引であり、これに付随する業務を指します。

　外国為替業務は、国内の預金業務や融資業務と並ぶ金融機関の主要業務の１つとなっているため、金融機関行職員の皆さんが外国為替業務についての知識を身に付ける重要性が高まっています。

　本書は、金融機関で外国為替業務に携わっている方、その経験のある方々にご執筆をいただき、外国為替の基本的な仕組みから、国際業務・外国為替取引について必要な実務知識を取引項目ごとにわかりやすく解説しています。

　本改訂版においては、外為実務をめぐる法制度の動きを反映し、内容全体に見直しを加えています。

　また本書は、銀行業務検定試験「外国為替２級」「外国為替３級」の参考図書としてもご活用いただける内容となっており、受験用の知識はもちろんのこと、日々の業務にも役立つよう、最近の動向を盛り込みつつ、より実務的な内容としています。

　本書が外国為替業務に携わる方の一助となり、もって金融機関の発展に資することとなるよう願っております。

2023年11月

経済法令研究会

目 次 INDEX

第3章　輸入取引

第4章　予約・為替相場

第7章　取引先の海外進出支援業務等

<＝＝＝＜凡　例＞＝＝＝>

＜凡　例＞

　次の法令等については、適宜、簡略語を用いています。また、本文中に
ある銀行とは金融機関一般を指しています。

●外国為替及び外国貿易法→外為法

●外国為替令→外為令

●外国為替に関する省令→外為省令

●外国為替の取引等の報告に関する省令→外為報告省令

●貿易関係貿易外取引等に関する省令→貿易関係貿易外省令

●輸出（入）貿易管理令→輸出（入）管理令、あるいは輸出（入）令

●輸出（入）貿易管理規則→輸出（入）管理規則、あるいは輸出（入）規則

●荷為替信用状に関する統一規則および慣例→信用状統一規則、あるいは
　UCP600

●取立統一規則→取立統一規則、あるいはURC522

●請求払保証に関する統一規則→請求払保証統一規則、あるいはURDG758

●荷為替信用状に基づく銀行間補償に関する統一規則→銀行間補償統一規
　則、あるいはURR725

●犯罪による収益の移転防止に関する法律→犯罪収益移転防止法、あるい
　は犯収法

●内国税の適正な課税の確保を図るための国外送金等に係る調書の提出等
　に関する法律→国外送金等調書法

●金融サービスの提供に関する法律→金融サービス提供法

※2023年7月1日にISBP821が発効しましたが、本書籍では、ISBP745に基
　づいて記載しています。

第 **1** 章

外国為替の基本

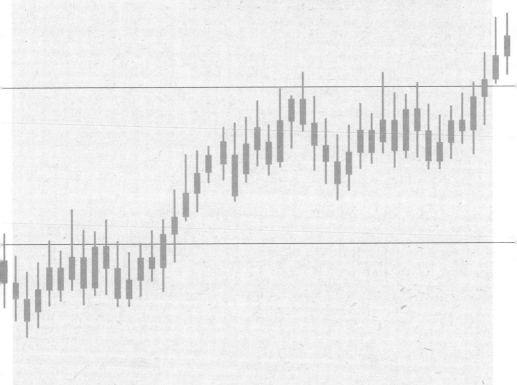

第 1 節

外国為替の概要

① 外国為替の意義

1 為替とは

為替とは、遠隔地にある者同士が代金（債権・債務）決済を、現金を使わずに電信送金や小切手、手形などの手段により金融機関を介して行う仕組みをいう。また決済とは、資金の受取や支払をすることをいう。

例えば、図表1－1のように10百万円の商品を仕入れた債務者である東京のAがその代金を福岡のBに現金を支払わなければならないとき、Aは東京から福岡まで現金を持って行かなければならない。この場合、盗難・紛失の危険や手間がかかる。そこでAは、取引銀行であるL銀行に10百万円を支払い、Bの取引銀行であるM銀行を経由してBに代金を支払う。なお為替取引にはこのような送金、振込のほか手形を使った取立の方法もある。ここでL銀行とM銀行間の資金の受渡は、全銀システムを使って行われる。このシステムは、銀行間の受払差額を各行が保有する日本銀行の当座預け金の資金を振り替えることにより行われる。こうして東京のAは現金を持ち運びすることなく、福岡のBに支払うことができる。

●図表1－1　内国為替取引の仕組み●

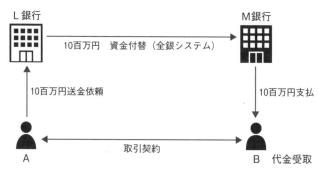

2 外国為替とは

　外国為替は、上記の国内の為替取引の仕組みが外国との間で行われるものである（図表１－２）。ただし、後述するようにいくつかの点で内国為替と異なるため、それらが外国為替の特色といってもよい。

●図表１－２　外国為替取引（電信送金）の仕組み●

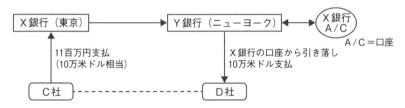

　ニューヨークのD社から10万米ドル商品を輸入した東京のC社は、X銀行に依頼してニューヨークのY銀行経由でD社に支払ってもらう。C社は通常、米ドルを持っていないためX銀行に14百万円（１米ドル＝140円とする）を支払い、米ドルに交換してY銀行経由でD社に支払う。

② 外国為替の特色

1 為替相場の存在

　国内での為替取引では当然、使用される通貨は日本円だが、外国為替取引では多くの場合、通貨の異なる国の者同士の決済となるため、通貨の交換を伴う。お客様は支払に必要な外貨を銀行から購入し、受け取った外貨を日本円に交換する。その場合の交換比率となるのが外国為替相場である。

2 決済は個別に

　国内での為替取引では、全銀システムを通じて各金融機関が預けている日銀当座預け金で差額を振替決済するが、外国為替にはそのような決済機関が存在しない。各銀行が外国の銀行とコルレス契約（後述本章第２節）を結び、取引１件ごとに決済する。

3 外国為替および外国貿易法や犯罪収益移転防止法等の適用

外国為替取引では決済を行うが、その受取や支払の原因となる行為の適法性については、外為法によって律せられている。また決済の源泉となる資金の出所や取引当事者については犯収法により金融機関に確認義務がある。

4 国際ルール、取引相手国の法的規制等を受ける

法制度や商習慣の異なる国との取引では国際商業会議所（ICC）の制定した国際規則（後述本章第4節）が多くの銀行で採用・適用されているため国際規則に習熟し、把握しておくことが必要となる。また法的には自国のみならず取引相手国の法律の適用も受けるため、海外で生じたトラブルは当該国の法の適用を受ける。

5 時差等に伴う決済リスク

時差の関係で、取引相手国と同一日付、時間帯等で決済できないリスクがある。例えば、米国からの電信送金では時差によって日本での受取は必ず翌日以降になり、時差のあまりないアジア・オーストラリア向けの電信送金ではカットオフタイム(注)により翌日扱いになることがある。

（注）その時刻までに支払指図等のメッセージが到着すれば、受信銀行側が当日処理を行う
　　　締切の時刻をいう。

③ 外国為替の種類

1 売為替と買為替（銀行側からみた区分）

銀行がお客様に為替を売る＝売為替

銀行がお客様から為替を買う＝買為替

1

外国為替の基本

② 仕向為替と被仕向為替（為替の起点、終点）

仕向銀行（為替の起点）　　被仕向銀行（為替の終点）

取引の起点からみた為替が「仕向為替」、終点からみた為替が「被仕向為替」となる。

③ 並為替と逆為替（為替の流れと資金の流れの方向による区分）

〈並為替〉
資金
債務者　送金小切手　債権者

〈逆為替〉
資金
債権者　取立手形　債務者

債務者から債権者に資金を送金をして決済する方法が「並為替」、債権者が取立手形により債務者から資金を取立するのが「逆為替」となる。並為替は資金の流れと為替の流れが同じで、逆為替は資金の流れと為替の流れが反対となる。

④ 外貨為替と円為替

決済通貨による区分であり、わが国の企業等が国際間での決済に使用される通貨が外貨であれば、「外貨為替（外貨建ての為替）」であり、円であれば「円為替（円建て）」という。外貨為替の場合はわが国の企業等が為替リスクを負い、円為替の場合は海外の企業等が為替リスクを負う。

⑤ 直物為替と先物為替

為替取引の実行（受渡）時期による区分であり、為替取引の実行が直ちに行われるのが「直物為替」、将来に行われるのが「先物為替」である（図表1－3）。どちらも、対顧客取引の場合と銀行間取引の場合で受渡日が異なる。なお、直物為替に適用される相場を直物相場、先物為替に適用される相場を先物相場という。

種類	対顧客	銀行間（市場）
直物為替（Spot）	契約成立と同時に資金受渡	契約日の2営業日以内に受渡
先物為替（Forward）	契約日の翌営業日以降の受渡	契約日の3営業日以降の受渡

6 荷為替手形とクリーンビル

　貿易取引における商品の運送に係る送り状、船荷証券、保険証券など船積書類（「ドキュメンツ」ともいう）が為替手形に添付されたものを「荷為替手形」という。反対に添付されていない為替手形を「クリーンビル」という。

7 貿易為替と貿易外為替

　為替の内容による区分であり、輸出入取引に伴う為替を貿易為替、それ以外の貿易外取引を貿易外為替という。

④ 外国為替の手段

　外為法の中で規定されている「対外支払手段（外為法6条8号）」とは、現金通貨を除いた為替取引等の手段（外国為替決済システム）である。ただ、取引を実際に行う具体的な手段としては電信送金（支払指図書）の他に、小切手や為替手形、信用状などが主に利用されるが、近年、多くの金融機関でマネロン対策の強化を目的として、外貨建小切手の買取・取立や外国送金小切手の発行受付業務を取りやめており、クリーンビルも取扱を停止している。

　なお、ここでは、電信送金（支払指図）以外の手段について、機能性・形式等を具体的にみていく。

1 小切手

　振出人が取引銀行（支払人）に一定金額の支払を委託した有価証券である。支払人が常に銀行であり、引受がない（禁止されている）ことも特徴である。そして、小切手には2つの機能がある。

（1）支払手段（現金通貨の代わりとしての支払手段）

・米国財務省振出の「トレジャリー・チェック（Treasury Check）」…年金・恩給・税金還付等の支払
・銀行振出の「バンカーズ・チェック（Banker's Check）」
・一般企業・個人振出の「パーソナル・チェック（Personal Check）」
＊上から順に支払われる可能性が高い

（2）送金手段（会費・学費・雑誌等の購読料などの送金手段）

　お客様の依頼で銀行が、自行のコルレス先を支払銀行とする小切手を発行・交付して、お客様が小切手を海外の受取人宛送付するものである（図表1－4）。

●図表1－4　送金小切手の事例●

```
        The Lemon Bank,Ltd.        Minato—ku  Tokyo   Nov.10,20xx
No.③                                    ①                ②
US $10,000.00
Pay against this check to the order of Mr. Smith Jonson （④）
Say Ten Thousand US Dollars only （⑤）
To ABC Bank Co.,Ltd.　（⑥）            The Lemon Bank,Ltd.（⑦）
215　Seventh　Avenue, 10Fl.            Head Office
New York NY1111, U.S.A（⑧）                 Signed
```

①振出地（最小独立行政区画）　②振出日 ③小切手番号（送金番号としている銀行が多い）④受取人（記名式で送金受取人）⑤小切手金額（言葉で表記）⑥支払人（振出人のコルレス銀行）⑦振出人（発行元の銀行で送金銀行）⑧支払人住所

　上記送金小切手のフローを示すと次頁図表1－5の通りです。

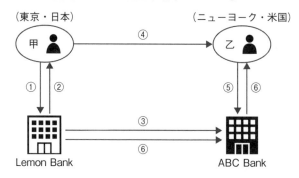

●図表1－5　送金小切手のフロー●

（東京・日本）　　　　　　　　（ニューヨーク・米国）

　図表1－5で東京の送金人「甲」（債務者）がニューヨークの受取人「乙」（債権者）に対して送金小切手を使って1万米ドルを決済する。

① 　送金人「甲」は、取引銀行である「Lemon Bank」（仕向銀行）に行き、円資金を払い込み送金小切手の発行を依頼。

② 　「Lemon Bank」はコルレス先である「ABC Bank」（被仕向銀行）を支払人とする1万米ドルの送金小切手を振出署名し、送金依頼人である「甲」に交付。

③ 　「Lemon Bank」はコルレス先である「ABC Bank」（被仕向銀行）に小切手発行を通知。

④ 　送金人「甲」は、この小切手を受取人「乙」に郵送。

⑤ 　受取人「乙」はこの小切手を取引銀行を通じて支払銀行である「ABC Bank」に呈示。

⑥ 　「ABC Bank」は受取人「乙」に1万米ドルを支払う。同時にコルレス先である「Lemon Bank」の預金口座から同額を引き落す。

2 （外国）為替手形

　為替手形の特徴としては、振出人（輸出者）が支払人・引受人（輸入者・銀行）に対して一定金額を銀行（受取人・手形所持人）に支払うよう委託することが挙げられる。為替手形は輸出入取引において荷為替手形としてよく利用されており、荷為替手形とは、為替手形に貨物の出荷を証する船荷証券やインボイス等の船積書類を付けたものである（図表1－6）。

●図表1－6　為替手形の事例●

```
No. ...①.........          BILL OF EXCHANGE

For ......②.............                ③......,JAPAN,...④.............
        At ... ...⑤.................sight of this FIRST of Exchange (Second of the
Same tenor and date being unpaid) Pay to ......⑥.........or order the sum of
........⑦.................................................................................................................
........................................................................................................................
Value received and charge the same to account of ...........⑧................
Drawn under ............⑨...................
Credit No...................dated................

                              ┌──────────────┐   ┌──────────────────┐
                              │ REVENUE      │   │       ⑪          │
To                            │ STAMP        │   │                  │
..................⑩...................   └──────────────┘   └──────────────────┘
```

①手形番号（輸出者の整理番号、インボイス番号と同じ番号を使うことが多い）
②手形金額（算用数字で記入）　③手形振出地（最小独立行政区画まで）④手形振出日
⑤手形期間（Tenor）または満期日（手形上に記載された手形金額が支払われる期日）
⑥手形金額の受取人（Payee）：買取または取立依頼銀行名　⑦手形金額：②の数字を英文フ
　ルスペリング（ワード）で記載。⑧輸入者（Accountee）名を記載　⑨信用状発行銀行
　（L/C Issuing Bank）：信用状付の場合、発行銀行名を記入　⑩手形の支払人（名宛人）
　（Drawee）：L/C上のDrawn on 以下の部分を記入　⑪手形の振出人（Drawer）：輸出者（信
　用状取引の場合、受益者）＊記載金額が10万円以上の場合（外貨建ても含む）200円の収
　入印紙（Revenue Stamp）を貼付。

（1）手形満期の表示方法

わが国ではつぎの4種類がある。

・一覧払　…支払人はみたらすぐに払わなければならない手形のことで、外国
（At sight）　為替手形では、"At xxx sight" と表示する。また、作成時にはAt
　　　　とSightの間のxを埋めて"At sight"と読めるようにする。
・一覧後定期払　…引受（支払）人が手形を一覧した後、一定期間支払を
（At xx days after sight）　猶予される期限付手形のことで、引受欄上の引受人が
　　　　銀行から手形を呈示されて将来の支払の約束をする（引
　　　　受という）ことではじめて手形の支払人および満期日
　　　　が確定する。一覧後90日の場合は、"At 90 days after

sight～"となる。また、「引受」は手形面（英文為替手形では裏面）に次のように記入することにより行う。

（例）Accepted on Oct. 20, 20xx（引受年月日）
mature on Jan. 20, 20xx（満期日）
payable at the Lemon Bank, Tokyo, Japan（支払場所）
（signed）引受人署名

・日付後定期払…手形上に記載された振出日から一定期間経過した日（例えば30日）を満期日とする場合、"At 30 days after date～"と表示する。

・確定日払…例えば、船積後120日払の場合、"At 120 days after date of Bill of Lading～"と表示する。船積日の翌日から起算して120日目の満期日が確定するので、信用状取引では手形面に満期日も記載する。

（2）手形金額の受取人（Payee）：買取または取立依頼銀行名

受取人の指定方法としては、わが国の手形法上、つぎの2種類がある。

・記名式…pay to Y
・指図式…pay to Y or order、pay to order of Y

記名式手形については、わが国および英国は、指図禁止・裏書禁止等の文言がない限り裏書による譲渡は可能で被裏書人の善意取得を認めているが、米国では偽造裏書が発見された場合、被裏書人の善意取得を認めていないため注意が必要となる。

●図表1－7　為替手形のフロー●

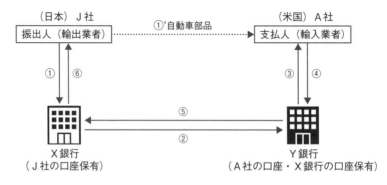

1

外国為替の基本

　図表1－7で日本の会社J社が米国のA社に対して「自動車部品」を輸出するとする。

① 　自動車部品を船積後、J社はA社を支払人とし、取引銀行であるX銀行を受取人とする為替手形を振り出す。これに船荷証券など船積書類を添えて（荷為替手形という）X銀行に取立を依頼する。

② 　X銀行は、米国のY銀行に取立のため上記の荷為替手形を送付（仕向）する。

③ 　Y銀行は、A社に荷為替手形を呈示し支払いを求める。

④ 　A社は荷為替手形と引換にY銀行に為替手形の金額を支払う。

⑤ 　Y銀行はX銀行指定の口座に入金（支払）する。一方でA社は港で船荷証券を呈示し、「自動車部品」を受け取る。

⑥ 　X銀行はY銀行にある自行の口座への入金を確認し、J社に取立代わり金を支払う。

　外国為替手形と国内で使われる為替手形との作成上の相違点は、下記の通りである。

・通常、2通1組の組手形で発行される
・支払場所（銀行）の欄が特になく、支払人・引受人の欄のみがある
・信用状に基づいて振り出される場合、信用状の明細が記載される
・わが国で振り出される手形は、確定日払の手形が一般的だが、貿易取引で使われる手形は、"At sight"（一覧払）や"At xxx days after sight"（一覧後定期払）が一般的

　外国為替手形を米国法とわが国の手形法で比較し、主な相違点等をまとめるとつぎの通りである。

・わが国の手形法はジュネーブ統一条約(注)に準拠している一方、英国や米国など英米法系諸国は、本条約を採用していない。
・わが国では、形式的に裏書が連続していれば手形・小切手等の支払が行われた後に支払が取り消されることはないが、米国法では偽造・変造等が発見されると善意取得は認められず、支払が取り消されることがある。
・わが国では、振出人は原則、引受・支払ともに担保責任を有するが、本項目の記載で「引受無担保」とのみすることができる。

- ・支払日については、支払国の法律・商習慣等により、満期日に次ぐ1～5日の支払猶予期間（Grace day）が認められる場合がある。
- ・外国為替手形は、各国とも手形上の法律行為、すなわち振出・引受・支払・裏書等はそれぞれの法律行為を行った当事国の手形法による効力が決められる「行為地法」を採用している。
- （注）1930年にスイスのジュネーブで「為替手形・約束手形および小切手に関する法律統一のための国際会議」が開催され、同年に手形法統一条約が成立し、翌1931年には小切手法が成立した。これにより、わが国はじめドイツ、フランスなど大陸法系諸国は、本条約を採用した。

●図表1－8　外国為替手形の法的比較●

項　目	米国法	国内法（手形法）
偽造・変造等があった場合の支払の取消	可能	不可
偽造裏書があった場合の被裏書人の善意取得	認められない	裏書禁止、譲渡禁止等の禁止文言ない限り認められる
無担保文句（Without Recourse Clause）の手形面記載の効力	引受・支払とも認められる	振出人は、引受無担保とすることはできるが支払無担保は不可で無効とされる
支払日	支払猶予期間あり	所持人は、満期日またはこれに次ぐ2取引（営業）日内に呈示
手形行為に対する法律適用	行為地法	行為地法

為替手形も小切手と同様、つぎの2つの機能がある。

- ・取立手段…逆為替として、債権者である輸出者が債務者である輸入者宛、銀行経由で取り立てるのに利用される。
- ・信用手段…荷為替手形を振り出した輸出者は、これを取引銀行に買取を依頼して、取引銀行がこれに応じれば船積後の代金を早く回収できる。このような実需の裏付けのある荷為替手形の信用手段として金融に利用される。

３ 信用状

　信用状とは、貿易取引で商品の買手である輸入者の取引銀行が輸入者に代わって外国の輸出者に一定の荷為替手形^(注)の呈示を条件に輸入代金の支払を

約束する旨の書状で、取引銀行が応諾すればこの書状が信用状として発行される、いわば「条件付の支払確約書」といえる。したがって、買主の支払有無に関係なく銀行が別途、代金を支払確約するので輸出者としては安心して船積できる。

（注）信用状に記載されている条件や信用状統一規則等に合った荷為替手形

（1）意義

　荷為替手形は、それ自体が支払手段としての利点を持つが、輸入者の取引銀行の信用が付加された信用状とセットで利用することで貿易取引を一層安全かつ円滑に推し進めていくことができる。すなわち、輸出者およびその取引銀行等に対して、信用状は輸出金融と代金回収の安全を保証する意味合いがあり、円滑な貿易促進を可能にする。

（2）利用者としてのメリット

- ・輸出者（売手）…銀行の支払確約が得られるので、代金回収不安がほぼなくなる。
- ・輸出者（売手）…信用状条件を充足した荷為替手形であれば取引銀行に買取依頼することで船積後の代金を早期に回収できる。
- ・輸入者（買手）…契約通りの条件で商品が出荷されたことを確認でき、安心して代金を支払える。
- ・輸入者（買手）…自己の信用力が補完されるため、信用状があれば比較的容易に新規の輸出者と取引が可能となる。

（3）信用状の当事者と法的関係
①発行依頼人（輸入者）

　取引（発行）銀行との間で、「銀行取引約定書」および「信用状取引約定書」等の発行契約を取り交わし、信用状発行を依頼する。この契約は発行依頼人（輸入者）を委任者、発行銀行を受任者とする委任契約の性質がある。信用状の発行により、輸入者は発行銀行に対して「求償債務」を負うことになる。

②発行銀行

　自行のコルレス先である通知銀行にスイフト等で信用状を発行し、輸出者に対しては、支払を約束する。すなわち、輸出者に対しては「補償債務」を負い、

輸入者に対しては求償債権をもつ。また、通知銀行との関係ではコルレス契約に基づく委任関係にある。

③通知銀行

受信した信用状の真偽・全体等をチェックし、輸出者に信用状の到着案内を行う。これはコルレス契約に基づく受任事務である。なお通知銀行が通知する場合は、受益者に対して信用状が外観上、真正なものであることや受信した内容を正しく伝えていることなどを案内に明記する必要がある。

④受益者（輸出者）

通知を受けた信用状と売買契約書等を照合し、問題がないことをチェックして船積を履行する。買手である輸入者との関係では、売買契約上の債務（契約上の商品の提供）を履行する義務がある。また、発行銀行に対しては一定の荷為替手形の呈示を条件に信用状の金額以内の債権を有することになる。

●図表1－9　信用状の当事者と法的関係●

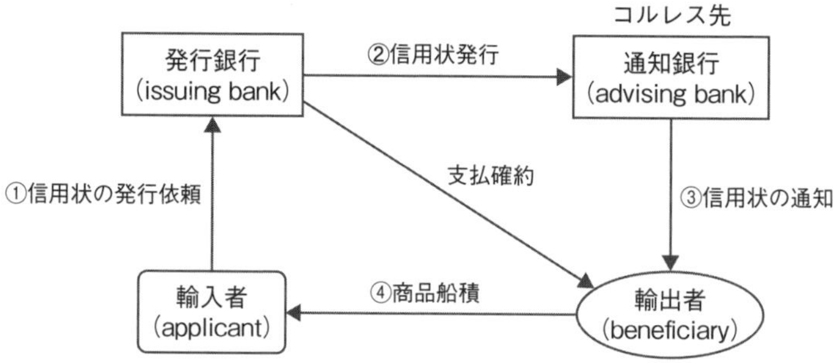

（4）信用状の二大原則

①独立抽象性の原則（信用状統一規則4条）

信用状は実物（商品）取引からは独立して取引され、売買契約が取り消されたり、変更されてもそれだけでは自動的に信用状が取り消されたり、変更されたりするものではない。信用状は売買契約を背景に発行されるが、このこととは別に支払条件は独立している。

②書類取引の原則（信用状統一規則5条）

保証状の場合は契約不履行等があると、事実調査をして保証債務履行を行う

かどうか決めるが、信用状は銀行が契約履行を監視・監督するわけではない。信用状取引ではあくまでも銀行は、書類を取り扱うもので、その書類に関連した物品、サービス等の履行を取り扱うものではない。

　「独立抽象性の原則」がないと、例えば、銀行は決済した後でも契約不履行を理由に買主から資金の返戻を求められる事態も想定され、信用状取引が阻害されるおそれが考えられる。また、「書類取引の原則」がないと、銀行は受理した書類が売買契約上、正当なものかどうかその都度、事実確認しなければならず業務に支障をきたすことが考えられる。このように信用状は、これらの二大原則によって、商品の売買契約について知識のない銀行が輸出入者間の売買契約上のトラブルに巻き込まれることなく、円滑な貿易取引が可能となっている。

（5）二大原則の貿易実務への応用とポイント

　輸入者が実際に受け取った商品がもし、売買契約上は違約品で異なっていたとしても、取引銀行である発行銀行はそのことを理由に信用状の受益者（輸出者）に対して支払拒絶できない。あくまで呈示された書類をベースに、瑕疵があるかどうかによって支払拒絶を判断する。したがってもし、書類に瑕疵がなく善意で支払を行った銀行は免責されるので、輸入者はまず契約前の段階で信用調査を行い、正常な約定品を提供してくれる誠実な輸出者を選定する必要がある。

第2節

外国為替の決済とコルレス契約

① コルレス契約の意義

　外国為替の決済は、企業であれ個人であれ、その取引は最終的には銀行間の決済システムを経由して決済する。銀行は外国の決済システムには参加せず、その国の銀行に代行（委託）するのが一般的である。また外国為替の決済システムは、内国為替のように日銀の当座預け金で資金の清算をする中央銀行のような銀行が存在しない。そこで日本の銀行は外国の各銀行と個別に「コルレス契約」という為替業務契約を結び、決済している。

　コルレス契約とは外国為替取引の国際間での仲介者となる銀行が外国の銀行と取引する場合、資金決済の方法・送金の支払委託・為替手形の取立・信用状の授受等の業務上の取決めを行うもので、この契約を締結する相手銀行のことを「コルレス銀行」または「コルレス先」ともいう。コルレス契約は、犯収法により、銀行等に対して、コルレス契約の相手方がシェルバンク（営業実態のない架空銀行）でないことおよび契約の相手方が他国のシェルバンクとコルレス契約を締結していないことを確認することが義務付けられており、KYC（Know your Customer：顧客確認）の観点からも厳しくチェックする必要がある。確認方法としては、外国所在のコルレス契約対象の相手方から直接申告を受ける、またはインターネットを利用してコルレス契約の対象先に係る情報を閲覧する、などがある。

　以前は「コントロール・ドキュメンツ」と呼ばれる書類を銀行間で交換していたが、近年はスイフトRMA[注]を導入し、送受信している銀行がほとんどでこちらが事実上のコルレス契約となっている。

（注）相手銀行との資金決済指示などを送受信できるシステム上の環境をスイフト上に維持するために導入される仕組みで、受信銀行側で送信銀行側の情報をコントロールできる。したがって受信銀行側は相手銀行からの不要な情報を排除し必要な情報のみ受信できる。

② 決済方法

　また、コルレス契約を締結した銀行同士の資金決済方法は、基本的にはデ
ポ・コルレス銀行を通じて行う。一方の銀行に他方の銀行の決済口座を開設し、
当該口座に資金を入金し、そこから引落しまたは支払うという方法である。外
国送金の場合、デポ・コルレス銀行内に送金先の銀行口座も開設されていたら、
外部の決済システムに出す必要がなく、内部振替で決済できる。銀行が自行名
義の口座を開設している相手銀行のことをデポジトリー・コルレス（デポ・コ
ルレス）銀行という。デポジトリー（Depository）とは本来、保管場所のこ
とだが、デポ（Deposit）は銀行への預金を意味する。このことから、預金口
座のある銀行のことをデポ・コルレス銀行と呼んでいる。コルレス契約があっ
ても、自行名義の口座を開設していない銀行のことをノンデポジトリー・コル
レス銀行（ノンデポ・コルレス）という。

③ スイフト

　現在、外国為替の決済を行うにあたって欠かせない決済システム（インフラ
ストラクチャ）としてスイフト（SWIFT）がある。

　スイフト[注1]は、1973年に欧米15か国の銀行によりベルギーに設立された非
営利組織の協同組合で、金融機関間の決済ネットワークとして1977年に稼働を
始めた。設立の背景には1970年代以降のユーロ市場や変動相場制の導入など、
国際金融取引の急拡大に伴うテレックスや紙による事務処理が限界に達してい
たことがある。したがってスイフトの目的は、①取引処理の標準化・効率化に
よるコストとリスク削減、②システムによる自動処理（STP）[注2]のための標
準化、③安全で信頼性のあるネットワークの維持などである。

　現在では、コンピューターを使った国際的な通信ネットワークにより、安全、
確実で大量処理可能な金融取引に関するメッセージ（顧客送金、銀行同士の資
金付替、信用状取引等）を世界中の金融機関に提供しており、決済システムと
して不可欠なインフラとなっている。

スイフトのメッセージは、上記の背景の通り、もともとはテレックスであり、そのイメージをもっている。そのメッセージをMT（Message Type）といい、100番台から900番台までの9種類のカテゴリー（業務）と共通グループ・メッセージ（カテゴリーn）の10種類でカテゴリーごとに3桁の番号で分類され、さらにいくつかのグループ・タイプに分けて定義されている（例：MT103；単一の顧客送金、MT700/701；荷為替信用状の発行、MTn99；フリー・フォーマット、MTn95；照会等）。

　スイフトはメッセージ通信サービスのみに特化しており、決済機能は有していないので、銀行間の決済は別途、各銀行間で取り決めたコルレス契約に従って口座を通じて行われる。

　なお、送金についてスイフトは2023年3月から2025年11月にかけて、新たに外国送金のデータフォーマットを、MT方式からISO20022という統一フォーマット（MXフォーマット）に移行していくことを発表している。これまでの送金指図のフォーマットは、通信容量に制限があった1970年代から利用されているMT方式と呼ばれるものである。

　したがって今後、国内において銀行も順次移行開始が見込まれ、送金依頼人から提出を受ける送金依頼書のフォーマットに変更が生じることが予想される。

（注1）Society for Worldwide Interbank Financial Telecommunication：SWIFT
（注2）ネットワークからシステムに直結し、人手を介さずに自動処理することをSTP（Straight Through Processing）という。人手を介さないので、事務ミス防止やコスト削減になる。

●図表 1 －10　各国銀行のスイフトシステムへのアクセス●

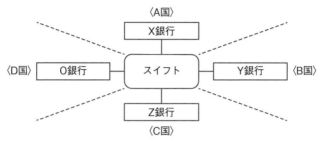

（注）上図では、破線は国境を示し、A 国の X 銀行、B 国の Y 銀行、C 国の Z 銀行、D 国の O 銀
　　　行等を示す。各国銀行等は、スイフトを通じてメッセージを相互に送受信している。

●図表 1 －11　コルレス銀行の区分と外国為替の決済●

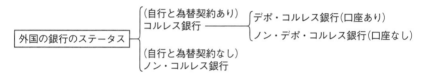

・コルレス銀行との決済…相手銀行（被仕向銀行）に自行勘定があるとき

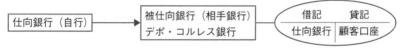

・ノン・デポ・コルレス銀行およびノン・コルレス銀行との決済…自行の預金勘定がないとき

（注）D/Aは仕向銀行の勘定を引き落とし、被仕向銀行勘定に振り替えてもらう指図

　図表 1 －11において銀行間の資金決済方法はコルレス先との預け金・預り金
を通じて行われるため、その指図等も基本的にはデポ・コルレス先に仕向ける
ことが必要となる。わが国の銀行は、為替契約のない「ノン・コルレス銀行」
と直接取引はできないため、為替契約のある「コルレス銀行」との間で取引が
行われ、決済は「デポ・コルレス銀行」の口座を通じて行われる。

第**3**節 外国為替取引に係る法令

① 外国為替取引と国内法

外国為替取引は国際間の資金決済手段として利用されるため当然、その国の国際収支や国内経済にも影響を及ぼす。したがって、各国とも国際収支の均衡、国内産業の保護、国際条約の遵守、国連による経済制裁への協力等に配慮しながら法律や規則を制定・実施している。そして国内においては、財務省が外為法および犯収法の規定に基づき、金融機関などに対して各法令や届出などの遵守状況について立入検査を行っている。

そこで、最初に外為業務で必要な国内関連法を概観して、各法令の特徴と重要なポイントを把握していく（図表1−12）。

●図表1−12　外為関係国内法令の概念図●

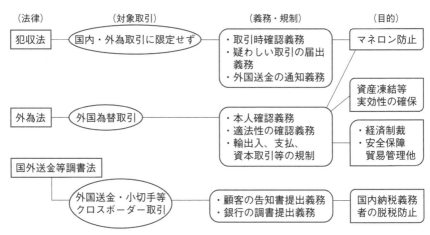

❶「外為法」と外国為替取引

（1）「外為法」とは

　「外為法」は外国為替をはじめ、外国貿易その他の対外取引を包括的に管理する法律である。すなわち、1条にある通り、「外国為替、外国貿易その他の対外取引が自由に行われることを基本とし、対外取引に対し必要最小限の管理又は調整を行うことにより、対外取引の正常な発展並びに我が国又は国際社会の平和及び安全の維持を期し、もって国際収支の均衡及び通貨の安定を図るとともに我が国経済の健全な発展に寄与すること」を目的としている。また、資金の出入りとしての外国為替とこの資金の出入りの原因となるような貿易取引、役務取引、資本取引など各種の対外取引を包括的に管理している。ただ、現在の外為法は、外国為替の管理が主目的というより、対外取引に関する安全保障体制の中心的役割を担っているといえる。

（2）「外為法」の取引体系

　外為法では対外取引を貿易取引と貿易外取引に大別して、貿易取引ではこれをさらに輸出取引と輸入取引に、貿易外取引を貿易外経常取引と資本取引、対内直接投資等に区分して規制を定めている。図表1－13の通り、「貿易取引」はモノ（財）の移動を伴う取引、「貿易外取引」はサービス（役務）の移動を伴う取引、「資本取引」はモノやサービスは移動せずカネだけが移動する取引である。なお、狭義の貿易外取引は国際収支上、経常収支に分類される取引でサービス収支ともいわれている。また、外為法では、外国企業（外国投資家）によるわ

●図表1－13　外為法の取引体系●

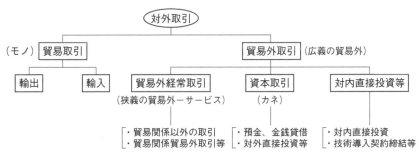

が国企業への経営参加を目的とした対内直接投資、工業所有権等の技術に関する権利の譲渡や使用権の設定・事業経営に関する技術指導などの技術導入契約を「対内直接投資等」として資本取引とは別に区分して規定している。外為法では、対外取引をこのような取引に区分したうえでそれぞれの取引について規制や制限を定めている。さらに、これら対外取引を決済する原因となる「支払または支払の受領」（支払等―対外的な資金移動）に係る規制や制限を定めている。すなわち外為法は、「資金決済・資金移動」に着目した規制を行いながら、その取引の原因となりうるような対外的な取引または行為「原因取引」にも着目した規制も併せて行っている。

（3）「外為法」の構成内容

　一般に、「外為法」といった場合、「外国為替及び外国貿易法」という法律だけを指すのではなく、政令、省令、告示、通達、注意事項等を含む総称をいう。ここで「政令」とは、内閣が定めた命令のことだが、法律を施行するための手続きなどを定めている。また、「省令」は政令よりさらに細かいことを定め、担当する大臣がその「省」限りで決めて、○○法施行規則というように定めている。

　このように、告示、通達…と下へいくにしたがって細かくなっていき、法律上は「委任」形式をとっているので外為法は委任立法形式といわれている。外為法の条文は、全部で9章と附則で構成されているが、実務上は法律の条文だけでなく、これら条文に関連する知識も必要になってくる。

（4）外為法の特徴とポイント

①規制・管理の考え方

　外為法は資金の支払や受取など「資金の出入り」に着目した規制と「その出入りの原因となる取引や行為（原因取引）」に着目した規制という2つの規制によって、外国為替取引を包括的に管理しているという特徴がある（図表1－14）。この場合、「貿易に関する支払規制」を除き、「原因取引」とそれに伴う「資金の出入り」に対する規制は手続きが重複しないよう調整規定が設けられている。そして大きく分けて、①支払等、②資本取引等、③対内直接投資等、④外国貿易、という4つの類型の対外取引を規制している。

②許可・承認・届出の義務

　1条の目的に沿い、平時、外国為替やその他の対外取引は基本的には自由で

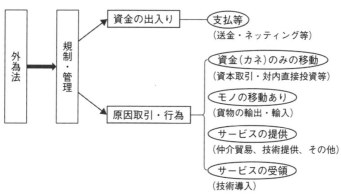

●図表１－14　外為法の規制・管理の考え方●

ある。必要最小限の管理または調整を行うべく、有事の場合には、許可・承認・届出の義務が課せられることになっている。この有事の場合の許可とは、経済制裁や、安全保障上の懸念のある貨物の輸出、技術の提供（役務取引）などが対象で、申請があっても原則として許可されない禁止措置をいう。また、承認とは、特定の貨物の輸出入を対象としている。

③支払等の規制

　外為法16条による支払等の規制は主に「資産凍結等経済制裁」を目的としているが、原因取引等に関して、許可・承認を取得する義務を負うのは顧客であり、許可・承認を得ないまま支払を行った場合、外為法違反に問われるのも顧客である。またこれに関して、外為法17条では、銀行等や資金移動業者に「適法性確認義務」[注1]を、18条で「本人確認義務」[注2]を課して、「資金の出入り（支払等）」フィールドで外為法上の実効性を確保している。

　なお、ここで外為法の概念として「支払等」と総称されているものは「支払」と「支払の受領」を意味している。

外為法の概念としての「支払等」

外為法が支払等に関して行っている規制は、事前許可と事後報告に大別される。また、資本取引等と異なり事前届出という規制はない。したがって、事前許可を必要とする支払等は経済制裁措置の対象となる相手方との間で行われるものに限定されており、ほとんどの支払等については事後報告の要否を検討すれば問題ない。

　また、事前許可も事後報告のいずれも必要ない場合には、特段の手続は必要にならない。

（注１）外為法16条（支払等）において次のようなとき主務大臣は当該支払等について許可・届出の義務を課すことができるとしている。すなわち、下記のいずれかの義務が課された場合、銀行等は顧客の行おうとする支払等が適法なものかどうか確認する義務がある。これをいわゆる「適法性確認義務（同法17条）」とよぶ。これらの取引をする場合には、当該顧客が事前に当局（財務大臣等）の許可や承認等を得ていることを確認したうえでないと、取引はできない。
　　　・締結した条約その他の国際約束を確実に履行するため必要があると認めるとき
　　　・国際平和のための国際的な努力にわが国として寄与するため特に必要があると認めるとき
　　　・外為法10条１項の閣議決定が行われたとき（１項）
　　　・わが国の国際収支の均衡を維持するため特に必要があると認めるとき（２項）
（注２）外為法ではマネー・ロンダリング（資金洗浄）とテロ資金供与防止を目的として犯収法との整合性を図るため、本人確認義務を課している。

④外為法上の本人確認対象取引

　「特定為替取引」と規定されるものには、10万円相当額超のつぎの為替取引があげられる。

---

　①　居住者または非居住者による本邦から外国へ向けた支払（仕向外国送金）
　②　居住者による外国の非居住者からの本邦へ向けた支払の受領（被仕向外国送金）
　③　居住者による非居住者に対する①以外の支払
　④　居住者による非居住者からの②以外の支払の受領
　＊ここでいう外為法上の「居住者」とは、本邦内に住所または居所を有する個人および主たる事務所を有する法人を指す。外国法人の本邦内の支店・出張所等は、法律上の代理権の有無にかかわらず、居住者とみなされる。「非居住者」とは、居住者以外の個人および法人である。この区分は、対象となる個人や法人をその国籍ではなく、経済的な基盤によって区分したものである。また「本邦」とは、本州、北海道、四国、九州およびそれらに附属する島（当分の間、歯舞群島、色丹島、国後島および択捉島を除く）で、

「外国」とは本邦以外の地域である。

　また、資本取引（非居住者円預金口座の開設、居住者外貨預金口座の開設、非居住者向け貸付など）や200万円相当額超の外貨両替取引がある。

　「本人確認」は、「疑わしい取引の届出」とともに、マネー・ローンダリング^(注)対策の根幹をなす制度だが、外為法に基づく「本人確認」はそれだけではなく、資産凍結等経済制裁措置の実効性確保の役割も担っている。

　（注）資金洗浄のこと。犯罪から得た資金の出所を隠すため、金融機関の口座に入金したり、
　　　金融商品を購入したり、資金を口座から口座へ移し替えたりすることをいう。

⑤国内での外貨取引は自由

　国内における居住者間の外貨（建て）取引は自由である。例えば、国内の輸入者が海外の輸出者と商品を米ドル建てで輸入契約し、国内の販売先へ米ドル建てのまま販売契約すれば、輸入者は為替ヘッジにも使うことができる。なお、銀行以外の個人・企業等が「業」として外国送金などの為替業務や外貨を預かる外貨預金業務などを行うことは、銀行法等の関係業法の規制もあり、まったく自由というわけではない。

⑥居住者の海外預金は自由

　居住者が海外の金融機関に預金することは自由で通貨や金額に関係なくできる。また、海外で受領する資金をそのまま海外預金口座に預け入れることも可能である。ただし、海外預金の残高が1億円相当額を超えた場合、当該預金者は日本銀行を通じて財務大臣宛「海外預金の残高に関する報告書」を提出しなければならない。

⑦法の域外適用（外為法5条）

　外為法は、日本法人または日本に居住する個人が海外でした行為についても原則的には適用される。すなわち、解釈通達では「本邦法人の外国にある支店、工場その他の事務所（以下「海外支店等」という。）の行為が、当該法人の財産又は業務に影響する場合は、当該海外支店等の行為について、法の規定及び法の規定に基づく命令の規定（以下「外国為替法令の規定」という。）の適用があるものとする」と規定している。外国為替検査ガイドラインには「邦銀の

海外支店においても、顧客から依頼のあった支払等については、銀行等の確認義務が適用される」との記載があり、外国為替検査不備事項指摘事例集として「邦銀の海外支店において、イランが関連する仲介貿易代金の支払に係る仕向送金を行うに際し、資金使途規制に抵触するものか否か慎重な確認が行われていなかった」との報告があり注意を要する。

⑧支払等の報告

　ごく一部の資本取引に事前届出が残されているが、資本取引や技術導入契約については、事後報告制度になっている。支払等の報告では、3,000万円相当額を超える海外送金や海外からの送金の受取を行った場合で、送金の目的が貿易外取引に該当する場合には、「支払又は支払の受領に関する報告書」の提出が必要になる。既述の通り、仲介貿易取引は役務取引（サービス）なので、その代金に係る受払で該当額の場合には報告が必要となる。

⑨支払等の報告が必要な取引

　居住者が非居住者または外国にいる居住者との間で3,000万円相当額を超える以下の貿易外取引（仲介貿易を含む）の支払等を本邦内の銀行等を通じて行ったときは、報告省令に規定する別紙様式第3（一括報告の場合には別紙様式第4）による報告書（「支払又は支払の受領に関する報告書」）を当該為替取引等を行った銀行等を経由して提出しなければならない。（図表1－15）。

　また、本報告書を受理した銀行等は受理日から10営業日以内に日本銀行を経由して財務大臣に提出しなければならない。

・居住者が本邦から外国へ向けた支払
・居住者による外国から本邦へ向けた支払の受領
・本邦内において居住者が非居住者との間で行った支払等
・外国において居住者が非居住者との間で行った支払の受領

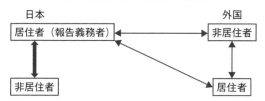

●図表 1 − 15　支払等の報告書が必要な取引●

（矢印が対象取引で居住者が報告者）

（注）顧客の支払等の目的が本邦で通関する輸出入等の貨物代金以外であれば、本報告書の提出が必要となる。具体的には、①外国送金（仕向、被仕向）②外国払の小切手・クリーンビルの買取・取立などが対象取引となる。

② 外国為替取引と犯収法

　「犯収法」は犯罪による収益の移転を防止する重要性に鑑み、マネー・ローンダリング防止およびテロリズムに対する資金供与の防止を目的として制定されたものだ。もともとは、国際基準であるFATF[注1]勧告等を踏まえて2003年の「本人確認法」が施行され、それまでの「努力義務」から金融機関による本人確認義務が「法律」で義務付けられた。そして、マネー・ローンダリングの形態が多様化したことから、金融機関以外の事業者にも枠組みを拡大して、2008年犯収法として施行された。その後も同法は、数回の改訂を経て施行され今日に至っている。

　上記の通り、犯収法はマネー・ローンダリング防止やテロ資金供与防止を目的としているが、外為法は「対外取引における資産凍結等経済制裁措置」を講じている点で違いがある（図表 1 − 16）。規制の対象者も金融機関等の他、多種多様な事業者を対象者としている。所管行政庁も警察庁、国家公安委員会と外為法の財務省と異なる。現在施行されている新法では、「特定事業者[注2]」に①一定の取引[注3]の際に、「取引時確認[注4]」②本人確認記録、取引記録等の作成・保存　③犯罪によって得た収益であるなど「疑わしい取引の届出」等の義務が設けられている。

　また、外国為替取引に係る条文では、仕向外国送金の「通知義務」（犯収法

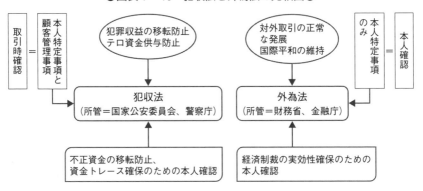

●図表1－16　犯収法と外為法の比較図●

取引時確認 ＝ 本人特定事項と顧客管理事項 → 犯罪収益の移転防止 テロ資金供与防止 → 犯収法（所管＝国家公安委員会、警察庁）

対外取引の正常な発展 国際平和の維持 → 外為法（所管＝財務省、金融庁） ← 本人特定事項のみ ＝ 本人確認

犯収法 ← 不正資金の移転防止、資金トレース確保のための本人確認

外為法 ← 経済制裁の実効性確保のための本人確認

10条）があり、送金金額に関係なく、通知義務事項を支払銀行へ通知しなければならない。通知義務事項は、個人であれば①氏名、②住所、③口座番号または取引参照番号、法人であれば、①名称、②本店または主たる事務所の所在地、③口座番号または取引参照番号などである。また、この場合における銀行間のカバー送金についても同様に通知義務がある。犯収法は、外国為替取引のなかでは外国送金、外貨両替など不特定多数の人と行う取引の性質上、特に注意しておかなければならない。このように犯収法とは、外国為替取引を含めた国内における「マネロン規制法」として位置づけられている。なお、外国におけるマネロン規制法として代表的なものに「OFAC規制」があり、銀行等は規制に違反しないよう十分チェックし、確認する必要がある。「OFAC規制」とは、米国財務省の外国資産管理局（Office of Foreign Assets Control＝OFAC）が外交・安全保障上の観点から"制裁対象者"を指定し取引を制限するもので、"制裁対象者"をSDN（Specially Designated Nationals and Blocked Persons）リストにより公表し、当該"制裁対象者"との取引を規制するものである。銀行等は実務上、スイフト上にOFACのSDNリスト上の"制裁対象者"の情報を登録した上で、スイフト電文の記載内容を照合し、規制対象取引の有無を確認する。

（注1）FATF（Financial Action Task Force on Money Laundering）はマネー・ローンダリング対策の強化・促進を目的として設立された国際機関で毎年、「資金洗浄対策に非協力的な国・地域」のリストを公表している。
（注2）金融機関、ファイナンスリース事業者、クレジットカード事業者、宅建業者、宝

石・貴金属事業者、司法書士、行政書士、公認会計士、税理士、弁護士、郵便物受取サービス業者、電話受付代行・電話転送サービス業者、両替業者、資金移動業者など。

(注3) 特定事業者ごとに定められているが、金融機関では、預金口座の開設など新規取引の開始（契約の締結）、200万円超の大口現金、10万円超の現金送金（振込）、200万円超の外貨両替などが対象になっている。

(注4)「特定事業者」が取引に際して行うべき確認のことで、本人特定事項（本人確認）に加えて「取引を行う目的」、顧客等の「職業又は事業の内容」など顧客管理事項も確認することになっている。外為法上の本人確認事項は本人特定事項にとどまる。したがって、金融機関等は犯収法上の取引時確認義務を履行すれば、外為法上の本人確認義務を履行したことになる。

③ 外国為替取引と国外送金等調書法

この法律に基づく制度は、1998年の外為法改正時に内外の資金移動が大幅に自由化されたため、国際的な税金逃れを防ぎ、適正な課税の確保を図るべく、国税当局による国際的な取引や海外にある資産の把握に資すること（租税回避行為の把握）を目的としたもので改正外為法と同時に施行されている。

本制度は、国外送金等調書法の3条・4条で規定されている。対象取引としては以下の通りだが、資金が日本と外国にまたがって移動するいわゆる「クロスボーダー取引」であることがポイントである（したがって、国内送金の受領者が非居住者の場合や、居住者間外貨送金も対象外となる）。また、輸出入取引のドキュメンタリーや両替取引も対象外になる。

対象取引 { ・外国向け送金（仕向国外送金）
・外国からの送金の受領（円建て国内払送金小切手を含む）(被仕向同上)
・外国払いクリーンビルの買取・取立

本制度の手続概要

顧客の告知書提出義務

取引金額に関係なく、当該顧客から、①氏名または名称、②住所、③原因（目的）、④個人または法人番号等を記載の告知書を提出してもらう。告知書は通常、外国送金依頼書に組み込まれている。

ただし、つぎの場合には、告知書の提出を要さない。

・本人確認済の本人口座を通じて対象取引が行われる場合
・顧客が国、公共法人、特別法で設立された法人、金融機関、金融商品取引業者、外国政府、外国の地方公共団体、国際機関等の場合

　そして、銀行等は、上記告知書上の①〜④が確認書類に記載されたものと同じであるかどうか確認しなければならない。

　また、銀行等が国外送金等を行う顧客から個人番号の提供をうけるときには、国外送金等調書法に基づく本人確認のほかに、番号法に基づく本人確認も必要である（あわせて個人番号の適切な管理も必要である）。なお、この制度の確認書類は犯罪収益移転防止法・外為法の2つの法律とは異なる。

　また銀行等は、100万円相当額超の国外送金等については、「国外送金等調書」を作成し、取引日の翌月末までに所轄の税務署宛で提出する。報告方法は、磁気テープ等の電子媒体でも認められている。ただし、調書の枚数が100件以上の場合にはe-Taxまたは光ディスク等により提出しなければならない。

●図表1−17　国外送金等調書提出制度の本人確認書類●

個人	法人
個人番号カード	①法人番号通知書（6ヵ月以内）
通知カード＋住所等確認書類	②法人番号通知書（①以外＋法人確認書類（登記事項証明書など））
個人番号記載の住民票＋住所等確認書類(注)	③法人番号印刷書類＋法人確認書類

（注）住所等確認書類は、健康保険証で可

第4節 国際ルールと外国為替取引

① 統一規則等の意義

　国際取引で関係当事者は、それぞれ異なる国に所在しており、各国の法律内容も国によって異なる。したがって、各当事者が自国の法の適用にこだわれば取引そのものが成立しなくなる。そこでこのような事態を避け、国際取引を円滑に進めるために取引当事者間の任意の合意によって、取引当事者の権利義務を画一的に規律しようという意思で自主的に制定されたルールのことを統一規則（Uniform Rules）という。統一規則はこのように任意の合意で定められたルールのため、各国の法律や条約等強行法規（強行規定）には劣後せざるを得ず、適用する場合にはその旨の明示が必要である。

●図表1-18　統一規則の位置づけ●

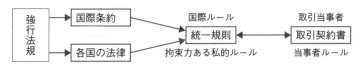

② 統一規則等

1 信用状統一規則（UCP600）

　信用状は、世界各国で貿易決済を中心に広く利用されているので、有効かつ円滑に機能されなければならない。国や銀行によって取扱や解釈が異なるとトラブルになりかねないためである。したがって、信用状の取扱、形式や、用語の解釈等を統一して国際的なルールを確立する必要がある。そこで世界各国の実業家を会員とする民間経済団体である国際商業会議所（International Chamber of Commerce：ICC）は1933年に「信用状統一規則」を制定した。以来、世界共通のルールとして、その普及・改訂等に努めてきている。

現在は、2007年に改訂された「荷為替信用状に関する統一規則および慣例」（UCP600）が最新版である。法律でも条約でもないが、世界の多くの銀行で採用され、実務にも適用されている。信用状統一規則の全文は39条の条文で規定されているが、この規則に従う場合は、実務上、"This Credit is subject to UCP600."という明示が必要である。

② 国際標準銀行実務（ISBP745）

国際商業会議所（ICC）によって2002年に制定されたものだが、書類点検者が参照する書類点検項目に関する参考書という位置づけで、一般原則である信用状統一規則と実務上の取扱の隙間を埋めるものとして評価されている。具体的には信用状に基づく書類を取り扱う実務家にとって、信用状統一規則がどのように適用されるべきかを事例等も交えて詳細に説明した内容となっている。現行の規則であるUCP600第２条に、「充足した呈示とは、信用状条件、この規則の適用条文、および国際標準銀行実務（ISBP）に合致した呈示をいう」とあるように、信用状条件が充足されているかどうかの判断は、この規則にも合致していることが求められ、UCP600とともに重要な規則となっている。なお、現在の国際標準銀行実務は2013年に改訂のISBP（International Standard Banking Practice）745 となっている。

③ 銀行間補償統一規則（URR725）

1996年に国際商業会議所（ICC）が、すでに各銀行が取り決めていたルールを検討し、初めて制定したものである。このとき制定されたものが「URR525」といわれ、その後のUCP600の改訂とともに2008年に改訂・実施されたものが現行の「URR725」である。スイフト・フォーマットの中に取り入れられ、UCP600の中でも信用状は銀行間補償統一規則（URR725）に従うか否かを要求されている。したがって信用状発行銀行は、実務上、信用状を発行する際に、補償銀行を利用しようとするとき、信用状とともにそのフォーマット中のタグ"40Ｅ"（適用規則欄）に"UCP URR LATEST VERSION"のように記載しなければならない。

❹ 取立統一規則（URC522）

　信用状なし荷為替手形、小切手等の国際間の取立に関して、1956年に国際商業会議所（ICC）が制定したもので、その後数回の改訂を経て、現行のものは1995年改訂の取立統一規則（Uniform Rules for Collections：URC）となっている。信用状統一規則ほど多くはないが、多数の国の銀行等で採択され、わが国でも全国銀行協会が採択している。

❺ 請求払保証統一規則（URDG758）

　請求払保証は、銀行や保証会社などが行う保証の一形態だが、国内での保証は一般的には請け負った工事や機器の納品が終わり、代金が納品先から支払われれば原債権の消滅とともに発注者（納品先）宛に差し入れていた保証債務も消滅する。ところが国際保証は、商慣習上、原債権債務とは別個の取引として扱われ、発注者などの受益者は保証書に明記された手形や書類等の呈示のみによって保証履行請求を求めるのが通例である。信用状規則と同様、独立抽象性・書類取引性がある。これは国際商業会議所（ICC）が、信用状統一規則（UCP600）を参考にしたもので書類取引性を強化するなどしている。本規則前身のURDG458 に大幅な見直しと改訂を加え、2010年に発効した国際保証取引に関するルールである。

●図表 1 −19　国内保証と国際保証の比較●

❻ 国際スタンドバイ規則（ISP98）

　この規則は、もともと米国で制定されたスタンドバイ信用状の実務慣行を規定した規則で1998年にICCによって公表され、翌年1月から実施されている。

　今日、スタンドバイ信用状には前述の信用状統一規則（UCP600）とISP98

という２つのルールが存在している。

　スタンドバイ信用状とは、本邦企業の現地法人等が現地銀行から融資を受けるに際して、親企業の依頼で本邦の銀行が外国の融資銀行を受益者として発行船積書類を要求しない、クリーン信用状である。すなわち、支払は手形のほかに債務不履行を示す証明書（Statement）１枚で請求されるもので、主に次のような特徴がある。

・UCP600やURDGの規則と同様に信用状としての"独立抽象性"、"書類取引性"を有している
・スイフト等の電子的手段による書類の呈示を許容している
・本規則を適用する場合、"Subject to ISP98"というような準拠文言を信用状に記載する

７ インコタームズ（Incoterms）

　貿易取引では各国の法制度・商習慣等が異なる中で、物品の受渡（危険と費用の負担）について、どこからが輸出者の責任でどこまでが輸入者の責任なのかを明確にしないとトラブルのもとになりかねない。そこでこうしたトラブルをなくすために輸出入当事者の義務を明確にして貿易取引条件をパターン化して利用度の高い11の規則にまとめて定義したものがインコタームズである。

　インコタームズとは、International Commercial Termsの略称で貿易取引条件の解釈に関する国際規則といえる。

　国際商業会議所（ICC）がモノの受渡に伴う売主と買主のリスクとコスト分担に主眼をおいて、各国の貿易取引条件を調査研究して、その明確化・共通化を目的に1936年に発表したものが最初で、その後ほぼ10年毎に改定が行われている。2019年まで"Incoterms® 2010 "が使用されていたが、ICCは2019年に2020年版（"Incoterms® 2020"）を公表し、2020年１月１日より発効となった。

　2020年版は"Incoterms® 2020"と呼称され、国際商業会議所（ICC）は"Incoterms® 2020"という商標登録をしている。

　貿易取引の定型条件はアルファベット三文字（例えば、FOB、CIF等）からなる11の取引条件で構成されており、主に売主（輸出者）から買主（輸入者）への物品の引渡に伴う役割、費用や危険の移転等の負担範囲について規定して

いる。

　国際商取引の統一規則の１つであるが、任意規則のため、輸出者・輸入者双方の合意が必要で、この規則を適用したい場合には売買契約書等に指定地を含む三文字に加えて"by Incoterms® 2020"のように明記する（例：FOB Yokohama by Incoterms® 2020）必要がある。

　2010年版からは、国際売買契約に限定せず、国内売買契約においても適用可能であれば、使用してもよいことになっている。

　現行のインコタームズ2020の11の取引条件は、輸送手段によって、２つに分類され「いかなる単数または複数の輸送手段にも適した規則」（海上輸送が全くなくても使用できるが、輸送の一部に船が使用される場合にも使うことができる規則：EXW、FCA、CPT、CIP、DAP、DPU、DDPなど）と「海上および内陸水路輸送のための規則」（物品が買主に輸送される場所と引渡地点がいずれも港となる規則で航空貨物輸送には使用できない：FAS、FOB、CFR、CIFなど）がある。

〈定型取引条件の概要〉
1　EXW：売主の施設またはその他の指定場所（工場、倉庫等）で貨物を買主の処分に委ねたとき引渡の義務を果たすもので、売主にとっての最小の義務を表す。
2　FCA：売主の施設またはその他の指定地で買主が指定した運送人に貨物を引き渡したときに売主の引渡が完了し、その時点で危険負担は売主から買主に移転する。
3　CPT：FCA条件に加えて、売主は、貨物の指定仕向地までの運送を手配し、その費用も負担するが、運送人に貨物を引き渡した時点で引渡義務を果たす。
4　CIP：CPT条件に加えて、売主は貨物に対する滅失・損傷の危険に対する保険を手配し、その費用（保険料）も負担する。付保については、2020年版インコタームズから新たにICC（A）の付保契約を規定（2010年版インコタームズまではICC（C））。
5　DAP：指定仕向地で荷卸の準備ができている到着した輸送手段の上で、貨物が買主の処分に委ねられたとき、売主が引渡の義務を果たす。売主は指定地まで貨物を運ぶことに伴う一切の危険を負担するが、荷卸や輸入通関等の義務は負わない。
6　DPU：指定仕向地で貨物がいったん到着した輸送手段から荷卸されて買主の処分に委ねられたとき、売主が引渡の義務を果たす。売主は輸出通関義務はあるが、輸入通関等の義務は負わない。

7　DDP：指定仕向地で荷卸の準備ができている到着した輸送手段の上で輸入通関を済ませ、買主の処分に委ねられたとき、売主が引渡の義務を果たす。輸出通関だけでなく、輸入通関も行わなければならず売主にとって最大の義務を表す。

8　FAS：貨物が指定船積港において、買主によって指定された本船の船側（例：はしけ、埠頭など）に置かれたとき、売主が引渡の義務を果たす。売主が輸出通関や貨物積込義務を負う。

9　FOB：売主が、指定船積港において買主によって指定された本船の船上で貨物を引き渡したときに売主が引渡の義務を果たし、以降の危険負担と費用は買主に移転する。

10　CFR：FOBの条件に加えて、売主は貨物の指定仕向地までの運送を手配し、その費用も負担する。指定された本船の船上で貨物を引き渡したときに売主が引渡の義務を果たす。

11　CIF：CFRの条件に加えて、売主は貨物に対する滅失・損傷の危険に対する保険を手配し、その費用（保険料）も負担する（2020年版インコタームズでは引き続き、ICC（C）の付保契約を規定）。

なお、2010年版から2020年版では、新たに次のような変更が行われた。

①DAT（Delivered at Terminal、ターミナル持込渡し）をDPU（Delivered at Place Unloaded、荷卸込持込渡し）に改称し、指定仕向地はターミナルに限定されていない。

ICCは、インコタームズ2010のDATとDAPの2点に変更を加えて、インコタームズ2020では規則の順序を逆にし、荷卸以前に引渡があるDAP（物品が荷卸のために到着した運送手段上で買主の処分に委ねられたとき、売主は物品を引き渡す）が前にきて、DAT（売主が到着した運送手段からターミナルに荷卸された状態で物品を引き渡す）が後にくる。DATは仕向地がターミナルに限定せず、荷卸可能な場所での意味でDPU（Delivered at Place Unloaded）へ改称された。

②CIP条件での貨物保険の補償範囲の変更

インコタームズ2010まで、CIFとCIPは協会貨物約款（C）または同種の約款により提供される補償を取得すべきとされていたが、インコタームズ2020では、CIPの場合、売主は協会貨物約款（A）を充たす補償を取得すべきと改訂された。しかし、CIFでは、取得すべき貨物保険の補償範囲は（C）約款のまま変更はなく、CIFとCIPで取得すべき貨物保険の補償範囲が異なるため注意

●図表1－20　インコタームズ2020　国内および国際定型取引条件の使用に関するICC規則●

いかなる単数または複数の輸送手段にも適した規則（海上輸送が全くなくても使用できるが、輸送の一部に船が使用される場合にも使用できる規則である。）			
1	EXW	Ex Works　(named place of delivery)	工場渡（指定引渡地）
2	FCA	Free Carrier　(named place of delivery)	運送人渡（指定引渡地）
3	CPT	Carriage Paid To　(named place of destination)	輸送費込（指定仕向地）
4	CIP	Carriage and Insurance　Paid To　(named place of destination)	輸送費保険料込（指定仕向地）
5	DAP	Delivered at Place　(named place of destination)	仕向地持込渡（指定仕向地）
6	DPU	Delivered at Place Unloaded　(named place of destination)	荷卸込持込渡（指定仕向地）
7	DDP	Delivered Duty Paid　(named place of destination)	関税持込渡（指定仕向地）
海上および内陸水路輸送のための規則（物品の引渡地点と輸送される場所がいずれも"港"となる規則である。すなわち、航空貨物には使用できない。）			
8	FAS	Free Alongside Ship　(named port of shipment)	船側渡（指定船積港）
9	FOB	Free on Board (named port of shipment)	本船渡（指定船積港）
10	CFR	Cost and Freight　(named port of destination)	運賃込（指定仕向港）
11	CIF	Cost,Insurance and Freight　(named port of destination)	運賃保険料込（指定仕向港）

が必要である。

③FCA条件に買主が、「積込済みの付記」のある船荷証券を要求できる追加の選択肢を規定

　本条件における運送契約はあくまで買主と運送人との契約であるが、自分の選定する運送人が合意すれば「積込済みの付記」のある船荷証券を売主に発行するよう要求できることとした。FCA条件はあらゆる輸送形態に適しており、様々な場所で貨物の引渡が可能である。FCA条件の海上輸送の場合、本来、「積込済みの付記」は不要であるが、船上に荷揚げされる前に運送人への引渡が完了しているので、売主は運送人から船積船荷証券を入手できるか不明となり、金融機関に買取に応じてもらえるかわからない（UCP600では、買取の前提として船積船荷証券が船荷証券としての要件のため）。

　そこでインコタームズ2020では、FCA条件A6/B6で追加の選択肢として「買主は運送人に貨物の本船積込後に積込済みの付記のある船荷証券を発行するよう指示し、売主はその提供をする義務を負うことについて買主と合意することができる」とした。

④インコタームズ2020では各規則の10項目の掲載順序が根本的に変更が加えられた（図表1－22）

●図表1－21　定型取引条件における物品の引渡場所と売主、買主の役割・義務など●

		物品の引渡場所 （危険の移転場所）	運送手配	保険手配	輸出通関	輸入通関	売主の積込・荷卸の義務
いかなる単数または複数の輸送手段にも適した規則							
1	EXW	売主の施設又はその他の場所（工場、倉庫など）で買主の処分に委ねたとき	買主	買主	買主	買主	売主に積込義務なし
2	FCA	買主が指定した運送人に貨物を引渡したとき	買主	買主	売主	買主	売主に積込義務あり
3	CPT	売主が指定した運送人に貨物を引渡したとき	売主	買主	売主	買主	売主に荷卸義務なし
4	CIP	同上	売主	売主	売主	買主	同上
5	DAP	指定仕向地において、荷卸しの準備ができている輸送手段の上で買主の処分に委ねたとき	売主	売主	売主	買主	同上
6	DPU	指定仕向地において、貨物を運送手段から荷卸しし、買主の処分に委ねたとき	売主	売主	売主	買主	売主に荷卸義務あり
7	DDP	売主が輸送手段から荷卸しせずに、買主に貨物を引渡したとき	売主	売主	売主	売主	売主に荷卸義務なし
海上および内陸水路輸送のための規則							
8	FAS	売主が指定船積港において、貨物を本船の船側に置いたとき	買主	買主	売主	買主	売主に積込義務あり
9	FOB	売主が指定船積港において、買主によって指定された本船の船上に置いたとき	買主	買主	売主	買主	同上
10	CFR	売主が指定船積港において、売主によって指定された本船の船上に置いたとき	売主	買主	売主	買主	売主に仕向港での荷卸義務なし
11	CIF	同上	売主	売主	売主	買主	同上

●図表1－22　インコタームズ2020に規定の売主・買主の義務の項目●

A　売主の義務	B　買主の義務
A 1　売主の一般的義務	B 1　買主の一般的義務
A 2　引渡し	B 2　引渡しの受取
A 3　危険の移転	B 3　危険の移転
A 4　運送	B 4　運送
A 5　保険契約	B 5　保険契約
A 6　引渡書類/運送書類	B 6　引渡書類/運送書類
A 7　輸出通関/輸入通関	B 7　輸出通関/輸入通関
A 8　照合/包装/荷印	B 8　照合/包装/荷印
A 9　費用の分担	B 9　費用の分担
A 10　買主への通知	B 10　売主への通知

外国為替のリスク

① 取引のリスク要因

　貿易取引をはじめ、海外との対外取引ではさまざまなリスクが存在する。基本的には取引相手が国内にいるのか、外国にいるのかという点がポイントになる。外国にいることとした場合、図表1−23のようなリスク要因が存在する。それぞれのリスクを把握し、ヘッジ対策を講じることが重要となる。

●図表1−23　外国為替取引のリスク要因—イメージ図●

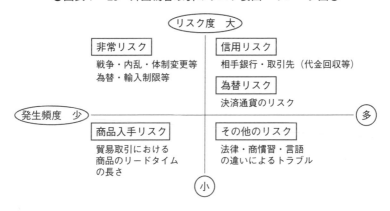

② 取引のリスクと対応策

1 非常リスク

　一般的に「カントリーリスク」と呼ばれるもので、戦争・内乱・政治体制の変更などによって、経済活動にも影響を及ぼすリスクである。滅多に発生しないが、発生した場合、影響は計り知れない。その他国によっては輸入制限、為替制限、外国送金停止措置などの措置をとる場合も含まれる。このようなリスクを回避するため、事前に相手国の市場調査・政治経済情勢等を把握しておく

とともに、貿易取引などでリスクが高い国との取引では政府が出資している㈱日本貿易保険（以下「NEXI」という）の貿易保険などでカバーする必要がある。この保険によって海外事情に伴う相手国の政治、災害等のリスクについてヘッジすることができる。

2 信用リスク

　輸出入の取引先はじめ、相手先の取引銀行まで含めて、格付けなどチェックする必要がある。特に貿易取引では、相手方の企業に契約履行能力があるかどうか信用上の不安がある。このようなリスクには日本貿易振興機構（以下「ジェトロ」という）を通じて信用調査機関の信用調査を行い、備えておくことがポイントになる。信用調査をしなかったために、貿易取引で詐欺まがいの行為にあって代金を回収できなかったり、粗悪な商品を送られたりする例は、枚挙にいとまがない。したがって、調査の結果が良好であっても実際に取引する場合、当面は銀行の発行する信用状によって代金決済を行うことがよいと思われる。

　この他に貿易保険、取引信用保険、国際ファクタリングといった信用補完手段が利用されることがある。

3 為替リスク

　外国為替取引では決済通貨は、外貨建てか円建てかの選択をしなければならない。この場合、外貨建ての取引では常に日本円と当該外国通貨との交換比率が問題になってくる。この交換比率である為替の変動要因は多種多様にあり、取引時に想定していた為替相場と大きく異なってくる場合があり、商取引での売買の利益がなくなることもある。こうした事態を回避するためには、銀行と為替予約またはオプション付き為替予約などを活用して極力、為替にさらされる部分を小さくするのがよいと思われる。貿易取引等であらかじめ、その金額や決済時期が判明していれば銀行と為替相場の取り決めをしておくことができる。なお、契約を円建てにすれば日本側にリスクはないが相手側で為替リスクが生じるので、容易には応じてくれない。

4 その他のリスク

　貿易取引では国内と異なり、リードタイムが長く商品が相手方に届くまでに時間がかかるため、輸送途中で商品の損傷や変質といった事態も発生するリスクがある。このような自然発生的なリスクを回避するためには、貨物海上保険や航空貨物保険を付保して損害をカバーする必要がある。

　その他、交渉・実務等では些細なことで外国の相手側とトラブルになりかねない。法律・商慣習・言語等の問題は、既述の国際ルールを適用することや、交渉等のやりとりを電子メールやFAX等で確認しながら進めていき、その結果を盛り込んだ契約書を作成しておくことが重要になる。

第2章

輸出取引

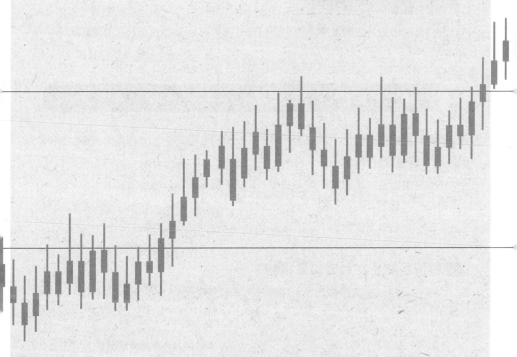

輸出取引と外為法

① 輸出とは

　この章において、輸出とは、「対価を得て日本国内の貨物を通関手続き後に海外に送り出すこと」とする。したがって、通貨や貴金属などの携帯輸出、寄付や贈与など無償の救援物資の輸出、貨物が税関を経由せず外国相互間で移動する仲介貿易などはこの章の対象としない。

　輸出者（exporter）には製造業者、商社などがある。製造業者等で直接海外との取引経験がない会社は商社などを経由して輸出を行う。これを間接輸出という。これに対して製造業者等が直接海外との貿易を行うことを直接輸出という。

② 輸出者に課された規制

　貨物の輸出は外為法上の目的を阻害しない限り原則として自由である。輸出取引には「貨物の輸出」と「代金の受領」の２つの側面がある。そしてそれぞれに規制がある。規制にかかる許可・承認の取得義務は輸出者にある。

　輸出する貨物には、「輸出が禁止されているもの」と「輸出が規制されているもの」がある。貨物の「適法性の確認」は税関で実施される。

◼ 輸出が禁止されている貨物

　つぎの貨物の輸出が禁止されている（関税法69条の２）。違反者には罰則が課せられる。

- ・麻薬、向精神薬、大麻、あへん・ケシがら、覚醒剤および覚醒剤原料
- ・児童ポルノ
- ・知的財産権侵害貨物（特許権、実用新案権、意匠権、商標権、著作権、著作隣接権、育成者権を侵害する物品）

・不正競争防止法2条1項1号から3号まで、または、10号、17号または18号までに掲げる行為を組成する物品（周知表示の混同を惹起する物品、形態模倣品、著名表示を冒用する物品、営業秘密侵害品、アクセスコントロール等回避機器）

❷ 輸出が規制されている貨物

　関税関係法令以外の法令（外為法など）によって許可、承認などが必要な貨物がある。輸出者は、それらの法令の規定に基づく許可・承認等を受けたのち、輸出申告（または申告にかかる審査または検査）の際に、許可・承認等を取得していることを税関に証明しなければならない。そして税関の確認を受けなければ輸出の許可がおりず輸出することができない。違反者には罰則が課せられる。

　外為法では、安全保障輸出貿易管理の目的で輸出許可制と、国際協調の目的で輸出承認制がある。

❸ 輸出許可が必要な貨物（安全保障輸出貿易管理制度）

　輸出許可が必要な品目には、「リスト規制品目」と「キャッチオール規制品目」がある。

（1）リスト規制品

　大量破壊兵器の拡散防止や通常兵器の過度な蓄積などを防止する観点から、ワッセナー・アレンジメントなど国際的に協調して規制が行われる貨物（機械・部品・原材料など）の品目ごとに仕様をリスト化している。リストに該当する場合は、たとえ海外の自社工場や日系企業が需要者であっても、またその用途にかかわらず許可が必要となる。対象地域は全地域である。

（2）キャッチオール規制品

　「大量破壊兵器キャッチオール規制」と「通常兵器キャッチオール規制」がある。キャッチオール規制は、リスト規制を補完していることから補完的輸出規制ともいう。輸出令別表1の16項では、リスト規制品目以外で食料や木材等を除く全ての貨物が対象となっている。輸出令別表1の1から15項の対象とな

らなかったものを広くカバーすることができる仕組みである。

　輸出者は、許可申請の要否を「客観要件」と「インフォーム要件」の２つで判断する。「客観要件」は、「どのような用途として使用されるか」との観点から用途の確認（用途要件）または「どのような需要者が使用するか」との観点から需要者の確認（需要者要件）を輸出者が行った結果、①大量破壊兵器等の開発、製造、使用または貯蔵等に用いられるおそれがある場合、または、②通常兵器の開発、製造または使用に用いられるおそれがある場合に許可申請が必要となる要件である。

　一方、「インフォーム要件」は、①大量破壊兵器等の開発、製造、使用または貯蔵に用いられるおそれがある、または、②通常兵器の開発、製造または使用に用いられるおそれがある、として経済産業大臣から許可申請をすべき旨の通知（インフォーム通知）を受けている場合に、許可申請が必要となる要件である。

　「グループＡ^{（注1）}」は、「大量破壊兵器キャッチオール規制」「通常兵器キャッチオール規制」の対象外である。

　しかし、「グループＡ以外（グループＢ、Ｃ、Ｄ）」については以下の場合、許可申請が必要となる。

・「大量破壊兵器キャッチオール規制」は、「グループＢ、Ｃ、Ｄ」への輸出で「インフォーム要件」または「客観要件（用途要件または需要者要件）」のいずれかに該当する場合

・「通常兵器キャッチオール規制」は、「グループＤ^{（注2）}のうち国連武器禁輸国・地域（輸出令別表第３の２）」への輸出で、「インフォーム要件」または「客観要件（用途要件）」のいずれかに該当する場合

・また、「通常兵器キャッチオール規制」は、「グループＢ、Ｃ」および「グループＤのうち国連武器禁輸国・地域以外の国」への輸出で、「インフォーム要件」に該当すれば許可申請が必要となる

（注１）2019年８月に輸出管理令が改正され、輸出貿易管理上の優遇措置対象国の呼称を「ホワイト国」から「グループＡ」に、またそれ以外の国（非ホワイト国）を「グループＢ、Ｃ、Ｄ」の３区分にして輸出管理を行うことになった。この時、ホワイト国であった韓国はグループＢに変更されたが、2023年７月にグループＡに復帰した。

（注２）「クループＤ」は、「国連武器禁輸国・地域（輸出令別表第３の２）」と「懸念国（輸

出令別表第4）」からなる。ただし、イラクと北朝鮮は双方に重複して含まれるため、「国連武器禁輸国・地域（輸出令別表第3の2）」と「それ以外の国・地域（具体的にはイランのみ）」にという区分なっているので留意すること。

4 輸出承認が必要な貨物

（1）承認品目

国内需給調整品目（鰻の稚魚など）、取引秩序維持品目（漁船など）、国際協定品目（ワシントン条約に係わる動植物など）、輸出禁制品目（偽造紙幣など）など（輸出令2条1項1号）が対象となる。

（2）対北朝鮮輸出禁止品目

北朝鮮を仕向地とする全ての貨物の輸出が対象となる。規定上は承認となっているが、申請があっても、承認しないことによる事実上の禁止措置となっている（輸出令2条1項1の2号）。

（3）逆委託加工貿易に係る特定品目

輸出の総価額が100万円以下の場合を除いて、非居住者に外国での加工を委託する「逆委託加工貿易」で、皮革（原毛および毛皮を含む）および皮革製品の半製品など「指定加工原材料」に該当する場合は承認手続きが必要である（輸出令2条1項2号、輸出規則3条、輸出令4条4項）。

なお、本来、法令で禁止したことをある要件を満たせば解除する行為を「許可」といい、一定の行為や事実を許諾または肯定することを「承認」という。しかし貨物の輸出の「許可」と「承認」には違いがなく手続きや効果は同じである。

5 輸出する貨物の代金回収についての規制

代金の受領についても外為法の規制を受ける（外為法16条）。しかし、手続きの重複を排除する目的で、同一の見地から許可または承認を受ける義務を課した取引（貨物の輸出）に係る「支払の受領（代金の受領）」である場合は、「支払の受領」についての規制は発動されない（外為法16条1～3項中の除外規定）。

6 輸出者等遵守基準

　輸出者等遵守基準とは、国際的な平和および安全の維持のため、輸出する貨物の「内容、用途、需要者、国」にかかわらず、反復継続して輸出を行っている全ての者が守るべき輸出管理の基準である。平成21年4月の外為法改正により、外為法55条の10として設けられた法的要求事項である。輸出者等が遵守すべき具体的な内容は、経済産業大臣が「輸出者等遵守基準を定める省令」（経済産業省令第60号：平成22年4月1日施行）として定められており、これにしたがって輸出等を行うことが求められている。経済産業大臣は、基準にしたがい指導や助言、違反があった際には勧告・命令を行うことができる（命令に違反した場合のみ罰則の対象となる）。

③ 金融機関に課された義務（適法性の確認義務）

　輸出者に対する規制とは別に、銀行等には貨物の輸出により生ずる資金の受領（支払の受領）について「適法性の確認義務」が課せられている（外為法17条）。

　「適法性の確認義務」の内容は下記の2つを確認することとされている。

> ・経済制裁措置の対象に該当しないこと（外為法17条1号）。
> ・該当する場合は、許可・承認を取得していること。

　ただし、輸出にかかる支払の受領については、原因となる取引・行為について許可等を取得していなくとも支払の受領を行って差し支えないものとして、確認義務の対象外となっている（外為法16条5項の除外規定、外為令6条5項）。

第 **2** 節

信用状の通知

① 通知銀行（信用状の接受・通知）

■ 信用状・アメンドの接受

　信用状発行銀行（以下、「発行銀行」という）から信用状やアメンド（Amendment）[注]を受け取ることを「接受」という。

　信用状やアメンドの送付は郵送またはスイフトによって行われる。近年はスイフトによる送付が多くを占める。また、プレ・アド（Preliminary Advice）といって金額・有効期限・船積期限など主要な項目のみスイフトで送付され、信用状原本は郵送で送付されてくることもある。

（注）既に発行された信用状の条件を変更すること。また変更された条件の通知をいう。

■ 信用状・アメンドの通知

　信用状やアメンドは、発行銀行から受益者（輸出者）に直接通知することができる。しかし、受け取った信用状の真正性確認に手間がかかるため、通常は、受益者の取引銀行に信用状を送付する。発行銀行が受益者の取引銀行とコルレス契約（またはスイフトRMA）がない場合は、その近隣の発行銀行とコルレス契約のある銀行に信用状を送付する。発行銀行から接受した信用状の通知依頼を受けて受益者に通知する銀行を「通知銀行（advising bank）」という。

　偽造信用状を阻止するため、接受銀行は、接受した信用状やアメンドについて、郵送の場合は署名照合により、スイフトでは自動的に行われるキー照合（authenticated message（認証済メッセージ））により、信用状やアメンドの「外見上の真正性（apparent authenticity）」を確認しなければならない。外見上の真正性を確認したのち、接受した信用状やアメンドに記載されている条件を「正確に反映（accurately reflect）」して受益者等に通知する。「正確に反映する」とは、接受した信用状やアメンドに変更や追加を加えずに元のままの文言で通知することである。接受した信用状やアメンドに含まれる受益者に

2

輸出取引

関係のない銀行間情報については「正確に反映」すべき対象ではない。ただし実務的にはこれらも含めて通知している。

　信用状やアメンドを接受した銀行は受益者に通知をしないことも選択できる。通知しないと決めたときは遅滞なく発行銀行にその旨を連絡する。

　また、外見上の真正性が確認できない場合は、①その旨を発行銀行に遅滞なく連絡するか、②接受した信用状やアメンドをInformation Onlyとして「外見上の真正性が確認できないこと」を受益者等に連絡するか、を選択することができる。

　通知をすると決めた場合には、コルレス契約に基づいて発行銀行に対して「善良な管理者としての注意義務」が求められることになる。発行銀行の指示に従って正確・迅速に通知しなければならない。

　通知は、信用状やアメンドにAdvice of Credit（通知書またはカバーレター。以下「通知書」という）を添付して、通知銀行として外見上の真正性を確認し、信用状やアメンドの文言を正確に反映していることを示す。

　信用状は発行銀行の支払確約書であり、受益者にとって輸出貨物代金の回収手段として重要な意味をもつものであり、通知銀行として、後日その責任を追及されることのないよう十分注意して慎重に取り扱わなければならない。

　発行銀行は、信用状やアメンドに記載された条件によって、通知手数料を発行銀行または受益者に請求する。

② 第二通知銀行

　通知銀行は、受益者に信用状やアメンドを通知するために他行（第二通知銀行（second advising bank））を利用することができる。

　接受した信用状に経由銀行（advice through bank）として他行が記載されてくることがある。通知銀行は、他行の指定の有無にかかわらず、自ら通知することも自ら選んだ他行を経由して通知することもできる。ただし、受益者にとって取引のある銀行を経由したほうがより利便性が高いので、発行銀行の指定した他行を経由させることが実務では多い。

　通知銀行から信用状やアメンドの通知依頼を受けた第二通知銀行は、通知銀

行と同様の義務・責任を負う。

　第二通知銀行は通知銀行から送付された「信用状やアメンドの通知書」について「外見上の真正性」を確認し、そして信用状やアメンドを「正確に反映」して受益者に通知しなければならない。

　第二通知銀行は通知するか否か選択することができる。

　また、通知書の外見上の真正性が確認できない場合は、①その旨を通知銀行に遅滞なく連絡するか、②信用状やアメンドの通知書について「外見上の真正性が確認できないこと」を受益者に連絡するか、を選択することができる。

③ 信用状条件の変更または取消

　アメンドについては信用状を通知した同じルートで受益者に通知しなければならない。その通知方法は、原信用状の通知の場合と同様であり、変更された条件を正確かつ迅速に受益者に通知しなければならない。また、通知手数料と引き換えに信用状やアメンドを交付するという条件はつけるべきでない。

　発行銀行は信用状を発行した時点で、オナーすべき撤回不能の義務を負う。一旦発行された信用状の条件を変更したり取り消したりすることはできない。ただし、関係当事者全員（発行銀行、確認銀行、受益者）の同意が得られれば、条件の変更や取消も認められる。

　発行銀行は、アメンドを発行した時点から、アメンドに記載した条件について撤回不能の義務を負う。

　条件変更や取消には関係当事者全員の同意が必要ではあるが、実務では、取消・船積期限や有効期限の短縮・信用状金額の減額・商品単価の引下げなど、受益者に不利益な条件変更のときだけ「受益者の承諾書（ベネコン：Beneficiary's Consent）」を徴求する。逆に受益者に有利な条件変更は「受益者の承諾書」を徴求しない。取消の場合は、「受益者の承諾書」徴求とあわせて信用状原本を回収する。受益者は、条件変更や取消の承諾または拒絶の意思表示をしなければならない。意思表示は、通常、通知銀行（または第二通知銀行）から送付されてくる同意書（consent letter）に記載し署名をして通知銀行に返送することで行う。通知銀行（または第二通知銀行）は、同意書に示さ

れた受益者の意思を、発行銀行から受益者に条件変更等が届けられたルートと逆ルートで速やかに連絡する。

　受益者が条件変更の承諾を通知銀行に連絡するまでは、原信用状（または以前に承諾された条件変更を盛り込んだ信用状）の条件は有効（変更されないまま）である。受益者から承諾の連絡がなくとも、信用状および未承諾のアメンド条件を満たした船積書類の呈示があれば、受益者が未承諾条件変更を承諾したものとみなされ、その時点で信用状に条件変更が反映されることになる。

　なお、1つのアメンドに複数の条件変更が含まれているときは、条件変更の一部だけを受諾（拒絶）することはできない。そのアメンドの全部を受諾するか拒絶するのかのいずれかとなる。受益者が一部受諾を希望する場合には、発行銀行へその旨照会しなければならない。

　また、アメンドに「受益者が一定期間内に拒絶の意思を示さなければ、条件変更が承諾されたとみなす」という趣旨が記載されていても効力はなく無視される。

●図表2－1　依頼人から受益者までのルート●

（出所）SWIFT User Hand Bookをもとに作成

④ 輸出者による信用状の点検

　売買契約において信用状による決済を取り決めた場合、輸入者は信用状発行を取引銀行に依頼する。そして発行銀行から通知銀行（あるいは第二通知銀行）を経由して信用状が輸出者に送付される。

　輸出者は信用状を入手後、信用状の内容が売買契約の内容と相違ないか点検

する必要がある。輸出者は、信用状の内容が100％正しいものとして書類作成や手続きを行わなければ、発行銀行から支払を受けられないからである。内容に誤りや変更したい点があれば、直ちに輸入者にアメンドを依頼する。もし点検が疎かであったり、輸入者が条件変更に応じなかったりすれば、発行銀行の支払確約が得られず、信用状取引とした意味がなくなることを承知しなければならない。

　信用状点検のポイントはつぎの通りである。

〈信用状自体の有効性等の点検〉
・通知銀行が作成した「通知書」を点検する（あれば第二通知銀行分も含める）。「信用状の真正性の確認ができずに情報として信用状を通知する（Information Only）」旨の記載や、確認信用状で「確認を加えない」旨の記載などに注意する。
・信用状統一規則準拠文言が挿入されているか、取消不能信用状であるかを確認する。通知銀行でそれらは点検されているが、輸出者としても確認しておく。
・信用状発行銀行の信用度をチェックする。格付など信用度に問題があると判断したときは、発行銀行に対し取引銀行を確認銀行へ変更することを依頼できるか通知銀行に照会する。または取引銀行にサイレント・コンファーム（silent confirm）の利用が可能か照会する。
・信用状の利用に持込銀行の制限があるかどうかをチェックする。利用可能な銀行を特定した信用状（リストリクテッド・クレジット：Restricted Credit）で、取引銀行以外が特定されていれば、取引銀行経由で信用状で特定された銀行に持ち込むことになる（再割扱い）。その結果、為替予約の適用や入金の遅れなど実務上の問題が生じる。そのため、いずれの銀行（Any Bank）でも利用可能な信用状（オープンクレジット：Open Credit）への変更を要求する。

〈信用状で要求されている書類の点検（特に慎重なチェックが必要）〉
・売買契約内容との整合性（一致）を点検する。受益者名、発行依頼人名、決済条件、信用状金額、船積書類と通数、などの項目に問題がないか点検する。
・明記されている日付はいつか、特に船積準備や代金回収に関わる期限については慎重に確認する。例えば、最終船積日（Latest Shipment Date）、銀行の書類の提出期限（Expiry Date）などが生産・製造・集荷の完了時期と比べて短すぎないか点検する。
・輸出者名、輸入者名、所在地、価格・商品名や型番・数量など記載内容の綴りが契約通りで正しいかを点検する。

・信用状に要求されている書類で、入手できないものはないか、入手に時間がかかりすぎないか、そして書類の必要通数などを確認する。また、売買契約にない書類が要求されている場合には、契約通りとするようアメンドを要求する。
・輸出者以外の者が作成する書類（例えば船荷証券・保険証券など）に特別な条件があればその内容を確認する。また、英語以外の表記が求められていないか、など記載内容について確認する。
・分割船積が許容されているか否か、分割船積禁止の記載があれば分割船積できない。そのほか、船積容量の指示、積替、複合運送などを確認する。契約条件と異なる場合はアメンドを申し入れる。

信用状の確認

① 信用状の確認（オープン・コンファーム）

　発行銀行の依頼により、発行銀行以外の銀行（以下「通知銀行等」という）が、その信用状に基づいて振り出された手形の支払・引受を確約すること、または、手形振出人の償還義務を免除（without recourse）して手形の買取を確約することを信用状の確認という。この通知銀行等による支払確約を確認（confirmation）、信用状に確認を付加した銀行を確認銀行（confirming bank）、確認された信用状を確認信用状（confirmed credit）という。

1 信用状確認の目的

　確認信用状は、発行銀行の支払確約とは別に、独立して、確認銀行が支払確約を加えるものである。結果、受益者は2つの支払確約を受けることになり、支払人、発行銀行、発行銀行所在国のリスクから解放されることになる。

2 発行銀行による依頼

　発行銀行は、信用状の文言の中で、①自らが通知銀行等に確認の付与を求める、②受益者からの申出があれば確認を付加する権限を与える、③確認の必要はない、のいずれかを明示しなければならない。

3 受益者への通知

　上記①の文言があるときは通知書に「所管部署の承認が得られれば確認を付与する。確認諾否については後日連絡する」旨の文言を記載して、受益者に送付する。

　また、上記②の文言がある場合は、通知書とともに確認付加の要否を受益者に照会する。確認の要否は文書で行い、受益者から確認の付加依頼があれば、所管部署に承認手続きを行う。

▟ 発行銀行とその所在国に対する与信審査

　接受した信用状に確認依頼文言がある場合、確認を付加できるか、つぎの項目を点検する。

- ・自行が接受し、信用状統一規則に準拠した信用状であること
- ・コルレス契約で確認の取決のある銀行が発行した信用状であること
- ・取消不能信用状で確認依頼文言があること
- ・信用状に不明瞭な条件・文言などがないこと
- ・リンバース文言（指定銀行への補償請求に関する指示文言）に不備がないこと
- ・停止条件や解除条件が記載されていないこと

　信用状の確認は、確認銀行にとって発行銀行と発行銀行所在国に対する与信となる。所管部署の審査・承認手続きを行う。

▜ 確認付加の決定

　信用状確認付加の決定は、授権（confirm）または依頼（may add）された銀行の自由裁量である。発行銀行から信用状に確認付加を授権・依頼された通知銀行等が、確認を付加しないことを決定した場合は、発行銀行に遅滞なくその旨を通報しなければならない。また通知銀行等は確認を付加せずに信用状を輸出者に通知することもできる。信用状統一規則（UCP600）では、通知銀行等が受益者に対し「信用状に確認を加えないとの意思表示」を要件としていない。ただし実務では、通知書に、その旨の表示をしている。

▟ 確認手続き

　通知書または原信用状に確認文言およびリストリクト文言を記載する。

　確認を行う場合は「支払承諾見返り勘定（信用状発行銀行口）」と「支払承諾勘定（信用状確認口）」を起票する。確認信用状に基づく手形を買い取ったとき、および確認信用状が失効したときは、確認時と反対起票を行う。

　確認依頼人である信用状発行銀行から確認手数料を徴求する。ただし、当該信用状に受益者負担と指図がある場合は受益者から徴求する。

❼ 確認銀行の立場

　確認銀行には、信用状に自行の確認を付加した時点で、オナーまたは買い取るべき取消不能の義務が発生する。確認信用状は、ディスクレのない書類をオナーまたは買い取りして、その書類を確認銀行へ送付してきた他の指定銀行に補償することを約束する。再割等で持込された他の指定銀行への補償の確約だけでなく、受益者から直接呈示されたときも確認銀行による支払確約の対象となる。

❽ 条件変更への確認付与

　信用状に確認が付加されている場合、信用状の条件変更があったならば、受益者の同意とともに確認銀行の同意も必要となる。確認銀行は条件変更に対し確認を付加しないときは、発行銀行と受益者に対して、その旨を通報しなければならない。通知書には、必ずその旨を表示する。例えば、信用状金額を増額する場合、当初の信用状金額までは確認銀行としての義務は存在するが、増額部分については確認の対象外とすることもある。

② サイレント・コンファーム

　サイレント・コンファームとは、発行銀行から確認を加えることを授権または依頼されていないにもかかわらず、通知銀行等が、受益者から信用状の確認を依頼されて確認を加えることをいう。発行銀行が全く知らないところで確認が行われることになる。

　サイレント・コンファームの目的は、受益者が発行依頼人または発行銀行に確認依頼の事実を知られることなく、通知銀行等から信用状の支払確約を得ることにより、信用状の確認と同様の効果を得ることにある。一部の国では慣行となっている。

　サイレント・コンファームは信用状統一規則による取扱ではない。つまり、発行銀行に対する確認銀行としての補償請求権がない。サイレント・コンファームは受益者と通知銀行等との間の特約に基づくものである。特約には、

コンファームを行う銀行の責任範囲や、買取手形の持込などについて、明確に記載されている。

　サイレント・コンファームを行った通知銀行等に、発行銀行とその所在国に対する与信リスクが発生する。オープン・コンファームと同様に所管部署の承認手続きが必要となる。

　サイレント・コンファームを行った通知銀行等は通知書に発行銀行の依頼ではなく、受益者の依頼による確認であることを表示する。

　サイレント・コンファームを行った信用状が、買取後に発行銀行の破綻等で発行銀行から支払われなくなったときは、受益者等に買戻請求できない（without recourse）。ただし、信用状条件を充足していないことによる支払拒絶については、買戻請求をすることができる。この点については確認信用状と同じである。

●図表2－2　サイレント・コンファームの仕組み●

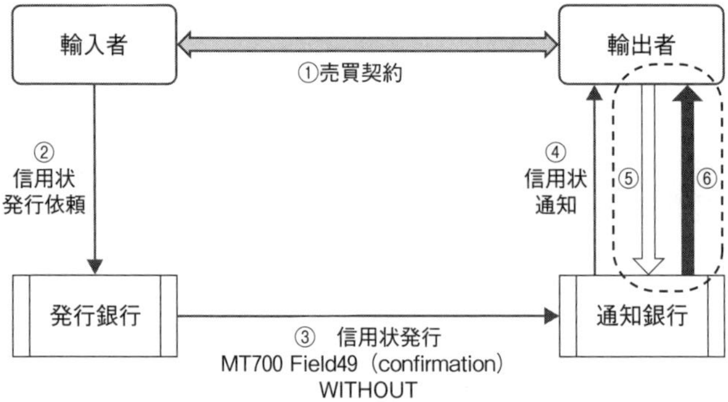

①～④までは通常の信用状の流れ。③の信用状は無確認信用状として発行されている。
⑤輸出者からサイレント・コンファームの依頼があり、⑥通知銀行は、発行銀行等の審査を行ったうえで、独自に確認を付与する。

第4節

信用状の譲渡

① 譲渡とは

1 信用状譲渡の目的

　信用状取引は、書類取引なので、輸入者が売買契約の履行について輸出者を全面的に信頼することによって成立している。そのため信用状は輸入者が指定した特定の輸出者（受益者）だけが利用できるものであり、第三者の利用や、第三者に譲渡することも許されていない。しかし、信用状の譲渡を絶対的に禁止すると、商取引の実情から様々な不便が生じ、むしろ信用状に記載された受益者以外のものに信用状の利用を認めた方が便利な場合もある。例えば、①買主が輸出地に自己の支店や買付機関を設け、これを受益者として信用状を開設し、その後個々の輸出者に分割して使用させる。また、②個々の輸出者が小規模で契約金額も少額である場合は、1つの信用状にまとめて、これを個々の輸出者が利用できるようにしておけば、輸出者ごとに信用状発行する不便さを除くことができる。あるいは、③受益者の信用力が弱く、現地で商品調達が困難な場合に、信用状によって取引を円滑に行うことができる。

2 譲渡可能信用状

　信用状面に信用状の譲渡を可能とする旨の明白な記載がある場合に限って、信用状の譲渡ができるものとする慣行が一般的となり、信用状統一規則でも認められるようになった。信用状にその信用状の譲渡を可能とする旨の明白な記載のあるものを「譲渡可能信用状（transferable credit）」といい、「譲渡可能信用状」の受益者を第一受益者という。第一受益者の譲渡依頼により譲渡手続きを行う銀行を「譲渡銀行（transferring bank）」という。いずれの銀行でも利用可能な「譲渡可能信用状」の時は、譲渡銀行としての授権が明確にされていなければならない。譲渡銀行が被譲渡人のために発行する信用状を「譲渡された信用状（transferred credit）」と呼ぶ。

❸ 譲渡された信用状

　「譲渡された信用状」は、確認も含めて「譲渡可能信用状」の条件通りであること。ただし、「譲渡された信用状」の条件として、信用状金額、単価、有効期限、呈示期間、または最終船積日もしくは船積のために与えられた期間、のうち１つまたは全てが譲渡可能信用状条件と同一またはそれ以内でなければならない。

　付保されなければならない保険担保割合は、信用状上に規定された担保金額となるように増加することができる。また、「譲渡された信用状」の発行依頼人名を「譲渡可能信用状」の発行依頼人ではなく第一受益者とすることができる。

　「譲渡可能信用状」の発行依頼人の名称が送り状以外の書類に記載することが、「譲渡可能信用状」の条件である場合は、その条件を「譲渡された信用状」にも反映しなければならない。

●図表２－３　「譲渡可能信用状」と「譲渡された信用状」●

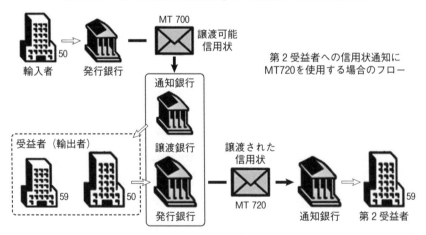

（出所）SWIFT User Hand Bookをもとに作成

4 譲渡の種類

譲渡には、「全部譲渡」と「一部譲渡」がある。

「譲渡可能信用状」で、一部（分割）船積が禁止されている場合は、一部譲渡はできない。一部（分割）船積が認められていれば、複数の第二受益者に譲渡できる。

5 譲渡の制限

譲渡は、第一受益者から、1人または複数の第二受益者へ1回限りできる。第二受益者から後続の第三受益者への譲渡はできない。ただし、第二受益者から第一受益者への再譲渡（戻し譲渡）は可能である。

6 譲渡の要件

譲渡するにはつぎの要件を満たさなければならない。

- ・当該信用状が「譲渡可能信用状」であること
- ・自行が接受した取消不能信用状であること
- ・原受益者（第一受益者）から文書による譲渡の申し出があること
- ・譲渡の条件が「譲渡可能信用状」の条件通りであること。ただし、信用状金額、単価、有効期限、呈示期間、または最終船積日または船積のために与えられた期間については譲渡可能信用状と同一か、または、それ以内であること

② 譲渡の手続き

信用状譲渡の申出を第一受益者から受けた場合はつぎの書類を徴求する。

- ・譲渡依頼書（全部譲渡依頼書あるいは一部譲渡依頼書）
- ・譲渡可能信用状原本（条件変更通知等を含めて、当該信用状に関する全ての書類が添付されているもの）

1 署名の照合

　第一受益者は譲渡銀行の取引先である必要はない。この場合、譲渡銀行は譲渡人が当該信用状の真正な受益者であることを譲渡依頼書の署名照合により確認できないので、第一受益者の取引銀行に署名照合証明を依頼することになる。

2 譲渡依頼書への譲渡後の信用状条件変更通知可否の記載

　譲渡後に通知を受けた条件変更を①第二受益者にも通知してよいか、②どのような条件の時に通知してよいか、について前もって譲渡銀行に明確に示すため、譲渡依頼書に記載しなければならない。また譲渡された信用状にもその条件を明示しなければならない。全部譲渡の場合、「後日の条件変更は、第一受益者の同意なしに、直接、第二受益者に通知してほしい」あるいは「後日の条件変更は、その都度、第一受益者の指図による」とするいずれかの譲渡依頼書を徴求する。また、一部譲渡の場合は、「後日の条件変更は、その都度、第一受益者の指図による」とする譲渡依頼書を徴求する。

3 信用状原本および自行控えの譲渡裏書

　譲渡依頼書に基づいて、呈示を受けた信用状原本および自行控えの裏面に、譲渡日、譲渡金額、譲渡商品名、数量、譲渡信用状残高、被譲渡人（第二受益者）および譲渡の旨を記入する。

4 譲渡通知書の作成

　譲渡依頼書により全部譲渡の場合は、全部譲渡通知書を作成する。譲渡可能信用状の原本には「全額譲渡済み」の旨を記入する。譲渡された信用状に添付して第二受益者に交付する。

　一部譲渡の場合は、一部譲渡通知書を作成する。譲渡された信用状に添付して第二受益者に交付する。

5 譲渡手数料

　信用状に特に明示がない限り、原則として原受益者（第一受益者）から徴求

する。譲渡銀行は譲渡に関する全ての手数料（譲渡手数料、第二受益者宛の通知手数料、郵送料・電信料など）の支払を受けるまでは譲渡に応じる義務はない。

③ 譲渡

譲渡は必ず譲渡銀行を通して行う。また、譲渡銀行は、譲渡したことを発行銀行に通知する義務はない。

④ 譲渡後の条件変更に対する同意・不同意

複数の第二受益者がいる場合、条件変更に対する同意・不同意は、各第二受益者の選択に任されている。条件変更に同意した第二受益者には、条件変更が適用される。一方、条件変更に同意しなかった第二受益者には、引続き条件変更前の条件が適用される。

⑤ 譲渡された信用状に基づく買取

第二受益者または第二受益者の書類を買い取った銀行は、必ず譲渡銀行に書類の呈示を行わなければならない。

⑥ 送り状・為替手形の差替え

第一受益者は、第二受益者の作成した送り状・為替手形を、自身が作成したものに差し替えることができる。これにより貨物の供給者（第二受益者）の名前を出すことなく取引が行える。

輸出金融（船積前金融）

① 輸出金融とは

輸出金融は「船積前金融」と「船積後金融」の2つに区分される。

輸出しようとする商品の、生産・製造や集荷に資金が必要となる。輸出者の自己資金に余裕がなければ、銀行から融資により資金調達することになる。船積に先行した金融なので「船積前金融」という。船積によって「代金の回収」段階にはいる。この時点における金融を「船積後金融」という。

本節では、「船積前金融」について説明する。

② 輸出前貸

輸出前貸は、手形貸付・証書貸付・当座貸越の形態で融資が行われる。通常は手形貸付が多く用いられる。

輸出前貸の回収原資には、船積後に回収される輸出代金があてられる。また荷為替手形買取代わり金も外国向為替手形取引約定書7条（前貸債務の弁済）によって回収原資と定められている。

融資期間は、輸出契約成立後あるいは輸出信用状接受後で、生産・製造・集荷資金の支払から船積後の代金回収までの短期間である。つまり短期ひも付き融資である。

与信取引上では、輸出者の信用力審査が重要である。外為関連融資として輸出契約書などを次の点に留意して審査する。

・回収原資を管理するため、契約で決済方法が何かを確認する。送金決済ならば自行を受取銀行に指定すること、信用状取引ならば自行を通知銀行・買取銀行にすることを輸出者から輸入者に依頼してもらう。信用状なし取引ならば自行に持ち込みするように依頼する。
・輸出者に契約履行能力があるか、輸入国での商品市場の動向などの視点で契

約の内容を点検する。また輸入国のカントリーリスク、輸入者や、信用状取
引ならば発行銀行の、信用リスクを調べる。
・融資後に資金使途をトレースするため、輸出前貸実行代わり金の買付先等へ
の支払は自行からの振込によって行うよう依頼する。当座貸越の形態で行わ
れる場合は、「輸出当座貸越（Export Account：E勘定）」という。

③ つなぎ融資

　輸出契約が成立する前に、季節的な要因などで集荷または生産・製造をしな
ければならない場合がある。その必要資金の融資を輸出契約成立までの「つな
ぎ融資」という。輸出契約の成立を前提とした見込による金融なので、「輸出
前貸」と同様の注意のほか、契約不成立時に輸出者が被る損害等についても審
査する必要がある。

　以上は円資金での融資であるが、資金使途に拘束されないインパクト・ロー
ンによる外貨での融資も行われている。

第6節 代金回収段階　輸出金融（船積後金融）

① 代金回収

　船積が終わると、輸出者は輸出貨物代金の回収を行う。代金回収の方法を大別すると、送金により代金を受け取る方法と、為替手形や船積書類を輸入者に呈示して支払を受ける方法がある。本章では為替手形や船積書類による代金回収を扱う。

　為替手形や船積書類による代金回収には、回収までの資金負担を自己資金で行う「取立」（本章第9節）と、銀行から金融を受ける「買取」がある。また買取には「信用状付き買取」（本章第7節）と「信用状なし買取」（本章第8節）がある。

　船積後の金融としては買取が一般的であるが、第10節で説明する方法も輸出者のニーズに応じて利用されている。

② 輸出手形の買取

1 買取

　買取とは、「銀行が外国向為替手形の交付を受け（未引受手形）、対価としてその代り金を輸出者に支払うこと（以下省略）」と外国向為替手形取引約定書で定義されている。輸出貨物を化体した船積書類は買取の担保（譲渡担保）となる。そして、手形買取日からその手形が決済されるまでの期間、手形振出人である輸出者に対する銀行与信行為になる。また不渡り発生時などには当該手形にかかる諸費用を含め買戻債務が輸出者に生じる。

　与信供与の判断として国内融資取引の1つである商業手形割引と比較して考えると理解しやすくなる。①手形不渡り時等に生じる買戻債務について輸出者の負担能力、②手形支払人の信用力および手形支払人が所在する国のカントリーリスク、そして③仕向地での輸出貨物（譲渡担保）の引渡方法などを審査

する。

　また買取の法律的性格については、手形売買説や消費貸借説などいくつかの説があるが手形売買説が主流となっている。

　第三者支払の手形の支払・引受が拒絶されたとき、買取銀行は買取依頼人に対して、手形法上および外国向為替手形取引約定書により償還請求権を有する。輸出手形の買取は、未引受手形を割り引くことであり、手形振出人（輸出者）に対する償還請求権のある与信行為である。

2 外国向為替手形取引約定書

　輸出手形買取取引の開始に先立って、銀行取引約定書等のほかに、「外国向為替手形取引約定書」の差入を受ける。外国向為替手形取引約定書は銀行取引約定書の付属約定である。本約定書に規定されていない事項は銀行取引約定書が、競合する事項については本約定書が優先適用される。

　本約定書でいう「外国向為替手形」には金銭の支払を受けるための手形・小切手などの他、受領書やこれらと同様の書類も含んでいる。欧州諸国のなかに印紙税率が高い国があり、信用状条件で手形の振出を求めていない場合にも、本約定書が適用されることになる。（1条）

　本約定書は、①信用状付輸出手形の買取、②信用状なし輸出手形の買取、③クリーンビルの買取、④その他これらに準ずる取引に適用される。買取には「引受」「支払」を含めると定義されている。輸出手形等の取立には適用範囲外となる。（2条）

　その他同約定書の重要事項はつぎの通りである。

（1）買戻条項（15条）

　買い取った為替手形等の支払拒絶、支払者および輸出者に倒産などの信用悪化を示す兆候が生じたとき、または銀行取引約定書5条の理由が生じたときは、輸出者は買戻債務を負うことが規定されている。

（2）担保条項（3条）

　付帯貨物および付属書類は銀行への譲渡担保となる。外国向為替手形買取により生じる輸出者が負担する手形上、手形外の債務、およびこれに付随する利息、割引料や諸費用の支払が担保される。このことは外為与信を理解するうえ

で非常に重要となる。

（3）諸費用の負担条項（8条）

利息、割引料、損害金、手数料および費用は、輸出者が負担し直ちに支払うことが定められている。

（4）銀行の免責条項（5条・18条・19条）

手形や付属書類は正確・真正で有効なものであること、および信用状取引では信用状条件を充足していることに輸出者が責任を持つとされている。署名や印章の偽造・変造および盗用から生じた損害は輸出者が負担する。

事変・災害・輸送途中の事故などの事情により、為替手形や付属書類が紛失・滅失・損傷・延着した場合の損害は輸出者が負担し、買戻債務を弁済すると規定されている。

（5）銀行の裁量権に関する条項（9条から14条）

コルレス銀行・付属書類等の送付方法などの選定、および支払拒絶時の担保貨物の転売等の措置については銀行の裁量によることになる。そのほか銀行の裁量による損失等についての免責が定められている。

（6）信用状統一規則等の適用に関する条項（21条）

この約定書に定めのない事項については、「信用状統一規則」および「取立統一規則」に従って取り扱われることが定められている。

信用状付き輸出手形の買取

① 手形および船積書類の点検

1 買取銀行による書類点検（チェッキング）の目的

　買取依頼を受けた銀行は、買取に先立って、買取依頼書類（為替手形および船積書類）を点検する。点検は、信用状記載の条件、信用状統一規則（UCP600）および国際標準銀行実務（ISBP745）に基づいて行う。点検の主目的は、発行銀行のオナー（補償）を確実にし、自行の債権保全を確実にするためである。買取依頼受付後、速やかに、銀行は点検作業を開始する。また、書類受付の日の翌日から起算して、最長5営業日以内に点検を完了しなければならない。

2 ディスクレの判断基準

　現在の信用状統一規則（UCP600）までは「相互に矛盾する書類（documents to be inconsistent with one another）」は信用状条件を充足していないと判断されていた。あらゆる点で一致しており（identical）まるで鏡に映したような記載（mirror image of data）でないと条件違反（discrepancy：瑕疵：以下「ディスクレ」という）と解釈されていたので、単なるタイピング・エラーや文法上の誤り、記載の順序や形式の違いまでもがディスクレと判断され、信用状を利用した決済の遅延が問題となっていた。

　2007年改訂の信用状統一規則（UCP600）では、「書類中のデータの合致（compliance）のみ」に基づいて充足しているか否かを判断することになり、より狭く「食い違う（conflict with）」データをディスクレと判断する。つまり「語句または文章中に発生するミス・スペリングまたはミスタイプで、語句または文章の意味に影響を与えないもの」はディスクレとはならない。ただし商品名についてはタイプミスも認められるが、商品を特定するために記載される型番等についてはタイプミスであってもディスクレとなる。なお商品の記載について、インボイスでは信用状の記載と「食い違わない」記載であれば完全

一致でなくてもディスクレとはならない。インボイス以外の書類では「食い違わない一般的な用語（general terms）」も認められる。

そのほか、信用状統一規則（UCP600）と国際銀行標準実務（ISBP745）に、主な書類の要件および解釈が記載されているので、それらを踏まえてディスクレの判断を行う。

❸ インコタームズと書類の点検について

インコタームズは売買契約の一部である。また、信用状は「独立抽象性の原則」により売買契約からは独立したものである。したがって、インコタームズで売主に要求される書類であっても信用状で要求されていなければ、添付の必要もなくディスクレともならない。

❹ 点検の手順

点検の手順は下記の通りである。

①　買取依頼書に記載された内容（添付書類の通数、信用状添付の有無など）の確認を行う。

②　添付書類の点検を始める前に、信用状に「取消可能（revocable）」などと表示されていないか、信用状統一規則準拠文言が記載されているかを確認する。そして、有効期限（expiry date）、最終船積日（latest shipping date）、通貨と金額、その他特別な条件が付されていないかなど信用状の内容を大まかに把握する。条件変更が繰り返されている信用状では直近の条件変更の内容から遡って読むと効率的である。

③　信用状を基準として、記載された個々の書類について条件を充足しているか確認する。

・信用状に記載されていない書類が添付されているときは、その書類を点検せずに買取依頼人（輸出者）に返却することができる。また、書類を添付したまま発行銀行へ送付することもできる。当該書類に信用状条件や他の書類の内容と矛盾する記載がある場合はディスクレと判断されるので、不要な書類は原則として添付すべきではない。送付が必要ならば買取依頼人から輸入者に直接送付するように依頼する。

・信用状に記載された「書類を要求していない条件（Non-documentary Conditions）」について、信用状で要求されている書類にその条件に反する記載があればディスクレとなる。要求された書類に当該条件にかかる記載がない場合はその条件は無視される。

④　書類相互間の記載内容の点検を行う。書類相互間の点検漏れを防ぐため、必要なデータが集約されているインボイスを基準に各書類の記載内容を確認し、次いで、インボイス以外の書類の記載内容を確認する。点検もれが起こらないように点検順序を工夫することが大切である。

② ディスクレのある船積書類の対応

　書類点検の結果、ディスクレが発見されたときは、速やかに輸出者に連絡する。訂正可能なものは、直ちに訂正するよう依頼する。訂正困難または不可能な場合は、ディスクレ内容の軽重・輸出者の信用度合・同種取引の決済実績・金額の大小・当該商品の市況等を考慮し、①条件変更、②ケーブル・ネゴ、③L/G、④発行銀行に直接呈示、のいずれの対応を行う。以下それぞれの対応について説明する。

（1）ディスクレとなった信用状条件の条件変更

　もっとも原則的な対応である。実務では、時間的な制約や、輸入者側で費用と手間がかかることから対応が困難なことがある。そのため、信用状通知時の輸出者による点検が重要である。条件変更が受け入れられれば、買取手続きに移る。

（2）ケーブル・ネゴ

　輸出者からケーブル・ネゴ依頼書の提出を受け、発行銀行にディスクレの内容を通知して買取の可否を照会する。あわせて輸出者から輸入者にディスクレを承諾するよう連絡することを依頼する。発行銀行からの応諾の回答がくれば、そのディスクレに関して一度限りのアメンドをしたのと同様の効果が生じる。つまり、ディスクレが解消したことになる。応諾回答によって買取手続きに移る。

　ただし、発行銀行の書類点検により別のディスクレが見つかった場合は支払拒絶される。ケーブル・ネゴ応諾の効果は、照会した書類の呈示に一回限り有効である。同じ信用状で別件の買取書類が呈示され、同じディスクレが発見されたときは、改めてケーブル・ネゴをしなければならない。

なお、ケーブル・ネゴは信用状統一規則（UCP600）など明文の規定はなく、国際的な銀行間の標準的な実務（isbp）として行われているものである。発行銀行には回答する義務はないので、回答が得られない場合もある。

（3）L/Gの徴求

　輸出者から買取念書（L/G：letter of guarantee）を徴求して買取手続きを行う。

　L/Gは、①どのようなディスクレが存在するか確認すること、②外国向為替手形取引約定書にある買戻債務を確認すること、にある。L/Gは、あくまでも輸出者と買取銀行間の合意にすぎない。よって、ディスクレが解消されたわけではないので、発行銀行から支払拒絶を受ける可能性もある。安易にL/Gによって買い取るのではなく、比較的軽微なディスクレ内容のときに限って利用する。発行銀行から補償を受けてもL/Gは返却せず銀行で保管する。

（4）発行銀行への直接呈示

　買取銀行は、「信用状条件を充足する（ディスクレのない）」書類を買い取る権利を発行銀行から与えられており、買い取った場合は発行銀行から補償を受けることができる。しかし、ディスクレがあればその程度にかかわらず、発行銀行がディスクレを承諾しない限り、発行銀行から補償を受けることはできない。

　信用状統一規則では、ディスクレがある場合を含み買取銀行（指定銀行）で信用状が利用できないときは、発行銀行に書類を直接呈示することが認められている（UCP600　7条a項）。また、「指定銀行への補償」と「受益者への支払」は別である（UCP600　7条c項）。したがってディスクレにより「補償」請求ができない場合であっても、発行銀行に書類を直接呈示することによって「受益者への支払」を請求することは可能である。

　買取銀行としては、ディスクレにより「補償」が受けられない可能性が高いため買取は行わず、発行銀行に書類をそのまま送付すればよい。書類の送付を受けた発行銀行は5営業日以内に点検を済ませディスクレの通告を行わなければならないので、支払われたかどうかの結果を、取立統一規則（URC522）による取立よりも早く知ることができる。

　このように買取を行わないという意味では取立と同じであるが、準拠法はあ

くまでも信用状統一規則（UCP600）であり、取立統一規則（URC522）ではない。また、書類の送付書に「取立（for collection）」や「承認扱い（on approval base）」と記載しても、発行銀行は信用状統一規則（UCP600）に基づいて判断するので、記載の意味はない。同様に、見つかったディスクレの内容を記載することは、信用状統一規則（UCP600）では求められておらず、その必要もない。

　最後に、多くの参考書で「取立」という用語が使われているが、もともと信用状統一規則（UCP600）に「取立」という概念はなく、取立統一規則（URC522）を連想させてしまうので、本書ではあえて「発行銀行への直接呈示」としている。

　なお、輸出者の資金繰りに余裕があり買取を急がない場合も、上記と同じ対応を行う（本章第9節参照）。

③　買取手続き

　手形および船積書類が信用状条件を充足していることを確認し、審査手続きを済ませたのちに買取手続きを行う。

●図表2－4　買取の適用相場●

信用状付一覧払手形買相場 at sight buying rate	・信用状付一覧払手形のもの ・期限付手形で手形期間の金利が輸入者負担のもの
期限付手形買相場 usance bill buying rate	・期限付き輸出手形の買取で手形期間と郵送期間の金利が輸出者負担のもの ・確定日払いの輸出手形の買取で買取日から手形期日までの金利が輸出者負担のもの

　為替予約（T.T.B）がある場合は、当日のT.T.Bから上記相場を差し引いた金額、すなわち期間利息に相当する部分を予約相場（T.T.B）から控除した相場を適用する。

　買取に使用する勘定科目は、外貨建ての場合は「外貨買入外国為替」勘定で、邦貨建ての場合は「邦貨買入外国為替」勘定で処理する。

④ 買取書類の発送

　手形および船積書類の発送方法は個々の信用状に明示されている。ただし、コルレス契約で包括的に決められている場合もある。信用状に明記された条件にしたがって手形や書類の発送手続きを行う。

　発送する相手銀行により「直送」と「他行経由（再割）」がある。

　「直送」とは、海外支店やコルレス先銀行などに手形および船積書類を直接送付することをいう。「他行経由（再割）」とは、他行（邦銀または外銀）国内支店に手形および船積書類の発送や決済管理を依頼することをいう。直送とするか、他行経由（再割）とするかの判断は各銀行の判断による。

●図表２－５　直送か他行経由かの基本的な考え方●

信用状の接受	利用制限	発行銀行	直接／他行
自　行			直　送
他　行	オープン	コルレス先	
		ノン・コルレス先	他行経由
	リストリクト 他行指定		

　直送方式では、信用状面に記載されている送付方法の指示にしたがって手形と船積書類を送付する。発送には、航空便・書留またはクーリエ・サービスなど、事後のトレースが可能な手段を選ぶ。また、発送前に送付状記載の書類とその通数の一致、裏書の有無などを再確認することも重要である。発送の方法には大きく分けて２つある。

（1）全送方式

　全ての手形や船積書類をまとめて発行銀行に送付するという意味ではない。２つに分けて、１st mail（First Draftおよび２nd mail添付用以外の船積書類）、２nd mail（Second Draftと船積書類各１通）として送付時期を少しずらして発送することをいう。信用状に送付方法の指示がない場合は、郵送事故に備え、この方法で送付する。

（2）分送方式

発行銀行と補償銀行が異なる場合で、手形と船積書類を、信用状の指示に従って分けて送付する方式である。

⑤ 買取資金の回収

信用状条件あるいはコルレス契約条件にしたがって、発行銀行または補償銀行から支払を受ける。資金受領の方法には、回金方式（発行銀行から自行指定の口座に送金される）、リンバース方式（ドローイング方式：補償銀行に補償請求を行い支払を受ける）あるいは借記（debit）方式（買取銀行にある発行銀行の口座を引き落とす）などがある。

⑥ 故障手形の処理

買取を行った輸出手形で引受や決済されない状態にあるものを故障手形あるいは事故手形という。故障の原因には、①信用状発行銀行所在国で生じた戦争・内乱・為替規制によるもの、②信用状発行銀行の破産など、③郵送途中での書類紛失、④送付した船積書類にディスクレがある、⑤輸入者の信用悪化や商品市況の悪化などで、些細な信用状との不一致を理由として引受・支払が行われない、などがある。

①と②は、事前の情報収集によってかなりの部分は防ぐことができる。不幸にして発生した場合には、解決はかなり困難となる。輸出手形保険等の保険が付保されている場合は、保険請求を行う。

③は、信用状条件を充足していることを買取銀行が判断し、発行銀行に送付したときは、発行銀行は補償・オナーしなければならない（UCP600第35条第2パラグラフ）。発行銀行にこの旨を伝えて解決を図る。

④と⑤については、発行銀行から申し立ててきた事実関係と拒絶理由の正当性について、輸出者の協力を得ながら、慎重かつ正確に事実関係を把握する。信用状統一規則の解釈から発行銀行の申し立てが明らかに不当で抗弁の余地があるときは、関係条文を引用して速やかに支払・引受するように督促する。また、

貨物の内容に関するクレームが原因の場合は、本来、信用状取引は書面の取引であるので、輸出者・輸入者間での直接交渉を別途行うように依頼する。

　拒絶理由が正当なものである場合、訂正した書類の追送、関係貨物の保全、輸出者への償還請求を行う。
　訂正可能な書類の不備の場合は、訂正した書類を輸出者から提出してもらい、速やかに追送するとともに、その旨を発行銀行に連絡する。追送書類の多くは受理されるが、必ずしも受理されるとは限らない。
　関係貨物の保全には注意が必要である。船荷証券には荷渡に関する免責約款がある。陸揚げ場所の選択権は船会社にあり、どの陸揚げ場所で荷渡を行なっても船会社の責任は船側で終わることになる。また、船会社は一定期間内に運送品を陸揚げさせる権利を保有しており陸揚げ遅延による滞船料（demurrage）を要求されることがある。荷揚げならびに荷渡が終わっていない場合は、発行銀行に依頼して、陸揚げ・倉入れを行ってもらわなければならない。

　故障手形が発生したときは輸出者に償還請求をする。その時期は、解決の見通しや輸出者の信用度を勘案して決定する。償還を猶予する場合には増担保を求めることもある。償還請求する金額は、手形金額に満期日から償還日までの利息を加算した金額を償還日の電信売相場で換算した金額になる。電信料などの諸費用がある場合は合わせて徴求する。ただし、発行銀行の責めに帰すべき理由で支払・引受が拒絶されたことにより生じた金利や諸費用は発行銀行に請求する。

　買取銀行、信用状発行銀行、買取依頼人（輸出者）、輸入者など関係当事者間で直接・間接に事態解決を目指して交渉が行われるが、最終的にまったく解決の見込みがない場合は、関係貨物の積戻、転売、競売に付する、あるいは輸出者の代理店等に書類を無条件に交付して委託販売にするなどの方法により、故障手形の事務処理が終了する。
※積戻…輸出者が積戻の手続きをする現地業者を探す。その業者への船荷証券等の引渡を発行銀行に指図して、積戻手続きを依頼する。積戻の費用は高額であり、買取銀行の責任で発行銀行にその費用を支払うことになる。なお、書類を返送してもらい買取依頼人が自ら船会社に依頼して積戻を行う方法もある。実務では後者の取扱が多い。
※転売…買取依頼人と協議し、荷物を引き渡す新しい買主またはその他のもの宛に書類を引き渡すことを発行銀行に指図する。一旦荷物を積み出した輸出者の立場は非常に不利なものとなる。

第8節

信用状なし輸出手形（D/P・D/A）の買取

　輸出者が信用状に基づかない為替手形を振り出し、船荷証券などの船積書類とともに買取を依頼してくることがある。これを信用状なし輸出手形（D/P・D/A）の買取という。手形を買い取った日から手形が決済されるまでの間、手形金額を輸出者に融資する銀行の与信行為となる。この点は信用状付き輸出手形の買取と変わりない。

　信用状なし輸出手形（D/P・D/A）の買取は、輸出者と支払人である輸入者の信用が基礎となる。信用状がないため発行銀行の支払確約はない。この点で信用状取引より慎重な与信リスクの審査・管理が重要となる。

　このため信用状なし輸出手形買取では、カントリーリスクなどの非常危険や輸入者の倒産などの信用危険をカバーするため輸出手形保険が利用されている。輸出手形保険はNEXIの提供する保険の1つで信用状なし輸出手形買取だけでなく信用状付き輸出手形の買取にも利用されている。

　なお、D/P（Documents against Payment）とは、荷為替手形の支払と引換に船積書類を引き渡す条件のものである。通常、荷為替手形は一覧払の為替手形であるが、期限付為替手形でD/P条件のものもある。D/A（Documents against Acceptance）とは、荷為替手形の引受と引換に船積書類を引き渡す条件のことである。支払が完了していない時点で貨物が引き渡されるので、輸出者にとってはD/Pのほうが安心な取引といえる。

① 信用状なし輸出為替買取の留意事項

　与信取引として、①輸出者の信用状態、②輸入者の信用状態、③船積書類の有効性・付帯貨物の換価性や市況、④相手国のカントリーリスク、⑤追加担保・増担保の可能性などに留意して判断する。また輸出手形保険の利用も検討する。

　信用状付き輸出手形の買取では、信用状統一規則（UCP600）や国際標準銀行実務（ISBP745）にしたがって解釈・処理が行われるのに対し、信用状なし

輸出為替買取取引には取立統一規則（URC522）に則って処理が行われる。取立統一規則（URC522）には、書類の点検期間やディスクレ通告期間が定められていない。したがって決済までに時間がかかることが多い。

（注）取立の当事者
　　　輸出者（取立依頼人）が取立を依頼した取引銀行を「仕向銀行」といい、取立の過程で登場する仕向銀行以外の銀行を「取立銀行」という。取立銀行のうち、輸入者に書類の呈示を行う銀行を「呈示銀行」という。

② 買取手続き

銀行取引約定書、外国向為替手形取引約定書が必要である。

信用状なし輸出手形の買取には、手形が一覧払い・期限付きのいずれであっても、信用状なし一覧払手形買相場without credit sight buying rateが適用される。この相場は、信用状付一覧払買相場から所定のリスク料を差し引いたものとなっている。決済が遅延することが多いので、決済確認後に所定メール期間経過後から決済日までの延滞利息を徴求する。

処理する勘定科目は、信用状付き輸出手形の買取と同様に、外貨建てのときは「外貨買入外国為替」勘定を、邦貨建てのときは「邦貨買入外国為替」勘定を使用する。

また、輸出手形保険を付保する場合は、個々の買取にあたり、買取日起算で５営業日以内に買取をNEXIに通知しなければならない。その他の手続きは信用状付輸出手形買取と同じである。

③ 信用状なし輸出手形買取時の書類点検

手形および船積書類の点検方法は、信用状付き荷為替手形に準じるが、信用状に替えて売買契約書などをもとに点検する。

ただし、取立統一規則（URC522）では、銀行に書類点検の義務はない。そのため、支払者である輸入者が契約条件に反する書類が呈示された時に支払を拒絶する確率は高くなる。したがって銀行としては、債権保全の観点から、より慎重に書類等の点検を行わねばならない。

（1）手形および船積書類の契約条件の合致

つぎの点に留意が必要となる。

- ・契約書に記載された輸入者の住所氏名と手形名宛人の住所氏名が一致していること
- ・商品名の記載が契約書と合致していること
- ・船積時期が契約書の指定通りであること
- ・手形および船積書類の種類と通数、形式等が契約書に一致していること
- ・手形および船積書類事態に瑕疵がないこと
- ・船積書類相互間に不一致や矛盾がないこと

　万一、不一致が発見された場合には、輸出者から電信などの迅速な方法で輸入者の同意を得ておくか、事情によっては、輸出者から買戻の念書を徴求する。

　なお、作成日からかなり日数の経過した売買契約書の場合は、その間の契約の変更取消等の有無も確認する必要がある。

（2）荷物を担保として処分する場合に不適当な船積書類でないこと

　具体的には、船荷証券、保険証券は全通呈示され、手形およびこれらの有価証券上の権利が適法に買取銀行に譲渡されていることである。取立統一規則（URC522）10条で取立銀行の事前の同意なしに取立銀行を荷受人とした場合でも、取立銀行に貨物の引取義務はないことなどが記載されている。それを踏まえて貨物保全策を考慮する。

（3）輸出手形保険付保分については、輸出手形保険法で定める買取基準に合致していること

　本章第11節①「輸出手形保険（NEXI）」を参照のこと。

（4）取立指図のための買取依頼書のSpecial Instructionに不明確な点がないこと

　手形期日の決定方法、D/P・D/Aの指定、拒絶証書作成の要否、引受・支払その他諸通知を電信または郵送とするか、等の事項につき点検する。

④　海外発送

　信用状付輸出手形の場合と同様に、郵送途上の事故などに備えて原則2分送

する。発送手段は、航空便・書留やクーリエ・サービスなどを利用して事後のトレースができるようにする。信用状なし輸出為替に特有なものとして、取立統一規則（URC522）に則って取立銀行宛ての「取立指図」が重要となる。買取依頼書に記載のspecial instructionにしたがって、通常、買取依頼書と複写作成される「他行宛手形および船積書類送付状」に取立指図を明記する。

⑤ 取立指図

■1 基本情報

　取立のために送付される全ての書類は「取立指図（Collection Instruction）」を伴わなければならない。取立指図には取立統一規則（URC522）準拠文言と完全かつ正確な指図を明示する。通常、顧客より提出を受ける「信用状なし手形買取依頼書」あるいは「信用状なし取立依頼書」と複写作成される「他行宛手形および船積書類送付状」に、取立統一規則（URC522）準拠文言や「取立指図」欄が事前に印刷されている。

　取引指図には図表2－6の情報を含まなければならない。

■2 その他の取立指図に必要な情報

（1）支払方法および支払通知の形式

Remit the proceeds by airmail / cable.

取立代わり金を郵送扱いとするのか、電信扱いとするのか指定する。

Advice of payment / acceptance by airmail / cable

また支払・引受の際の通知を郵便・電信いずれとするかを指定する。

（2）支払拒絶、引受拒絶、その他の指図に対する不履行の場合の指図

Advice of non-payment / non-acceptance with reasons by airmail / cable

　理由を明示した支払拒絶・引受拒絶の通知を郵便・電信いずれとするかを指定する。また拒絶証書の作成の要否を指図する。拒絶証書の作成が必要な場合は、Protest for non-payment / non-acceptanceに不要な時はProtest waived

●図表2−6　取立指図に含む基本情報●

取立当事者に関する情報		
仕向銀行	名称、住所、SWIFT BICおよびReference番号、その他	（注）輸入者・呈示銀行の住所は完全なものでなければならない。取立銀行が、仕向銀行に適切な通知を行えば、情報が不正確であったために生じた遅延の責任を負うことはない。また取立銀行は義務も責任もなく正しい住所を調べることもできる。
輸出者	名称、住所など（必要な場合は、電話番号など連絡情報）	
輸入者	名称、住所または呈示場所など（必要な場合は、電話番号など連絡情報）	
呈示銀行	通常は支払人の取引銀行である。仕向銀行のコルレス先でない場合に、コルレス先経由で送付するために記載する。Collect this draft through any bank at your option / the bank mentioned below.［名称、呈示場所、電話番号などの連絡情報］	

取立基本情報（取り立てられるべき金額と通貨）
支払と引換に書類を引き渡す条件D/P（支払渡し：Documents against Payment）か、手形の引受と引換に書類を引き渡す条件D/A（引受渡し：Documents against Acceptance）のいずれであるかを明示する。為替手形面のD/P・D/Aの指図があってもURCでは「取立指図」以外に記載された指図は無視される。取立指図にD/P・D/Aの記載がなければD/Pとして扱われる。

同封されている書類の名称と各書類の通数一覧表

にマーク（X）する。

　明確な指図がないときは取立銀行には拒絶証書作成手続きをする義務はない（本節⑧拒絶証書参照）。

（3）取り立てられるべき手数料

Collect our charge of US$XX.XX and postage US$xx.xx from drawee.
仕向銀行の手数料等を支払人負担とするときはその明細を記載する。
Recover charges outside Japan from us / drawee.
支払地で発生する手数料の負担者を仕向銀行（輸出者）か支払人か指定する。
Charges may / may not be waived.
支払人が手数料支払を拒んだ場合に手数料取立を放棄か放棄しないかを指定する。

放棄を認めなければ、呈示銀行は書類を引き渡さずに、電信など迅速な方法で手数料拒絶の旨を通知しなければならない。放棄を認める場合や、放棄を認めないと記載されていない場合は、手数料が支払われなくとも本体の支払や引受が行われれば書類の引渡が行われる。

（4）（必要があれば）取り立てられるべき利息

Collect interest @ X.X % p.a.（a 360 / 365-day year）from ［the date of presentation］to ［the date of payment］.

取り立てる利息を計算するために利率・利息期間・計算基準（360/365）を指定する。

Interest may / may not be waived

支払人が利息支払を拒んだ場合に、利息の取立を放棄するかしないかを指定する。

放棄の取扱は手数料と同様である。D/P条件の時は本体支払と同時に利息が支払われ、D/A条件の時は引受時に満期日までの利息が支払われることが書類引渡の条件となる。また利息文言が為替手形に記載されていても、取立統一規則（URC522）では指図の有無を確かめるための書類点検はしないこととなっており、取立指図の記載によってのみ取扱がなされる。

（5）上記リスト以外でも特別な条件がある取立についてはその処理について必要な情報

①本人の代理人

In case of need refer to our agent / representative, who has no authority but will assist in having the draft honored as drawn unless otherwise herein（代理人名、住所や連絡情報、授与された権限の内容）

支払拒絶・引受拒絶があった場合に現地で代理人として行動する現地代理店や駐在員を記載する。またその権限を明確かつ十分に記述しなければならない。こうした記述がない場合は、代理人からの指図を取立銀行は受理しない。

②On Arrival of Goods条件の指定

Payment / Acceptance may be deferred until arrival of goods at the destination.（Anticipated date of maturity［予想される到着日］）

本来、取立書類が呈示銀行に呈示されたときに支払・引受がなされるべきで

ある。しかし貨物が到着した時点で支払・引受するよう支払・引受を遅らせることを依頼したいときに記載する。

　同じような効果を求めて期限付手形をD/P扱い（D/P usanceという）とすることもある。しかし取立統一規則（URC522）では含むべきではない（禁止してはいない）としており、取立銀行が取扱を拒絶することもある。また、この結果生じた遅延について取立銀行が責任を負わないことを承知して取り扱わなければならない。

⑥　資金回収

　指図書の指図に従って、取立銀行（呈示銀行）から、一覧払手形（D/P）の時はpayment adviceが送られてくる。期限付手形（D/A）の時は、引受時にacceptance adviceが、満期日に決済された時にpayment adviceが送られてくる。また、入金口座の銀行からはcredit adviceまたはstatementなどが送られてくる。入金が確認できたら買取依頼人に決済通知（advise of disposition）を行う。そして利息を算出し、取立銀行などから請求された手数料・費用の追加徴求手続きを行う。

⑦　支払拒絶通知・引受拒絶通知

　支払拒絶・引受拒絶通知（Advice of non-payment / non-acceptance）を受け取った買取銀行（仕向銀行）は、上記通知に保管期間を60日より短くする旨の記載がなければ、支払拒絶・引受拒絶通知日後60日以内に書類の取扱について適切な指図を取立銀行に与えなければならない。もし指図をしなかった場合には、取立銀行から書類が返却されてくることもある。

⑧　拒絶証書

　拒絶証書とは、公証人や執行官が作成する支払拒絶または引受拒絶の事実を証明する公正証書のことである。拒絶された時に手形振出人など債務者（輸出

者）に支払・引受の拒絶による遡及権を行使するために拒絶の事実を証明する目的で作成される。

　日本では拒絶証書作成が遡及権行使の絶対的要件ではない（手形法44条5項）。

　実務では、①外国向為替手形取引約定書14条で、輸出者から拒絶証書作成の明確な指図がない限り拒絶証書作成を免除すると定めていること、また②外国での拒絶証書作成が煩雑な場合や制度がない場合もあることから、拒絶証書作成を依頼することは少ない。

輸出手形（D/P・D/A手形）の取立（bill for collection）

「取立（collection）」とは、輸出者の取引銀行（仕向銀行remitting bank）が輸出者（取立依頼人principal）の委託によって、信用状なしの荷為替手形（D/P・D/A手形）などの書類を海外にある支払地のコルレス銀行（取立銀行collecting bank：呈示銀行presenting bank）を通じて輸入者（支払人drawee）に呈示して輸出代金を受領することをいう。そして資金受領後に輸出者に支払われる。仕向銀行および取立銀行は、内国為替業務の代金取立手形（代手）と同様に、取立受任者として善管注意義務に従って行動しなければならない。取立銀行とは、呈示銀行を含めた取立の処理過程に登場する仕向銀行以外の銀行をいう。

「取立」には国際商業会議所（ICC）の取立統一規則（URC522）が国際ルールとして適用される。

なお、信用状統一規則（UCP600）には取立に関する規程がなく、信用状付輸出手形を「取立」として扱うことはできないが、発行銀行に直接呈示することができる。信用状付輸出手形を「取立」とするために、送付状に「取立（for collection）」と記載しながら、準拠規則が信用状統一規則（UCP600）のままであったり、為替手形の支払人が発行銀行で信用状番号が記載されていたり、その他信用状番号が記載された書類が呈示されたとき、発行銀行は準拠規則や解釈の違いによる不測の損害を避けるため、信用状統一規則（UCP600）に従って処理を行う。なぜなら、①海外の判例で信用状付輸出手形を「取立（for collection）」「承認扱い（on approval base）」として扱うことに否定的な判例が出ていること、②取立統一規則（URC522）に比べ、信用状統一規則（UCP600）には発行銀行の義務が厳しく規定されているため保守的に対応すること、などが理由である（本章第7節②（4）および第3章第4節①**2** 参照）。

信用状なし取立手形の取扱は、原則として信用状なし買取の場合に準じて行われる。ただし、買取ではないので輸出手形保険の対象にはならない。

① 受付

銀行与信を伴わない単純な取立扱いだけのときは約定書の差入は必要ない。取立に関する約定文言が印刷された「信用状なし輸出為替取立依頼書」を個別の取立依頼ごとに輸出者から徴求する。その控えを依頼人に交付する。

② 信用状なし輸出手形取立時の船積書類の点検

買取とは異なり債権保全の目的ではなく、取立が円滑にすすむように、手形および船積書類間の内容に矛盾がないか点検する。

信用状取引の場合と異なり、取立のために振出される為替手形の支払人は、輸入者となる。

③ 海外発送

取立手形等を海外のコルレス銀行に直送する場合と、在日他行に取立を依頼する場合がある。取立依頼人の指定する呈示銀行とのコルレス関係の有無、発送後の管理方法などを考慮して直送扱いとするか他行経由扱いとするかを決定する。

④ 取立代わり金の処理

取立銀行から取立代わり金が入金されたことを確認した場合は、取立依頼人に対する支払を行う。外貨で受領した場合は支払日の電信買相場（T.T.B）を適用相場とする。処理に使用する勘定科目は、外貨建ての場合は「外貨未払外国為替」勘定が、邦貨建ての場合は「邦貨未払外国為替」勘定である。

その他の回収手段

輸出者にとって代金回収リスクヘッジは重大な関心事である。近年、キャッシュフローの改善やオフバランス化による収益指標の改善が重要視されるようになった。また代金回収方法についても、迅速・確実で事務負担の少ないものに関心が広がっている。

こうした関心の広がりに、信用状の確認や輸出手形保険だけでは十分な対応ができず、リスクヘッジ手段の選択肢を増やしたいというニーズが輸出者にある。

そうしたニーズに応えるものとして、「インボイス・ディスカウント」「フォーフェイティング」「国際ファクタリング」などがある。

なお、貿易保険の活用も選択肢の1つであり、第11節で概略を説明する。

① インボイス・ディスカウント

輸出債権をインボイスや他の船積書類の写しで確認し買取を行うことを「インボイス・ディスカウント」という（次頁図表2－7）。

決済条件が後払い送金である取引に用いられる。

銀行の取扱商品の1つで、インボイス上に送金受取人を取扱銀行とする指示が記載される。

通常は、買戻条件付きで行われるが、買戻条件なしとすることもできる。買戻条件なしのとき、輸出者は輸入者の信用リスクや輸入者所在国のカントリーリスクから解放され回収リスクヘッジが可能となる。会計専門家の判断によってオフバランス化が可能となる場合がある。

インボイスや船積書類の原本は、輸出者から輸入者に直接送付されるので、迅速に取引を行うことができる。また買取持込時点の調整が可能となるので、為替のタイミングの良い時に買取依頼することができる。

輸出手形保険と異なり、インボイス金額の100%がカバーされる。

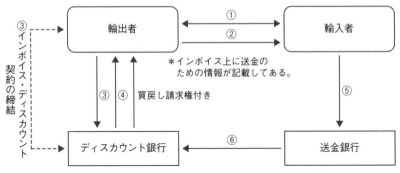

●図表2－7　インボイス・ディスカウント●

①売買契約　②船積・書類　③買取依頼・インボイス写しなどの書類
④買取代わり金（または送金資金）　⑤送金依頼　⑥送金／資金回収

② フォーフェイティング

　期限付き輸出手形を、手形支払人（信用状発行銀行）の引受を条件に、買戻
条件なしで買い取ることを「フォーフェイティング」という（図表2－8）。

　信用状ベース期限付き輸出手形が原則であるが、輸入者の信用度が高ければ、
D/A取引や後払い送金取引でも取扱が可能である。期間は90日から5年までと
幅広い。

　買戻条件なしで行われるので、輸入者の信用リスクや輸入者所在国のカント
リーリスクから解放され回収リスクヘッジが可能となる。会計専門家の判断に
よってオフバランス化が可能となる場合がある。

　銀行の取扱商品の1つで、フォーフェイティングを行う銀行をフォーフェイ
ターと呼ぶ。フォーフェイターは買い取った債権を、流通市場で転売すること
で資金効率を高めることができる。このためフォーフェイトの対象となる手形
には、金額・期間の制限が設けられることが多い。

　輸出者にとっては、買戻条件がないので事後の債権管理に係る事務負担軽減
となる。

　手形が引受されてからその満期日までの間で、為替のタイミングの良い時に
買取依頼することができる。

輸出手形保険と異なり、インボイス金額の100%がカバーされる。

●図表2−8　フォーフェイティング●

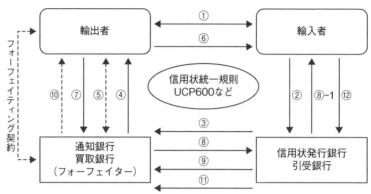

＊直線は通常の信用状の流れ、破線はフォーフェイティングの流れを示している。

①売買契約　②信用状発行依頼　③信用状発行　④信用状通知
⑤フォーフェイティング条件指定　⑥船積　⑦書類持込
⑧書類送付（期限付手形＋船積書類）　⑧-1引受通知　書類引渡し
⑨引受通知　⑩フォーフェイティング発行　⑪満期日支払　⑫支払

③ 国際ファクタリング

　輸出債権の回収や買取をファクタリング会社が行うことを「国際ファクタリング」という（次頁図表2−9）。

　D/P・D/A取引のほか送金（オープン・アカウント）取引が対象である。期間は通常180日以内である。

　銀行ではなく、輸出地のファクタリング会社（輸出ファクター）の取扱商品である。輸出ファクターの多くは大手銀行系のファクタリング会社である「Factors Chain International：FCI」、「International Factors Group：IFG」など国際的に有力な組織と提携してファクタリングを行っている。輸出ファクターと提携する輸入ファクターがカバーする国に対象国が制限され、ファクタリング会社の信用調査によって適格と認められた輸入者との取引が対象となる。

　輸入者の信用リスクによる不払をヘッジすることができる。しかし係争事由

やカントリーリスクなどの非常危険はヘッジされない。

　支払期日までの任意の日に輸出者の依頼によって買取扱いとすることもできる。買取が行われていない場合は、期日に輸出者の口座に入金される。これによって、早期の資金化が可能となる。また期日に輸入者から支払がなかった場合でもファクターによって支払が保証される。

　インボイス・ディスカウントと同様に、輸出者はインボイスや船積書類を直接輸入者に送付し、その写しを輸出ファクターに提出する。これによって事務負担の軽減と迅速化がもたらされる。

　輸出手形保険と異なり、インボイス金額の100％がカバーされる。

●図表2－9　国際ファクタリング●

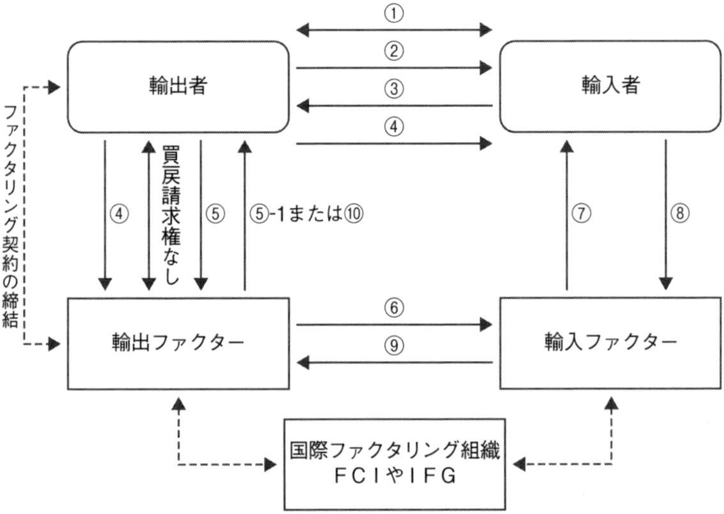

①売買契約　②ファクタリング利用依頼　③利用許諾　③ファクタリング契約の締結
④船積　④売掛債権譲渡　⑤買取依頼　⑤－1買取代わり金　⑥売掛債権譲渡
⑦買掛債務の存在確認　⑧買掛金支払　⑨回収資金　⑩取立代わり金支払

第11節

貿易保険

　これまでの輸出取引の中で述べてきた保険は「海上保険（マリン）」である。船積した貨物が輸送中に被った破損等をカバーするための「物に対する保険」であり、損害保険会社が扱う保険である。

　これに対し「貿易保険」は、非常危険や信用危険によって生じた、船積前の輸出不能・船積後の代金不能等をカバーするための「取引や投融資に対する保険」として利用される。輸出取引だけでなく投資や融資を対象としたものなど、貿易保険には数多くの種類がある。

　以下、NEXIが提供する「輸出手形保険」とそれ以外の貿易保険、および損害保険会社の提供する貿易保険について説明する。

① 輸出手形保険（NEXI）

1 輸出手形保険の概要

　輸出手形保険とはNEXIの貿易保険商品の1つである。輸出貨物代金の決済のために振り出された荷為替手形の不払リスクに備えるものである。

　この保険は信用状付きまたは信用状なしの荷為替手形を買い取る銀行が被保険者となる。輸出者はNEXIに保険を直接申し込むのではなく、被保険者である銀行を通じて保険付保を申し込むことになる。

　為替規制・戦争や内乱・自然災害など契約当事者の責めによらない「非常危険」や、輸入者（手形支払人）の倒産など輸入者の責任である「信用危険」が発生したために、買い取りされた荷為替手形が満期日に決済されないことで銀行が被った損失をこの保険によって損失額の95％が填補される。結果として輸出者は損失額の5％のみ銀行から買戻請求を受けることになる。保険料は輸出者の負担となる。

❷ 成立要件（買取基準）

（1）保険の対象となる荷為替手形

本邦からの輸出貨物代金回収のため振り出された荷為替手形（船荷証券など
で担保された手形）による取引で、D/P・D/A手形そして信用状に基づいて振
り出された荷為替手形が保険の対象となる。信用状条件で手形の振出を要件と
しない取引は対象とならない。

手形金額は500億円以下で、買取日から手形の満期日までの期間が720日以内
でなければならない。また、船積の翌日から起算して3週間以内（最終日が銀
行の休業日ならば翌営業日）に荷為替手形の買取が行われていることが前提で
ある。

（2）保険の対象となる手形支払国

アジア・中近東、ヨーロッパなど6つのグループに国を分類のうえ、それぞ
れの国のカントリーリスクをA（低リスク）からH（高リスク）の8区分に分
類したものが公表されている。手形支払国が引受停止国（特定国）に該当する
ときは付保されない。なお、特定国のうち、手形金額・手形期間の引受限度、
決済条件などの承認基準が設定されている国はその範囲内で付保できる。保険
料率は国カテゴリーによって異なる。

（3）保険の対象となる手形支払人

手形支払人が日本貿易保険の定める「海外商社名簿」に登録されていること
が必要となる。D/P・D/Aの手形支払人（輸入者）は「海外商社名簿」でGS、
GA、GEの格付け、または、支払人個別保証枠に空きがあることを確認できた
EE、EA、EMまたはEFの格付けであることが付保の条件である。信用状取引
では手形支払人は信用状発行銀行となる。信用状発行銀行の格付けが、GS、
GA、GE、SAでなければならない。

❸ 銀行の確認事項

取引形態別の確認事項はつぎの通りである。

（1）D/P・D/A手形

- 手形金額がインボイス金額の範囲内であること。
- 船荷証券などの運送書類または郵便小包受領証が添付されていること。
- 証券と引換に貨物を引き渡すことが明記されている船荷証券または複合運送証券の場合は、発行された全通が揃っていること。それ以外の運送書類または郵便小包受領証では貨物の荷受人が手形の取立銀行であること。
- 輸出者が海上保険その他運送に係る損害保険を付保する条件の輸出契約では、保険証券が添付されていること。なお、商品の種類により慣行上必要かつ十分な条件で担保されており、かつ、戦争保険約款および同盟罷業約款付きである保険証券であること。

（2）信用状付き荷為替手形

- 信用状の指定する条件が備わっていること。
- 信用状が取消不能信用状であること。また、信用状統一規則に準拠した支払確約または同等の支払確約があること。
- 手形の名宛人（支払人）が、発行銀行・確認銀行・補償銀行のいずれかであること。

　確認できていなくとも付保できるが、保険の対象となる事故が発生したときにNEXIは免責される。したがって買取にあたってしっかりと確認しておくことが重要である。

4 保険契約成立までの手続きと保険料

　手続きの流れは下記の通りである。

- 輸出者は、NEXIのWEBサイトを利用して、保険利用者としてユーザー登録をする。また買取を予定する取引銀行が輸出手形保険契約をしているかについて確認する。
- 輸出取引の相手方や信用状発行銀行が海外商社名簿に登録されているかをWEBサイトにて確認する。EA・EE・EM・EF格に登録されているバイヤー（輸入者）のときは個別保証枠の空き状況についても確認し「個別保証枠確認証」（有効期間：確認の日から3ヵ月）を取得する。また、輸出取引の相手方や信用状発行銀行が登録されていない場合は登録手続きを行いNEXIの与信審査を受ける。

・船積日の翌日から起算して3週間以内に銀行に買取を依頼する。
・銀行は所定の審査手続き・買取手続き（付保のための確認手続きも含む）を行い、買取日起算で5営業日以内にNEXIに「手形買取通知（エクセルのファイル）」を提出する。保険は買取日に遡り保険関係が成立する。
・NEXIから契約確定台帳・保険料請求書が銀行宛に送付される。銀行は契約内容を確認のうえ、NEXIに保険料を支払う。
・銀行から輸出者に輸出手形保険料の支払が請求される。

5 内容変更の通知

　手形満期日前に、手形支払条件、荷物の仕向国の変更、または手形の書換による手形金額・決済通貨・手形支払人・支払国・手形満期など重大な内容変更があった場合は、手形満期日までに内容変更を通知し、保険契約内容の変更を行うことができる。ただし、内容変更後の条件が引受基準に合致しない場合は、通知前にあらかじめNEXIの承認を得る必要がある。期限内に通知がない場合は当初の保険契約が継続することになる。

6 保険事故の発生

　手形の満期に支払われなかったこと、また再割の場合は、手形の満期に支払われなかったため再割銀行から遡及され償還したことは保険事故となる。この場合は、満期日から45日以内に「輸出手形保険損失発生通知書（Excelファイル）」を提出する。

　満期前において支払人の引受拒絶（手形買取後2ヵ月を経過した日まで一方的に支払人が引受を行わないケースを含む）、破産手続き開始の決定等に至った時、あるいはこれにより満期前に再割銀行から遡及を受けて償還したときも保険事故となる。この場合は、当該事象の発生した日から45日以内に「輸出手形保険損失発生通知書（Excelファイル）」を提出する。

7 損失発生後の入金通知

　「輸出手形保険損失発生通知書（Excelファイル）」を提出し、保険金請求までに事故金の一部または全部が入金となった場合は、入金のあった日から7日

以内に「輸出手形保険入金通知書（Excelファイル）」を提出する。

8 保険金の請求・支払

　「輸出手形保険損失発生通知書（Excelファイル）」を提出後、荷為替手形・契約書・船積書類のコピー等の保険請求に必要な書類とともに「輸出手形保険金請求書（Excelファイル）」または「輸出手形保険金経緯書（保険請求額300万円以下の案件）（Excelファイル）」を満期日または事故確認日から9ヵ月以内に提出する。

　「輸出手形保険金請求書（Excelファイル）」または「輸出手形保険金経緯書（保険請求額300万円以下の案件）（Excelファイル）」の提出後、原則1ヵ月以内に保険金が支払われる。

9 サービサー回収制度・回収金の納付

　原則として、サービサー回収制度を利用する。サービサーを利用することで、業務負担や回収費用の負担が軽減され、支払人との密接な交渉が可能となる。サービサーによる回収以外で直接回収金（回収遅延利息を含む）が送られてきたときは、回収日から1ヵ月以内に「回収納付通知」を提出して回収金を納付する。

② その他の貿易保険（NEXI）

輸出手形保険は、保険契約者が銀行であるが、それ以外の貿易保険は輸出者が保険契約者となる。

●図表2-10　NEXIが提供する貿易保険の種類●

貿易取引等の保険	投融資の保険
■ 貿易一般保険 ・個別保険 ・組合包括保険 　（機械設備・鉄道車両・船舶） 　（鋼材） ・企業総合保険 ・技術提供契約等保険 ・サプライヤーズクレジット（2年以上） ■ 中小企業・農林水産業輸出代金保険 ■ 限度額設定型貿易保険 ■ 簡易通知型包括保険 ■ 知的財産権等ライセンス保険 　（知財保険）	■ 海外投資保険 ■ 海外事業資金貸付保険 ・海外事業資金貸付保険 ・海外事業資金貸付保険（劣後ローン特約） ■ 貿易代金貸付保険（2年以上） 　バイヤーズクレジット ■ 輸出手形保険
	輸入の保険
	■ 前払輸入保険

（出所）日本貿易保険WEBサイト

輸入取引のための唯一の保険である「前払輸入保険」については、第3章「輸入取引」にて説明する。

③ 損害保険会社による貿易保険（輸出取引信用保険）

2005年、貿易保険事業が損害保険会社等でも取り扱えるようになった。保険商品はユーザンス期間が1年未満または180日以内の短期包括保険が中心である。対象となる非常危険・信用危険を多様に組み合わせて保険商品が提供されている。輸出者が自己のニーズに応じ、損害保険会社等と相談して付保することになる。

貿易保険（輸出取引信用保険）を提供する損害保険会社等の数も多く、商品数も多いので、個別に損害保険会社等へ照会願いたい。

輸出関連保証

① 輸出関連保証と外為法等

　輸出関連保証とは「輸出に付随した債務の保証契約」のことをいう。具体的には、輸出のために行う入札保証、契約履行保証、前受金返還保証などが対象となる（外為令14条3号）。

　居住者である輸出入者が、非居住者との間で「輸出入に付随した債務の保証契約」から生じた債権の発生（補償）等にかかる取引は「特定資本取引」に該当する。外為法21条1項に定める発動要件（国際約束の履行等）および同2項に定める経済危機への緊急対応により、経済産業大臣は特定資本取引を行う輸出入者に許可を受ける義務を課すことができる。現在、外為法21条1項に定める発動要件に基づく経済制裁等の対応として、「制裁対象者との取引」および「北朝鮮の核関連活動に寄与する目的で行う取引」の2つが経済産業大臣の許可を受けるべきものとして指定されている（外為令15条1項に基づく平成15年5月31日付経済産業省告示193号）。また外為令18条の6および貿易関係貿易外省令10条2項により全ての特定資本取引について報告は不要とされている。

② 輸出関連保証の発行形態

　輸出関係の保証形態は下記の通りである。

- ・保証状形式のもの…通常の保証状（付従性のある）、請求払保証
- ・信用状形式のもの…L/C、Stand-by L/C

　保証状の発行には、①発行銀行から受益者あてに直接保証状を発行する場合（SWIFT MT760のField 23：コードISSUE）と、②発行銀行が現地の銀行に保証依頼を行い（SWIFT MT760のField 23：コードREQUEST）、現地の銀行が受益者に保証状を発行する場合がある。

後者の場合、受益者あての保証状を表保証（Guarantee）といい、現地銀行への保証依頼を裏保証（Counter Guarantee）という。現地の法律等で、保証金代替として差入れる保証状として現地銀行によるものしか認められない場合に利用される。

通常、裏保証方式は輸出者にとって保証状発行コストが高くなるので、直接保証方式が望ましい。

③ 保証に関する国際規則

1 保証状に関する国際規則

主な準拠規則（国際ルール）としてつぎのものがある。

① 「契約保証統一規則（Uniform Rules for Contract Guarantees, ICC Publication No.325：略称URGまたはURCG）」

1978年に国際商業会議所（ICC）により制定された。特徴として、保証状に基づき履行請求を行うとき債務者の承認または裁判所の判決書（production of a judgment）や仲裁裁定書（arbitral award）が必要となる。このため受益者にとって履行請求時の負担が大きく実際にはあまり利用されていない。

② 「請求払保証統一規則（Uniform Rules for Demand Guarantees, ICC Publication No.758：略称URDG）」

本規則は国際商業会議所（ICC）により1992年No.458として制定され2010年No.758に改定された。特徴として、原因契約との付従性なしに（独立抽象性）、また、書類の形式審査のみで支払われる（書類取引性）ものである。実質的に信用状と同じ機能を果たす。つまり原因となる契約が履行されたかどうかを問わない。そして保証状に定めた要件を満たした支払請求書や受領書およびその他の書類が呈示されれば発行銀行が直ちに受益者に支払うことを確約した書面である。履行請求に手間がかからず受益者にとって利便性が高いため貿易関連保証などで頻繁に使われている。なお、平成6年（1994年）に全銀協が「請求払無因保証取引約定書」（草案）を発表している。

2 スタンドバイ信用状に関する国際規則

欧州では保証状を利用することが一般的であるが、米国では商業銀行が保証

2

を行うことが法律により禁止されているためスタンドバイ信用状が利用されている。

準拠規則（国際ルール）としてつぎのものがある。

① 「信用状統一規則（Uniform Customs and Practice for Documentary Credits, ICC Publication No.600：略称UCP600）」

2007年に改訂された。本規則の第１条においてスタンドバイ信用状にも適用されると規定されている。本規則はドキュメンタリー取引を前提としているので、クリーン取引が主であるスタンドバイ信用状に適用される規則は限られている。ただし日本の銀行では本規則に準拠したスタンドバイ信用状の発行が多い。この規則に準拠するためには準拠文言を記載することが必要である。

② 「国際スタンドバイ規則（International Standby Practices, ICC Publication No.590：略称ISP98）」

1998年に公表された。独立抽象性・書類取引性についてはUCP600やURDGと同様である。UCP600との主な相違点は、①本規則3.09に規定された「Extend or Pay」という受益者が支払請求にあたり期限延長を認めるか支払うかの二者択一を発行者に求めることができる点（UCP600にはない）、②発行者の支払拒絶通知は書類呈示の日から７営業日以内に行う点（UCP600では呈示日の翌日から５営業日以内（第16条d項））、などがある。また本規則に準拠するためには準拠文言を記載することが必要である。

④ 保証目的による分類

1 入札に関連して行われる保証

（1）入札保証

輸出契約が国際入札で行われる場合、入札参加者（輸出者）が落札したにもかかわらず、正当な理由もなく契約に至らない場合に、発注者（輸入者）が再入札を行うことによって生じる費用等に対応するため、入札参加者に入札保証金が義務付けられる。これには無責任な入札を防止する目的がある。現金や有価証券などは保管・管理負担が大きいので、通常、銀行保証状が利用されている。この保証を「入札保証」という。輸出だけでなく、輸入や仲介貿易に係る入札でも利用されている。

保証金額は、契約金額の5～10％前後である。

原則として保証期間は見積有効期限（bid validity）に一致する。有効期間内に次に説明する契約履行保証に差し替えられないときは保証履行請求されることがある。あるいは、スタンドバイ・クレジットによる保証の場合はExtend or Payによって引き続き契約履行保証として使用されることもある。

（2）契約履行保証

国際入札の落札者（輸出者）が、輸出契約の相手方（発注者、輸入者）から、落札後の契約の確実な履行を保証する目的で銀行保証状の提出が要求される場合がある。プラント、機械、船舶など金額が大きくかつ納期までに長期を要する契約締結に際して要求されることが多い。落札者（輸出者）が輸出契約を履行しなければ、輸入者はこの保証状によって保証債務の履行を求める。このような保証を「契約履行保証」という。

保証金額は、通常、契約金額の10％前後である。

契約履行保証は検収時に瑕疵担保保証の差入れによって終了する。あるいは検収後も引き続き瑕疵担保保証として利用されることもある。

（注）輸入取引でも、後払い送金ベースの取引で、輸入者の支払を担保するために、輸入者から輸出者に銀行保証状が差し入れられることがあり「契約履行保証」または「支払保証」といわれている。

② 前受金や留保金に関連して行われる保証

（1）前受金返還保証

船舶やプラントなどの延払い輸出などで、輸出代金の全部または一部を前受金として事前に輸入者から支払を受領することがある。前受金によって輸出者は資材の調達などを開始するので無利子の短期企業間融資ともいえる。輸出者はその後の工事進捗によって支払われる金額から差し引かれる形で前受金を分割して返済していく。輸出者の責任によって輸出契約の一部または全部が不履行となれば、前受金を輸入者に返還しなければならない。この輸出者の義務を担保する目的で輸入者に差し入れられる銀行保証状を「前受金返還保証」という。

保証金額は前受金の金額と同額であり、前払金の返済完了時が前受金返還保証の終期となる。

（2）留保金返還（解除）保証

　プラント輸出など工期が長期にわたる場合は、検収時一括払いは少なく、前払金支払に続いて、契約で定めた作業進捗度合いに応じて、分割して支払われることが多い。輸入者は各分割支払時にその一部（通常5〜10%）の支払を留保して積み立て、その後の工期で輸出者が契約を履行できなかった場合の損失を担保する。この積み立てられた資金を留保金（retention）という。留保金の設定は輸入者にとってはキャッシュフローのプラス要因であるが、輸出者にとってはマイナス要因となる。そこで輸出者は留保金からの引き出し額相当の銀行保証状を輸入者に差し入れキャッシュフローの改善を図る。この保証を「留保金返還（解除）保証」という。

　保証金額は、留保金の引き出し額となり、留保金は検収完了後引き渡し時に全額解除され輸出者に支払われる。これが保証の解除時となる。ただし、瑕疵担保期間中も引き続き留保されることもあり、この場合は、後述の瑕疵担保保証への切り替えなどが行われることになる。

3 契約の履行や製品の瑕疵に関連した保証

（1）契約履行保証

　国際入札以外の輸出契約においても、輸出者に対して輸出契約の相手方（発注者、輸入者）から、契約の確実な履行を保証する目的で銀行保証状の提出が要求される場合がある。内容的には入札関連の契約履行保証と同じである。

（2）瑕疵担保保証（製品保証）

　工事完成（検収完了）後、所定の瑕疵担保期間中に瑕疵が発見され、輸出者による維持および瑕疵補修の履行が不能の場合、その補修債務を担保する銀行保証状を「瑕疵担保保証」という。輸出者が瑕疵を補修しなかった場合、輸入者は保証債務の履行を保証銀行に請求する。輸出者が行う製品保証は交換・修理であるが、この保証は金銭の支払によって解決を図るものである。

　保証金額は、契約履行保証の保証金額の2分の1程度である。

⑤ 保証手続き

■1 保証開始（発行）手続き

　保証開始にあたり、「銀行取引約定書」および保証状取引では「支払承諾約定書」あるいは「請求払（無因）保証取引約定書」が、またスタンドバイ信用状取引では「信用状取引約定書」が発行依頼人より提出されていなければならない。すでに他の取引でこれらの約定書を受理している場合は改めての受理は不要である。

　個別の保証に関し、「保証状発行依頼書」または「スタンドバイ信用状発行依頼書」を発行依頼人から受理し、その内容および必要な文言の有無を点検する。また受益者等が「制裁対象者」でないことおよび「北朝鮮の核関連活動に寄与する目的で行う取引」でないことを確認しなければならない。必要があれば被保証債務の契約書などで内容、発行条件などを確認する。

　保証は発行依頼人に対する与信行為となるので、各銀行が定める決裁手続きを行う。決裁取得を確認後、保証状・スタンドバイ信用状の発行を行う。スイフトでは、保証状にはMT760を、スタンドバイ信用状にはMT700というメッセージタイプが使用される。発行する保証状・スタンドバイ信用状には、準拠規則を明示しなければならない。

　また、所定の保証状・スタンドバイ信用状の発行手数料（保証料）を発行依頼人から受け入れる。

■2 保証解除の手続き

　被保証債務の全部または一部が消滅されれば、それに応じて保証金額を解除する。保証解除日は現地銀行から保証債務消滅の通知を受けた日（消滅確認日）または時差を考慮した保証期日となる。

　原則として保証状の原本は回収する。しかし表保証の場合であっても回収した原本が発行銀行まで返却されないことがある。またスタンドバイ信用状では、通常、原本が発行銀行に返却されない。このため受益者（現地銀行）に保証債務履行請求の有無を確認することが重要である。

❸ 保証債務の履行

　保証依頼人が被保証債務を履行しなかった場合、受益者（現地銀行）から発行銀行に対して保証債務履行請求が行われる。発行銀行は弁済手続きを行ったうえ、保証状取引は「支払承諾約定書」または「請求払（無因）保証取引約定書」に、スタンドバイ信用状は「信用状取引約定書」に基づき、依頼人に対し償還請求を行うことになる。

第 **3** 章

輸入取引

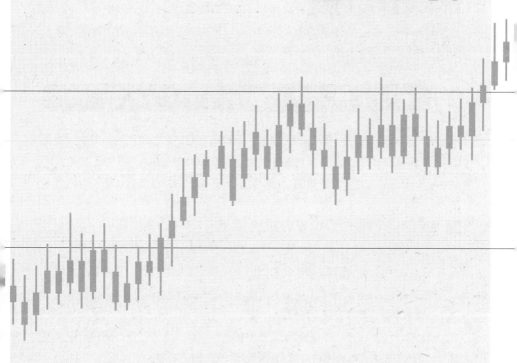

輸入取引の概要

① 輸入とは

　この章において、輸入とは「対価を払って外国にある貨物を通関手続き後に国内に引き取ること」とする。したがって、通貨や貴金属などの携帯輸入、無償の輸入、貨物が税関を経由せず外国相互間で移動する仲介貿易などはこの章の対象としない。

　輸入者（Importer）には国内販売業者、製造業者、商社などがある。国内販売業者や製造業者などで直接海外との取引経験がない会社は商社などを経由して輸入を行う。これを間接輸入という。これに対して企業が直接海外と輸入取引を行うことを直接輸入という。

② 輸入者に課された規制

　貨物の輸入は外為法上の目的を阻害しない限り原則として自由である。輸入取引には「貨物の輸入」と「代金の支払」の2つの側面がある。そしてそれぞれに規制がある。こうした規制にかかる許可・承認の取得義務は輸入者にある。

■ 輸入する貨物についての規制

　輸入する貨物には、「輸入が禁止されているもの」と「輸入が規制されているもの」がある。貨物の「適法性の確認」は税関で行われる。しかし行職員としては知識を有しておくことが必要である。

（1）輸入が禁止されている貨物

　つぎのものについては、関税法でその輸入が禁止されている（関税法69条の11）。これらを輸入した場合には、関税法等で処罰される。

- 麻薬、向精神薬、大麻、アヘン、けしがら、覚せい剤および同原料、アヘン吸煙具
- 指定薬物（医療等の用途に供するために輸入するものを除く）
- けん銃、小銃、機関銃、砲、これらの銃砲弾およびけん銃部品
- 爆発物
- 火薬類
- 化学兵器の禁止および特定物質の規制等に関する法律2条3項に規定する特定物質
- 感染症の予防および感染症の患者に対する医療に関する法律6条20項に規定する一種病原体等および同条21項に規定する二種病原体等
- 貨幣、紙幣、銀行券、印紙、郵便切手または有価証券の偽造品、変造品、模造品および偽造カード（生カードを含む）
- 公安または風俗を害すべき書籍、図画、彫刻物その他の物品
- 児童ポルノ
- 特許権、実用新案権、意匠権、商標権、著作権、著作隣接権、回路配置利用権または育成者権を侵害する物品
- 意匠権または商標権を侵害する物品（外国から日本国内に宛て発送された貨物で、持込み行為に係るものに限る）
- 不正競争防止法2条1項1号から3号までまたは10号から12号までに掲げる行為を組成する物品
（注）上記のほかに「医薬品、医療機器等の品質、有効性および安全性の確保等に関する法律」、植物防疫法、家畜伝染病予防法などにおいても輸入が禁止されているものがある。

（2）輸入が規制されている貨物

　外国から輸入される貨物の中には、産業、経済、保険、衛生、公安および風俗等に悪影響を及ぼすものがある。これらについて「輸入規制」を行っている。

　輸入規制は、外為法その他の法令により、許可・承認その他の行政機関の処分、または、検査あるいは条件の具備を必要とすることで行われる。こうした制限を関税法による輸入の許可制に結びつけることによってその実効性を確保している。つまり、貨物の輸入において、輸入申告または輸入申告にかかる税関の審査の際に、関税関係法令以外の法令の許可・承認等を受けている旨を税関に証明し確認を受けなければ、輸入の許可がされないことになっている（関税法70条）。

外為法で経済産業大臣の承認が必要な貨物と手続きは、つぎの通りとなっている（輸入取引では「許可」の対象となる手続きはない）。

（ア）輸入公表

輸入令３条に基づき、経済産業大臣は、下記の内容について、必要な事項を定め、これを官報に告示として公表しなければならない。これを「輸入公表」という。

① 輸入割当を受けるべき貨物の品目（輸入割当品目（IQ品目：Import Quota））
② 輸入承認を受けるべき貨物の原産地または船積地域（２号承認品目および２の２号承認品目）
③ その他輸入貨物について必要な事項（その他公表品目）（事前確認品目、通関時確認品目）

輸入公表に掲げられている品目は輸入承認等何らかの規制のある品目である。

（イ）輸入発表と輸入割当制度

上記①の「輸入割当品目」を原則年１回、輸入割当申請の詳細を経済産業大臣が公表する。これを「輸入発表」という。輸入発表は官報だけでなく、経済産業公報およびジェトロの通商弘報でも確認できる（輸入規則１条）。ここに掲載された輸入品目は、貨物の輸入に先立って経済産業大臣の輸入割当と輸入承認の取得が必要となる。こうした制度を「輸入割当制度」という。

輸入割当品目（IQ品目）には、限られた天然資源の保護を目的とした非自由化品目（水産物）と、国際協調を目的に特定フロンなどオゾン層破壊物質を定めたモントリオール議定書関連品目がある（輸入公表一）。

２号承認品目とは、リストにある貨物について、特定の原産地または船積地域にかかる輸入につき承認を必要とするものである。２の２号承認品目とは、地域にかかわらず特定の貨物につき承認を必要とするものである（輸入公表二）。

その他公表品目として指定されている貨物は、経済産業大臣等の事前確認を受けた場合（事前確認品目）または通関時に一定の証明書等の書類を税関に提出した場合には、輸入承認を要しないものである。

2 輸入する貨物の代金支払についての規制

輸入代金の支払も外為法の規制を受ける（外為法16条）。手続きの重複を排除する目的で、同一の見地から許可または承認を受ける義務を課した取引にかかる「支払」である場合は、規制は発動されない。ただし、「北朝鮮を原産地または船積地域とする全ての貨物の輸入にかかる支払」については規制の対象となる。

前払い送金による北朝鮮からの貨物輸入では、前払い送金の時点で承認の取得が必要である。しかし実際には承認されず実質的な禁止である。

（注）北朝鮮への輸出で前受金受領は規制対象にはならない（輸出段階で貨物に対する規制がある）。

③ 金融機関に課された義務（適法性の確認義務）

1 「適法性の確認義務」とは

輸入者に対する規制とは別に、貨物の輸入により生ずる資金の支払について「適法性の確認義務」が銀行に課されている（外為法17条）。

「適法性の確認義務」の内容は、下記の2つを確認することとされている。

> ・経済裁措置の対象に該当しないこと
> ・該当する場合は、許可、承認を取得していること

2 輸入に係る支払

輸入に係る支払については、原因となる取引、行為について許可等を取得していなくとも支払を行って差し支えないものとして確認義務の対象外となっている。

ただし、「北朝鮮を原産地または船積地域とする全貨物の輸入取引」については「貿易に関する支払規制」の対象となっており、確認義務が課せられている（外為法16条5項の除外規定・外国為替令6条5項、経済産業省告示105（平成31年4月12日））。

なお、「適法性の確認義務」の対象外ではあるが、受取人が制裁対象者でないことの確認はしなければならない。

3 輸入取引

信用状の発行等

① 信用状の発行

🔢 信用状の発行銀行と輸入者の関係

　信用状取引は、輸入者（委任者）が信用状の発行および関連処理における法律行為や事務処理をすることを発行銀行（受託者）に委託（依頼）し、発行銀行（受任者）がこれを承諾することによって成立する委任契約である。こうした輸入者と発行銀行の関係は、後述の「信用状取引約定書」に定められている。

　発行銀行は、輸入者の指図にしたがって、善良な管理者としての注意義務をもって、信用状発行など関連処理（委任事務）を行わなければならない。発行銀行は、信用状統一規則（UCP600）にそって、信用状条件を充足する書類の呈示に対し、確認銀行や買取銀行など指定銀行に補償を行う義務または輸出者（受益者）に対し支払義務がある。

　輸入者は、発行銀行に委任した事務処理、すなわち、輸出者（受益者）等への支払義務の履行に伴って生じた輸入代金を含めた費用を支払う義務がある。輸入者は、売買契約上の理由によって、この義務を免れることはない。

🔢 信用状取引

　信用状取引は、売買契約をもとに、契約内容の全てではなく、金額や期日、必要書類などの主要な事項のみを反映する（抽象性）。ただし、売買契約とは別個の独立した契約で、もとの売買契約によって拘束されない（独立性）。これを信用状の「独立抽象性の原則」という。たとえ信用状取引当事者であっても、もとの売買契約等を援用して抗弁することはできない（信用状統一規則（UCP600）4条）。

　また、信用状取引は、信用状で要求した書類によってのみ判断が行われる。これを「書面取引の原則」という。銀行が、実際に輸入された貨物を点検することは、費用・時間および能力的に困難である。そのため呈示された書類のみ

で支払の可否を判断するとしている（信用状統一規則（UCP600）5条・14条
a項）。この2つの原則を軸として信用状取引が成立している。

3 民法上の保証との違い

　民法では、債務者以外の第三者が、「債務不履行の場合に、債務者に代わっ
て債務の履行をすること」を債権者に約束することを「保証」という。保証債
務はもとの債務と同一の内容で、もとの債務の発生・消滅にしたがう。しかし、
信用状は「独立抽象性の原則」により原契約債務から独立しており民法上の
「保証」ではない。信用状は発行銀行の「支払確約（engage）」とされている。

② 審査と与信上の留意点

1 輸入者への与信取引

　信用状取引は、単に事務処理の委任としての取引ではない。銀行は委任事務
の履行によって、輸入者に対する求償債権（償還請求権）を持つことになり、
輸入者への与信取引になる。また、信用状の発行だけでなく、その後に続く輸
入金融や荷物引取、貸渡などの与信行為が発生する。取引の開始に先立って、
国内与信と同様に、審査手続きや約定書類の徴求手続きが必要となる。

2 審査上の留意点

　輸入与信は、国内与信審査と基本的な考え方、依頼人（輸入者）の信用状態
の把握、担保および保証など、何ら変わりがない。

　ただし、純粋な与信上の審査以外に、輸出者・輸出国の状況、輸入商品の市
況、輸入商品販売先の信用度と支払条件など輸入取引固有の審査上の留意点が
ある。また、信用状発行に続いて発生する輸入ユーザンス・跳ね返り融資の要
否とその期間および担保に影響をあたえる輸入荷物取扱方法を、一連の与信と
して捉えて検討する点にも留意が必要である。

　輸入金融では、輸入貨物を担保（譲渡担保）にしている。銀行が担保貨物を
処分するのは容易ではない。また貸渡や引取保証あるいは荷物受取の指定方法
によって、被担保物件が銀行の手を離れれば、善意の第三者に対して担保権に

よって対抗できない。掛け目で担保評価していたとしても、貸渡や引取保証の後では、担保としての効果はあてにできなくなる。担保物は、あくまで二次的なものとして対応し、必要により別途担保や保証を検討しなければならない。

3 包括的な審査

輸入与信は通常、輸入与信極度を設定して包括的に審査する。信用状発行依頼の都度、審査手続きをしたのでは発行に時間がかかり、円滑な処理ができない。また、輸入者の商機に影響を与え迷惑をかけることになりかねないからである。

③ 基本約定書

上記の審査手続きを経て、取引開始までに、取引約定書の他に、「信用状取引約定書」「輸入担保荷物保管に関する約定書」の提出を受ける。

1 信用状取引約定書

信用状取引約定書は、全国銀行協会が制定したひな形によるものである。輸入の信用状取引を始めるときは、取引約定書・輸入担保荷物保管に関する約定書などとともに必ず徴求する。この約定書は、信用状を発行する銀行とその信用状の発行を依頼する取引先（輸入者）との間の取引を対象としている。信用状の発行とその関連事務は、委託契約に基づくものであることが示されている。

①信用状の発行

②これに伴う償還債務の履行（輸入荷為替手形の決済）

③これに関連する取引（輸入ユーザンスの取扱とその決済）

④その他①〜③に準ずる取引

がこの約定書の適用対象となっている。保証状取引や輸入取立取引には適用されない。

2 信用状取引約定書の主な規定

信用状取引約定書には信用状の定義と大まかな種類が規定されている。信用

状には、付帯荷物を表示する書類の提供を要求する信用状（ドキュメンタリー信用状）と、それ以外の信用状（クリーン信用状：スタンド・バイ信用状など）がある（信用状取引約定書1条）。

　銀行が信用状に基づいて海外の受益者（輸出者）やコルレス銀行等に対して負う補償債務（信用状統一規則に基づくオナー義務と補償義務から生じた債務）を銀行と輸入者の間の委任契約に基づく委任事務処理費用として、取引先がその償還債務を負担する（同約定書1条7・8）。

　信用状取引は、与信取引なので、取引約定書5条1項および2項に定める信用悪化を示す事由が生じたときは、支払承諾約定書によらずに、事前償還を請求できる（同約定書15条）。

　付帯荷物・付属書類は銀行の譲渡担保となり、償還債務と利息等の費用の担保となること、および、銀行が担保権を実行し、他の債務についても法定の順序にかかわらず、処分・充当できる（同約定書3条）。

　海外から送られてきた輸入手形および付属書類を正確・真正かつ有効であるとして発行銀行やコルレス銀行に調査の義務がないことを明確にした。これは書類の点検を行わないということではない（同約定書3条）。

　信用状条件を充足しているかどうかの判断は銀行が行うこととし、それに伴う取扱を規定する（同約定書9条・10条）。

　コルレス先の選定（同約定書8条）、付帯荷物の保全等（同約定書13条）について銀行に委ねることが示されている。

　この約定書に定めのない事項について、国際商業会議所（ICC）制定の「信用状統一規則」その他の規則にしたがって処理されることが示されている。その他の規則には「国際標準銀行実務」が含まれている（同約定書21条）。

3 輸入担保荷物保管に関する約定書

　「輸入担保荷物保管に関する約定書」は、「外国向為替手形取引約定書（ひな形）」、「信用状取引約定書（ひな形）」そして「請求払無因保証取引約定書（草案）」とは違い全銀協が作成したものではない。銀行によって同趣旨の約定書が作成されている。

　この約定書は、輸入取引全般の担保貨物についての基本約定として重要なも

のである。

① 以下の取引において、付属書類・付帯荷物は、都度担保差入れの手続きなしに、担保として銀行の所有に属することが規定されている（輸入担保荷物保管に関する約定書1条）。

> ・信用状に関連する諸債務（本邦ローンなど）
> ・信用状に基づかない輸入荷為替の債務（本邦ローンなど）
> ・L/G（信用状付き・信用状なしに関係なく）
> ・Air T/R（信用状付き・信用状なしに関係なく）
> ・運賃・保険料ユーザンス

② 付帯荷物に生じた傷害および損失、その他の事由で担保不足となったときは、代わり担保、増担保または保証金を差し入れることを規定している（同約定書6条）。

③ 付帯荷物は1条で定める担保であるとともに、現在および将来の債務をも共通に担保すること。また、法定の手続きによらず一般に適当な方法で担保処分および充当ができることが規定されている（同約定書7条）。

④ 貸渡依頼書の提出と付属書類・付属荷物の受取書の提出を定めている（同約定書3条）。

⑤ 貸渡（T/R：Trust Receipt）を受けるときは、銀行の承諾を得て銀行の代理人として、付帯荷物の陸揚・通関・付保・運搬・倉入れまたは自家保管および所定の売先への売却を行うとしている。

⑥ 到着荷物への付保（銀行を受取人として付保する）・関税その他諸費用の支払・付帯荷物に生じた傷害および損失は、輸入者の負担とすることが規定されている（同約定書4〜6条）。

⑦ 付帯荷物の倉入れ、売却等の処理に関する特約が規定されている（同約定書8条）。

⑧ 取引約定書、信用状取引約定書などの適用を受けると規定している（同約定書9条）。

信用状の発行手続き

　個々の信用状発行は、輸入信用状発行依頼書の提出を受け、その内容を銀行が承諾して成立することになる。

1 信用状発行依頼書

　信用状発行依頼書は、個別の信用状における具体的な内容および依頼人の意思や指図（ユーザンスの要否など）を示す重要なものである。信用状発行依頼書には、信用状取引約定書にしたがう旨の記載や、信用状統一規則準拠文言が印刷されており、それらとの関連付けをあらためて明らかにしている。

2 信用状発行依頼書の内容点検と外為法上の確認義務

　信用状発行依頼書の内容について、明らかな間違いや不明確な点があれば輸入者に照会して、内容の確認や訂正を依頼する。内容確認すべき主なものはつぎの通りである。

- ・通知銀行の指定の有無、発行方法
- ・確認が必要かどうか
- ・受益者の情報（名称、住所、電話番号など）
- ・信用状金額、許容範囲の表示有無
- ・商品名、数量や単価についてabout等の許容範囲を示す文言があるときは信用状金額との整合性を点検する
- ・船積地、仕向地は明確か
- ・積替え、一部船積の可否
- ・信用状の有効期限、最終船積日、呈示期間に矛盾がないか
- ・運送書類や（必要な場合のみ）保険証券の条件は適正か
- ・要求書類の通数や条件・様式は明確に記載されているか
- ・特別な指示事項がないか

　特に運送書類の条項は銀行の担保権確保にもかかわる問題なので注意しなければならない。所管部署の承認条件外の時は、あらためて個別に審査を受けることになる。

信用状の発行自体は資金移動が伴わないので支払規制の対象ではない。しかし、やがて信用状付荷為替手形が到着しその決済時に支払が発生する。その際、貿易に関する支払規制にしたがわなければならない。そこで、信用状発行時に、「原産地」「船積地域」「商品」などの必要情報を把握し、北朝鮮が「原産地」「船積地」でないことを確認しなければならない。必要情報の真偽に疑いがあるときや、支払規制に抵触することが予想できるときには、取引確認資料によって慎重に確認することが必要である。また、輸出者等が資産凍結等経済制裁対象者ではないことの確認もあわせて行う。

❸ 信用状発行依頼書の点検とインコタームズ

インコタームズは、売買契約の一部として使用されるものである。したがって、「独立性の原則」により売買契約から独立している信用状取引に売買契約の一部であるインコタームズが直接影響を与えるものではない。CIP、CIFなどのように売主に保険証券の手配と交付を求める内容のインコタームズが採用されている売買契約において、信用状発行依頼書で保険証券を要求（記載）していないことがある。この場合でも受付けることは可能であるが、発行依頼人に①必要書類の記載漏れ、または、②契約で保険証券を別途送付する条件等になっているのか、を確認しておく。逆に、信用状に要求書類として保険証券の記載があるが、FCA、FOBなど買主手配の保険書類についても、それでよいのかを同様に確認しておく。

❹ 通知銀行等の決定

依頼人から通知銀行についての指示があればその指示に従う。ただし、その銀行とコルレス契約がない場合には、同地域のコルレス銀行を経由して通知する。スイフトによる場合は、MT700のField：57 a（'Advise through' Bank）に指定する（第二通知銀行）。

依頼人からの指示がない場合は、受益者の住所と同一地域のコルレス銀行を通知銀行とする。同一地域にコルレス銀行が無い場合には、同一地域にコルレス先を有するコルレス先銀行を経由して通知する。

決済銀行、補償銀行の決定は、取引通貨、自行の預け金口座（Nostro

Account）の有無、先方銀行の預り金口座（Vostro Account）の有無、輸入
関連ファシリティーの設定有無・空き枠などを考慮して決定する。

⑤ 信用状の作成

　近年、信用状の多くがスイフトによって発行されている。スイフトでは、
メッセージ・タイプMT700が信用状開設に使われる。発行銀行は、スイフト
を発電した時から、その信用状について、撤回（取消）不能の義務を負う。し
たがって、信用状発行依頼書の内容が間違いなく盛り込まれていることを慎重
に確認してから発電しなければならない。

　郵便による方法もあるが、通知銀行を経由して、受益者の手元に届くまでに
時間がかかることや、郵送途上での紛失等の事故の可能性があることから、あ
まり利用はされていない。

　また、受益者が信用状の発行確認を急ぐ場合、上記のスイフトと郵便による
方法とを組み合わせたプレ・アドバイス（プレ・アド）がある。信用状の主要
点のみを記載したスイフトMT705を発信し、直ちに郵便にて信用状原本を発
送する。一旦プレ・アドバイスを発信すれば、発行銀行は、それと整合性のと
れた条件による信用状原本を発行する撤回不能の義務を負う。

⑤　信用状に関するその他の手続き

　信用状の発行手続き以外にも、発行した信用状の条件変更や取消の手続き、
信用状に使用するあてのない未使用残高の処理に関する手続き、使用が終わっ
た信用状に対して船積書類が送られてきたときの手続き、などがある。

① 条件変更と信用状の取消

　信用状は取消不能として発行されているので、いかなる変更・取消も基本的
には認められない。しかし、既に発行した信用状の条件を変更しなければなら
ない場合には、受益者、確認銀行などの同意が得られれば、変更することがで
きる。

　条件変更の内容には色々なものがあるが、信用状金額の増額や、有効期限の

延長については、与信増加・期間延長となるので、信用状の発行と同様の審査手続きを行う。これらの条件変更の内容は受益者にとって有利となるものなので、実務では、受益者の同意は求めない（ただし、信用状統一規則（UCP600）では、この場合であっても受益者の同意が必要である）。確認銀行は、発行銀行と同じ立場なので、確認銀行の同意が得られなければ、条件変更に確認の効果がおよばない。

　条件変更の内容が減額や有効期限の短縮など、受益者に不利と考えられるものについては、通知銀行を通じて、受益者の同意を求めている。

2 輸入信用状条件変更依頼書

　信用状の条件変更にあたって、輸入者より輸入信用状条件変更依頼書の提出を受ける。信用状発行依頼書の点検と同様に内容を点検し、増額の時は審査手続きを経て、勘定処理を行う。また、減額の時は受益者からの同意が得られるまでは勘定処理を行わない。

　次いで、輸入信用状条件変更依頼書の内容に従って、スイフトの時は、メッセージ・タイプMT707を使って発電する。受益者の同意が必要なときは、「ベネ・コン（beneficiary's consent）文言」を入れる。

　発行時に、貿易に関する支払規制に従うための確認手続きを行っているが、条件変更の内容についても「適法性の確認」を同様に行う。

3 未使用残高の取消

　有効期限経過後も未使用残高を残したままであれば、輸入者の与信管理面、事務処理面からも好ましいものではない。そこで、有効期限を経過した信用状で未使用残高のあるものをリストアップして、文書等で輸入者に使用予定があるか確認する。期限延長や信用状金額を増額するのであれば、条件変更依頼書を徴求する。使用予定がない場合も、書面でその旨の依頼を受ける。

　銀行によって取扱は異なるが、少なくとも月1回は、システムによる残高解除の手続きを行う。この手続きをオート・キャンセルまたはバランス・キャンセルと呼ぶ。こうした手続きは受益者の同意を得ているわけではないので、キャンセル後に、受益者から書類が送られてくる可能性があることに留意する。

輸入貨物の到着

信用状発行は輸入取引の前段にあたる。輸出地では、開設した信用状に基づいて、船積が行われ、買取などによって輸出者は金融サービスを受けることになる。買い取られた書類は、クーリエ・サービスなどを利用して発行銀行に送付される。

本節では、到着した貨物の通関、その関連事項および「船荷証券の危機」とその対応を説明し、次節で船積書類の到着を説明する。

① 通関手続き

外国から到着した貨物は、原則として国内の貨物と区別するために保税[注]地域等に搬入され一時的に保管される。輸入者は、保税地域を管轄する税関官署へ輸入（納税）申告書と必要に応じ、外為法などの法令等に基づく許可証・承認書などを提出する。税関長は申告内容の審査と貨物の検査を行う。税関長の行う検査は、関税法以外の法令で定める検査とは別のものである。輸入者は関税・消費税（地方消費税を含む）を納付し税関長の「輸入許可」を得た後でなければ保税地域に置かれた貨物を国内に引き取ることはできない。

近時、輸入申告の手続き、関税等納付手続きには、次項で述べるNACCS（ナックス）が利用され、通関時間の短縮が図られている。

関税等の納付には「納付期限延長制度」があり、銀行の発行する保証状（関税・消費税延納保証）が担保として使われている。

（注）「保税」とは、関税徴収を一時留保した状態をいう。保税地域には、指定保税地域（港湾・空港のコンテナヤード）・保税蔵置場（倉庫・上屋）・保税工場（造船所・製油所）・保税展示場（博覧会・見本市）・総合保税地域（中部国際空港）の5種類がある。この他、税関長の許可があれば他所蔵置許可場所にも外国から来た貨物を搬入することができる。
（注）関税が課せられない貨物が多くなっている。しかし消費税などは課されるので納税の申告は必要になる。

② NACCS

　NACCS（Nippon Automated Cargo and Port Consolidated System）は、船舶・航空機の入出港および貨物について、税関や関係行政機関に対する手続きや、関連する民間業務をオンラインで処理することができるシステムである。従来のAir-NACCS、Sea-NACCS、港湾EDIシステム（国土交通省）、JETRAS（経済産業省）が現在のNACCSに統合され、荷主、海貨業者、非船舶運航業者（NVOCC：Non Vessel Operating Common Carrier）等が参加者に加わって、港湾・空港における物流情報等を総合的に管理できるようになった。輸出入・港湾関連情報処理センター（NACCSセンター）が運営している。

　NACCSの主な機能は、船舶・航空機の入出港および積荷に関する手続き、輸出入貨物の情報（内容、数量、荷姿など）登録・管理、税関官署に対する輸出入申告、関税納付手続などがある。

　関税の納付は、通関業者が輸入者に代わって一旦立替を行い、銀行とのオンラインで、通関業者の口座を引き落として税関の口座に納付するという形態が大半となっている。

③ 関税・消費税延納保証

■ 納付期限延長制度

　輸入貨物は、輸入申告を行い、関税や消費税などを納付しなければ原則として引き取ることはできない。迅速な通関や納税手続きの便宜を図るために、関税・消費税（国税・地方税）の税額等に相当する国債・地方債、金銭、銀行または損害保険会社などの保証書を担保として提供することで関税・消費税（国税・地方税）の納期限を延長する納付期限延長制度がある。通常は、銀行の保証書が利用されており、この銀行保証を関税・消費税延納保証と呼ぶ。

　関税・消費税返納保証の利用は、現金納付に比べ通関業務のスピードアップとなり、後払で資金面の負担軽減などのメリットが輸入者にもたらされる。関税・消費税延納保証は、輸入取引に関連するものであるが、輸入関連保証では

なく、国内の保証として取り扱っている銀行もある。

❷ 納付期限延長制度の種類

納付期限延長制度には、①個別延長方式、②包括延長方式および③特例延長方式の 3 種類がある。

①　個別延長方式とは輸入申告の都度、納期限の延長を申請する方式である。輸入申告ごとに担保を提供し、輸入許可日の翌日から 3 ヵ月以内の納期限の延長が認められるものである。

②　包括延長方式とは、特定月の前月末日までに納期限延長（包括）申請書と担保を提供する。そして、特定月分の輸入申告をまとめて、特定月の末日の翌日から 3 ヵ月以内の納期限の延長が認められるものである。この方式には、1 つの税関官署での輸入に限定する申請の仕方（官署別包括延長方式）と 2 つ以上の税関官署での輸入に係る申請の仕方（一括包括延長方式）がある。

③　特例延長方式とは、AEO制度[注]で承認された特例輸入者が、特例輸入申告制度を利用して引取申告を行った後、特例申告書の提出期限内に納期限延長（特例申告）申請書と担保を提供する。特例申告書の提出期限から 2 ヵ月以内の納期限の延長が認められるものである。特例申告で認められている 1 ヵ月と当制度による 2 ヵ月の延長で合計 3 ヵ月の延長となる。

（注）国際物流の安全性確保と円滑化の両立によって国際競争力を強化するために、貨物のセキュリティ管理と法令遵守の体制が整備された事業者に、税関手続きの緩和・簡素化策を提供する制度である。WCO（世界税関機構）が採択した指針に沿ったものとなっている。

関税等が納期限までに完納されない場合は、保証人が保証債務を履行して関税等の支払にあてることになる（関税法10条 2 項で準用する国税通則法52条 1 項）。また、関税等が納付されたときには、税関長は直ちに担保解除手続きを行う（関税法施行令 8 条の 4 ）。

④ 船積から輸入貨物取引までの貨物・船積書類の流れ

通常、船積から輸入貨物引取までの船積書類の流れはつぎの通りである。

① 輸出者が貨物を船積した後、船荷証券など信用状で要求された書類（船積書類）を輸出地の銀行に呈示する。
② 輸出地の銀行は、信用状条件に基づいて船積書類を点検（5営業日以内）して買取を行い、クーリエ・サービスなどにより、発行銀行宛に船積書類を発送する。
③ 発行銀行でも同様に船積書類の点検（5営業日以内）を行う。
④ 輸入者と書類引渡に必要な手続きが行われ、貨物引取に必要な船荷証券を含む船積書類が輸入者に渡される。
⑤ 輸入者は、船荷証券を船会社に呈示して輸入者は輸入荷物を引き取ることができる。

一方、貨物の流れはつぎの通りである。

① 船積後、貨物は出港し輸出者に貨物引取の権利を化体した船荷証券が交付される。
② コンテナ輸送の普及や高速船の運航によって海上運送が高速化され、近隣国から日本への貨物到着が早くなる。
③ 到着した貨物は輸入者が引き取るまで、船会社の倉庫などで保管される。保管期間中には超過保管料（ディマレージ（demurrage））などの費用が発生する。

　船積証券を含む船積書類の到着より貨物の到着が先行し、船荷証券を船会社に呈示することが遅れることがある。貨物を引き取ることができず保管期間が長くなると、超過保管料などの費用が発生する。輸入者は、できる限り早く、荷物を手に入れ、販売を行い代金を回収したいので、船荷証券の呈示以外の引取方法が検討されるようになった（以下5～9参照）。

⑤ 船荷証券の危機

◼ 船荷証券の危機とは

　近年の高速船など海上運送手段の発達により、特に近隣諸国からの輸入では、銀行に船積書類が到着するよりも早く、輸入貨物が到着することがしばしば発生する。輸入貨物の引き取りに必要な船荷証券は銀行の担保として船積書類と

して送付されるので、到着した貨物の引き取りが遅れ、不要なコストや機会損失が生じる。こうした船荷証券にまつわる問題を「船荷証券の危機（B/L crisis）」という。

2 「船荷証券の危機」への対応方法

「船荷証券の危機」への対応方法として船荷証券の呈示以外の貨物引取方法につぎの方法がある。

- ・輸入荷物引取保証を利用する方法
- ・船荷証券一通を輸入者に直送する方法
- ・船荷証券を廃棄するサレンダードB/L（元地回収方式）とする方法
- ・海上運送状を利用する方法

それぞれの方法を理解するために、「船荷証券が貨物の引取に必要な有価証券であること」また「船荷証券は銀行の担保になっていること」に留意されたい。

⑥ 輸入荷物引取保証（L/G）の利用

1 輸入荷物引取保証

輸入荷物引取保証（L/G：letter of guarantee）とは、輸入者が後日原本を提出することを条件に、貨物を受領する目的で船会社に差し入れる保証状（L/G）に、銀行が連帯保証人として署名したものをいう。保証状（L/G）によって貨物の引取が可能となる。また、輸出者の了解がなくても輸入者側の対応で貨物を引き取ることができる。この保証状（L/G）は、「損害補償契約書」というべきもので、善意の第三者の出現により船会社が損害を負担した場合、その損害を補償することを約したものである。輸入者は、対象となる貨物代金だけでなく、訴訟費用等の発生した損害全てを賠償しなければならない。銀行は輸入者の「補償債務履行」を連帯して「保証」することになる。いわば金額の上限（および期限）のない保証といえる。

（注）船会社の様式では「補償状（L/I; Letter of Indemnity）」とするものが多い。
また、銀行によってはL/GではなくL/Iとしているところもある。

3 輸入取引

② 保証状（L/G）の発行・解除

保証状（L/G）の発行は銀行にとって、輸入者に対する輸入支払債務の見返（求償）債権とは別に船会社に対する債務と同等の輸入者に対する見返（求償）債権が発生することになるので、輸入者への与信となる。そこで与信勘定を起票して管理する。

また、保証状（L/G）の様式には金額・期限の記載がなく無限度・無期限の保証となる。このような保証行為が行われる背景には、船荷証券が善意の第三者から正当に呈示され事故となった事例がほとんどないからである。

なお、信用状の開設時等に近隣国の船積港である場合など、保証状（L/G）発行が発生すると思われるときは、輸入者に事前に確認し、必要な決裁を行っておく。

管理上重要な点は船荷証券が到着すれば、直ちに船会社に持ち込み、保証状（L/G）を回収しなければならないことである。回収した保証状が輸入者から返却されるまでは保証解除の手続きは行わない。

③ シングルL/G

通常、貨物引取にあたって船会社は保証状（L/G）に銀行の連帯保証を要求する。しかし、輸入者に信用力がある場合、船会社は、保証状（L/G）に輸入者の署名だけで貨物を引き渡すことがある。これをシングルL/Gという。こうした行為は銀行が関知しない間に、担保貨物を輸入者が引取・処分することになるため、信義則に反する行為として輸入者および船会社に抗議する。シングルL/Gは、現実には取引先によっては恒常化していることがある。銀行は取引先の実態を把握して、事前に話合をしておく必要がある。

⑦ B/L直送

船荷証券（Bill of lading、以下「B/L」という）(注)原本が届くまで輸入者は貨物を引き取ることができない。書類到着より貨物の到着が早くなり、引取の遅れによって、超過保管料（デマレージ）等の追加コストが発生する可能性が

ある。輸入者は、費用抑制や取引迅速化のため、B/L原本（通常は1通）を直接輸入者に送ることを輸出者に要求することがある。B/Lの原本（オリジナル）は通常3通発行され、「いずれか1通が使用されると、残りは無効になる」旨が記載されている。直送したB/Lで輸入者が貨物を引き取ってしまうと、残りのB/Lを入手したとしても、そのB/Lには価値がなくなってしまう。信用状条件でB/Lを1通でも直接輸入者に送ることを認めれば、輸入与信上の担保である貨物が、輸入者によって銀行の許可なく引き取って使用・販売されてしまうことになる。したがって重要な位置にあるB/Lの担保機能を失うことになる。

　　顧客からB/L直送の申出がある場合、債権保全について総合的に判断のうえ、保証状（L/G）発行と同様に決裁手続をとる。

（注）B/Lはわが国の「商法」に基づく有価証券で（商法757条〜768条）、貨物の引取の際にはB/L原本の呈示が必要となる。通常、3通の原本が発行され、いずれか最初に呈示されたB/L所持人に荷物が引き渡される。

⑧　サレンダードB/L

　　船会社が、通常のB/Lを発行した後、輸出者の依頼により、発行した船荷証券原本の全通に"Surrendered"の印を押し、その全通を回収する取扱を「元地回収」という。

　　輸出者には"Surrendered"の印が押されたFIRST ORIGINALのコピーが証拠として渡される。また、回収した船荷証券をサレンダードB/Lという。"Surrendered"だけでなく"Telex Release"や"Accomplished"と表現されている場合もある。船会社は電子メール等で輸入港の船会社に「元地回収」したことを連絡する。それにより輸入者は、輸入地でB/L原本がなくても貨物を引き取ることができるようになる。

　　一方、銀行の立場からみると、サレンダードB/Lは、元地回収された時点で有価証券としての機能が失われ、荷為替手形の担保としての機能がない。また、「元地回収」の取扱は法律や条約等で規定されたものではなく、慣行としての制度で、事故発生時の紛争解決に問題が生じやすい。信用状でサレンダードB/Lのコピーを要求することがあるが、信用状統一規則では運送書類として規

定されていない。輸入者から、サレンダードB/Lを条件とする信用状開設依頼があれば、担保の効力が失われるので、事前に所管部署の審査・承認を得なければならない。必要があれば、別途、担保提供などの保全策を講じる。

⑨ 海上運送状（Sea Waybill：SWB）

　海上運送状は、貨物の受領書と運送引受条件記載書を兼ね備えたもので、表面記載事項欄も船荷証券と同じである[注]。貨物引取に海上運送状の呈示は必要ない。本船入港前に海上運送状の着荷通知先（Notify Party）に貨物到着通知書（Arrival Notice）が送付される。

　貨物到着案内に荷受人（輸入者・発行銀行）が署名をし、荷受人（Consignee）であることが確認できれば、貨物の引取ができる。到着後すぐに貨物を引き取ることができるので、「船荷証券の危機」対策となる。B/Lと違って有価証券ではないので裏書譲渡はできない。航空運送書類と同様に、信用状条件として荷受人に発行銀行を指定することで貨物を銀行の管理下に置くことができる。この場合、輸入者は銀行に貨物引渡指図書（Release Order：R/O）の発行を依頼し、銀行が署名して、貨物を引き取ることができる。

（注）2020年4月の改正商法には海上運送状に関する条文（770条）が新設された。また複合運送書類についても同様に条文（769条）が設けられた。
　　　なお、輸入者が海上運送状を要求する場合は、あらかじめその旨を決裁票に記載して承認を得る。

信用状に基づく船積書類の到着

本節から第6節までは信用状取引を取引の流れに従って説明する。

① 手形・船積書類の点検

買取銀行から送付されてきた船積書類を信用状条件に基づいて、ディスクレの有無を点検する。ディスクレ判断の基準・解釈は、信用状統一規則（UCP600）や国際標準銀行実務（ISBP745）に従う。元の売買契約などの影響は受けない。呈示された書類に記載された事項のみでディスクレの判断を行う。また、呈示された書類の有効性・真正性について銀行は免責されている。

◢ 点検期間

発行銀行は呈示の翌日から起算して最長5営業日の点検期間が与えられている。

発行銀行はディスクレがなければオナーする義務がある。逆に、ディスクレがある場合には、オナーすることを拒絶できるし、また、オナーすることもできる。

発行銀行は自らディスクレ判断を行う。ディスクレを承諾するか否かについて自行の判断で発行依頼人と相談することも、相談せずにディスクレを承諾することもできる。相談したからといって書類の点検期間（呈示日の翌日から起算して最長5営業日）が延長されることはない。つまり、ディスクレ判断は「呈示の翌日から起算して最長5営業日」以内であることが求められている。

◢ 点検の要点

発行銀行は輸入者から委託を受けた受任者として書類の点検を行う。点検の要点は買取銀行の点検と基本的には同じであり、つぎの通りである。

・書類送付銀行の送達状に記載された書類の明細・通数を点検する。また送付

方法が信用状の指示通りであるか確認する。
- 書類送付銀行の送達状に特別な記載がないかを確認する。
- 指定銀行を特定した場合、その銀行で処理されたものであるかを確認する。
- 支払代わり金の償還方法は信用状の指図通り行われているかを確認する。
- 手形金額が信用状金額範囲内か、手形の記載は信用状要求通りかを確認する。
- 船積期限内に船積されているか、呈示期間内かつ有効期限内に呈示されているかを確認する。
- 信用状で要求した書類が揃っていて、要求した条件を満たしているかを点検する。
  特に、船荷証券などの裏書に不備がないことの点検は重要である。
- 呈示された書類間に矛盾がないかを点検する。

買取銀行などの送付状に、「On approval base」「for collection（URC522準拠文言の有無にかかわらず）」などの記載がある場合でも、信用状統一規則（UCP600）に従って、所定の期間内に点検・ディスクレの通告を行わなければならない（第2章7節②（4）および本章9節参照）。

② 輸入者への到着通知

船積書類の点検が完了すれば、船積書類到着通知（Arrival Notice）を作成し、詳しい内容がわかるように、インボイス1通を添付して輸入者に送付する。この時、つぎの書類も必要により添付する。

- 船積書類受取書/貸渡依頼書
- ディスクレ通知書（輸入者にディスクレの確認・承諾を得るために使用する）
- 外貨建約束手形（本邦ローン等を利用する場合）

③ ディスクレの処理

■ ディスクレの通告

ディスクレがありオナー（または補償）しないと発行銀行が決めた場合は、発行銀行は、書類を送付してきた買取銀行等に、「ディスクレがありオナーし

ない」旨の一度限りの通告（single notice）をしなければならない。複数の
ディスクレが存在すればその全てを明示して一度にまとめて通告しなければな
らない。通告後に新たなディスクレが発見されても二度目のディスクレの通告
はできない。

　ディスクレの通告はスイフトなど速い伝達手段によって、呈示日の翌日から
起算して5銀行営業日以内に行う。書類の点検期間と一致している。実務では、
スイフトMT734（Advice of Refusal）が使用されている。

❷ ディスクレの通告の記載事項

　ディスクレの通告は、次の事項を記載しなければならない。

（1）支払等の拒絶

　「ディスクレがあり拒絶する権限を留保する旨の宣言」（ディスクレの通告）
を行う。通告せずに通告期間（書類呈示日の翌日から5営業日以内）を過ぎれ
ばディスクレによる拒絶はできなくなる（承諾したとみなされる）。

　通告にあたっては、単なる書類の受領通知かどうか判断に迷う表現をしては
ならない。

　ディスクレがあっても支払うことはできるので、手形小切手の「不渡通知」
ではない。この場合、ディスクレの通告を省略することもできる。省略しても、
後述のディスクレ手数料を請求することは可能だが、別途ディスクレの内容を
通知しなければならない。

（2）存在した全てのディスクレ（MT734 Field：77 J）

　一度限りの通告であることを十分意識しなければならない。軽微なディスク
レは通告しなくとも構わないが、後日、それを理由に拒絶することはできなく
なる。

（3）船積書類の取扱について（MT734 Field：77 B）

　下記の4種類の処理より1つを記載する。

　①　書類送付銀行からの指示待ちで、書類は保管中（コードワード：/HOLD/）。
　　　書類送付銀行からの書類返却要求、書類の差替え等の対応待ち状態。
　②　輸入者がディスクレを承諾し発行銀行もそれを了解した場合、または書類
　　　送付銀行からの指示を受領した場合のいずれか早いほうがあるまで書類は保

管中（コードワード：/NOTIFY/）。

　①と比べ、書類送付銀行の指示より先に「発行依頼人のディスクレ承諾と発行銀行の承認」をも認めるものである。欧州で書類送付銀行の指示が到達する前に、輸入者の承諾で書類を引き渡したため、転売を予定していた書類。送付銀行との間でトラブルが多発したことを受けて手当された。従来の支払拒絶権を留保するためのファースト・アンペイドと同様の趣旨を持っている

③　書類は返却した、あるいは返却手続き中である［完全なunpaid］（コードワード：/RETURN/）。

④　書類送付銀行の書類送付状（カバーレター）に記載された「拒絶時の処理」に関する指示に従って処理をする（コードワード：/PREVINST/）。

③ ディスクレの通告の留意点ほか

　ディスクレの通告を期間内（呈示日の翌日から起算して5営業日以内）に行わなければ、「書類にディスクレがあった」旨の主張ができなくなる。つまりディスクレによる支払拒絶ができなくなり、支払うしかなくなる。

　書類の取扱いに関して書類送付銀行の指示が遅い場合、発行銀行は指示を待たずに返却することができる。どれくらいの期間保管するかは各銀行の規定に従う必要がある。

　リンバース方式の信用状で、発行銀行のディスクレ判断の前に買取銀行が補償請求を行い補償を受けているときは、発行銀行は買取銀行に対し、実行された補償金額に利息を付して償還を請求する権利が与えられている。

④ 貨物引渡後のディスクレによる支払拒絶

　信用状取引で船積書類未着であるが、荷物引取保証（L/G）や航空貨物貸渡（Air T/R）などによる貨物引取が行われ、既に輸入者が貨物を引き取っている場合、到着した船積書類にディスクレが発見されてもディスクレを理由に支払拒絶はできない。

　信用状統一規則（UCP600）では、ディスクレとして支払拒絶することは可能である。しかし、輸出者から書類の返還や貨物の返還を要求されても、返還できなくなっているため、場合によっては、銀行が損害賠償を負担する。

　こうしたことから信用状取引約定書11条②において、引渡を受けているときは、ディスクレによる支払拒絶はできないことと定めている。

5 B/L直送を認めた信用状に係る船積書類のディスクレによる支払拒絶

　B/L直送など、輸入者の指定先に送付することを信用状条件として定めている場合、同信用状に係る船積書類にディスクレがあった場合は、信用状統一規則（UCP600）の規定に従って、支払拒絶することができる。この時、銀行は銀行に呈示された書類のみを書類送付銀行に返送すればよいことになる。輸入者は、B/L等直送された書類を回収し、自ら輸出者に返送しなければならない（信用状取引約定書10条⑤）。返送できない場合は、輸入者が損害賠償の責任を負うことになる。

6 ディスクレ手数料

　ディスクレによる支払拒絶通告の発信、依頼人へのディスクレ通知や諾否の管理等で追加的に発生する事務費用を賄うために設定された手数料で、支払金額から差引される形で輸出者が負担する。

　この手数料は、あくまでも事務費用を賄うものであるため、ディスクレ抑制のためのペナルティーではない。また、この手数料の支払によって、ディスクレが応諾されるものでもない。輸入者がディスクレを承諾したとしても、書類差替等によりディスクレが解消したとしても、また、ディスクレ通告前に支払がなされたとしても、事務費用が発生していればディスクレ手数料はかかる。

　ディスクレ手数料は、銀行によって設定額は異なるが、ディスクレのある1呈示あたりおよそ50〜60米ドル程度である。ディスクレ手数料のように、信用状による請求金額（買取額）から差し引かれる可能性のある手数料については、信用状の中にその名目と金額（あるいは料率）を明示すべきであると国際商業会議所（ICC）の公式見解が出ている。

　また、ディスクレがあるがディスクレ通告せず支払った場合は、ディスクレ通告に替えて、支払通知（Payment Advice）などにディスクレの明細を記載して買取銀行に伝えるべきとの国際商業会議所（ICC）公式見解もある。

第5節 信用状に基づく輸入決済（輸入金融）

① 一覧払輸入決済・直はね

⬛ 一覧払輸入決済

　一覧払条件の信用状に基づいた船積書類が到着すると、船積書類到着案内を輸入者に送付して、直ちに決済を求めることになる。

　外貨建て一覧払輸入為替を円で決済する場合には、一覧払輸入手形決済相場または売予約相場に立替期間金利を上乗せした相場で換算した円貨代わり金を受け入れて決済する。回金方式の信用状では、一覧払輸入手形決済相場を使わずに、電信売相場とすることもある。円決済以外にも、外貨資金で決済することもできる。

　輸入決済が完了すれば船積書類に送達状を付けて輸入者に交付する。そして輸入者から（船積書類等）受取証を徴収する。船積書類交付時には、船荷証券の裏書の連続を確認して輸入者宛に裏書を行う。

⬛ 直はね（輸入手形決済円資金融資）

　一覧払条件で貨物を輸入した輸入者に、外貨で輸入ユーザンスを供与するのではなく、輸入手形決済資金を一定期間、円貨で融資を行う方法のことを「直はね」と呼ぶ。円による居住者間の貸付なので、輸入ユーザンスではなく、通常の国内融資として扱われる。

　従来、外貨による輸入ユーザンスを利用していた輸入者が「直はね」などの円金融を利用するようになることを「円シフト」と呼ぶ。

② 輸入ユーザンス（信用状ベース）

　ユーザンスとは、本来、決済猶予または手形期間のことである。決済をその期間中猶予することを「ユーザンスを供与する」という。ここでは、ユーザン

スの供与方式について、「本邦ローン方式」の本邦ローン、異種通貨ユーザン
ス運賃、保険料ユーザンス、および、「アクセプタンス方式」の他行アクセプ
タンス、自行アクセプタンスについて説明する。これらのユーザンスは、与信
の供与主体が銀行となっており、後述（本章第10節参照）のシッパーズ・ユー
ザンスに対し、バンク・ユーザンスという。

③ 本邦ローン方式

◼ 本邦ローン方式とは

　一覧払条件の信用状に基づく船積書類等が本邦に到着した段階で、発行銀行
は、自らの外貨資金によって対外決済を済ませ、その時点では輸入者に決済を
求めずに、輸入者から外貨建ての約束手形を徴求して、手形の期日まで支払を
猶予する輸入ユーザンスの方式を、本邦ローン方式（取立外国為替、邦銀ユー
ザンス、自行ユーザンス）という。本邦の銀行がユーザンス供与の主体となる
外貨輸入金融は多くがこの方式によっている。

　決済猶予を認める一方、船積書類はT/R手続き（本章第 6 節参照）を行って
輸入者へ引き渡し、担保である荷物の使用を認める。そして期日には輸入者か
ら弁済を受けて本邦ローンを回収する。

　本邦ローン方式は、信用状ベースの輸入だけでなく、信用状なしのB/Cベー
スの場合でも利用でき、シッパーズ・ユーザンスのような期限付きB/Cの決済
も本邦ローンにつなぐことができる。輸入貨物代金だけでなく、運賃・保険料
の決済についても本邦ローンが利用できる。対外決済通貨と異なる通貨でユー
ザンス供与ができる異種通貨ユーザンスなどその利用範囲は極めて広いもので
ある。

◼ 本邦ローン手形（償還手形）

　事務的には、輸入為替到着処理時に作成した船積書類到着案内等にインボイ
ス 1 通を添付して、輸入者に交付するとともに、外貨約束手形を輸入者から徴
求する。この手形を本邦ローン手形という。これは発行銀行が対外支払により
取得した外貨債権の期日償還を確保するための手形であり「償還手形」と呼ぶ

こともある。

 異種通貨ユーザンス

1 異種通貨ユーザンスとは

　異種通貨ユーザンスとは、本邦ローン方式によるユーザンスの一種で、当該輸入為替の対外決済通貨と異なる通貨で輸入者に対してユーザンスを供与することをいう。当該輸入為替の決済通貨建てによる本邦ローンが金利面で割高となる場合や為替銀行の当該外貨調達が困難な場合に、輸入者が為替リスク管理しやすい通貨に統合することなどを目的として行われる。通常は、米ドル以外の通貨建て輸入を、米ドル建てとしてユーザンス供与するケースが多い。なお、異種通貨ユーザンスは信用状付輸入為替だけでなく、信用状に基づかない輸入取立為替や送金ベースの本邦ローンなどにも使われる。

2 ユーザンス供与金額の算出

ユーザンス供与金額（変換後の通貨）

$$=輸入為替決済金額（対外決済通貨建て）\times\frac{対外決済通貨の一覧払輸入手形決済相場}{ユーザンス供与通貨の仲値}$$

　ユーザンス供与金額算出の基本的な考え方は、当該輸入為替の一覧払輸入手形決済に要する円貨額に相当するユーザンス供与通貨を電信仲値により調達して、その資金を輸入者にユーザンス供与するというものである。

　送金ベースによる信用状付輸入為替、輸入B/Cの場合には、決済に要する円貨額は、当該輸入為替金額に電信売相場を乗じた金額となる。上記算式の「一覧払輸入手形決済相場」を「電信売相場」に読み替えることになる。

⑤ 運賃・保険料ユーザンス

　FOB建てで輸入する場合、輸入に伴って発生した運賃や保険料を貨物代金とは別に輸入者が支払うことになる。外貨建て運賃・保険料支払の外貨資金を本邦ローン方式でユーザンス供与することを運賃・保険料ユーザンス（フレイ

ト・ユーザンス：Freight Usance）^(注)といい、輸入者に対する与信行為となる。

　運賃・保険料ユーザンスの期日は、貨物代金の本邦ローンの期日までとなる。本邦ローンと同様に、外貨建て手形の差入を受ける。また、船会社の発行する運賃支払請求書または保険会社の発行する保険料支払請求書によって、金額と外貨代わり金の振込先を確認して取り扱う。ユーザンス供与した外貨代わり金は、船会社または保険会社の外貨預金口座へ直接振り込むことになる。

（注）CIF建て輸入では、既に貨物代金に運賃・保険料が含まれているので、決済代金のユーザンス供与で、運賃・保険料の支払猶予が行われているため、運賃ユーザンスは発生しない。

⑥　アクセプタンス方式

　信用状に基づいて輸出者が振り出した期限付為替手形の名宛人が、海外のコルレス銀行、または、自行となっている場合のユーザンス供与である。

❶ 他行アクセプタンス

　輸出者は、期限付き為替手形の名宛人である海外のコルレス銀行に、手形を引受・割引してもらうことによって、直ちに代金を回収することができる。一方、輸入者は代金決済を手形の満期日まで支払猶予（ユーザンス）を受けることができる。輸入ユーザンスの一種で、アクセプタンス方式と呼ばれている。なお、この取引を行うには、コルレス先に自行の引受・割引に関するクレジット・ラインを設定してもらう必要がある。発行銀行は自らの資金を使わずに海外のコルレス銀行の資金を利用して輸入者に与信供与ができる。わが国銀行の外貨資金調達能力が向上した近年、あまり利用されていない。

　輸入為替が到着した時に、船積書類到着案内にインボイス 1 通を添付して輸入者に届ける。そして、振出人が依頼人で銀行を受取人とする約束手形を徴求する。この手形を「見返手形」という。発行銀行の引受銀行への確定補償債務に対する見返りとして依頼人から徴求する手形だからである。「見返手形」の金額と期日は、引受銀行が引き受けた期限付き手形と一致させなければならない。期日がわが国の銀行休業日となるときは、翌営業日ではなく前倒して、前

営業日を期日とする。

本邦ローンと同様に貸渡も行われ、期日には決済日の電信売相場（または売予約相場）で決済する。

2 自行アクセプタンス

買取銀行は、期限付き為替手形の名宛人である発行銀行に引受のため呈示する。引受を行った発行銀行は手形の期日に買取銀行に支払を履行する。一方、輸入者は代金決済を手形の満期日まで支払猶予（ユーザンス）を受けることができる。

手形や船積書類が到着した時に、船積書類到着案内にインボイス1通を添付して輸入者に届ける。そして、振出人が依頼人で銀行を受取人とする約束手形を徴求する。この手形は、発行銀行の買取銀行への確定補償債務に対する見返りとして依頼人から徴求するもので、「見返手形」という。「見返手形」の金額と期日は、発行銀行が引き受けた期限付き手形と一致させる。期日はわが国の銀行休業日の場合、翌営業日となる。

本邦ローンと同様に貸渡も行われ、期日には、決済日の電信売相場（または売予約相場）で決済する。なお、邦貨建て期限付手形を当所引受手形という。円建てのユーザンスとなるが、国内融資が利用されることが多く一般的に利用されていない。

⑦ 跳ね返り金融

輸入跳ね返り金融とは、輸入ユーザンス手形決済のためにする円資金の金融のことをいう。輸入商品販売・回収までに長期間を要し、ユーザンス手形の期日までに代金回収ができずに、輸入手形決済資金の円金融が必要となる場合に利用される。輸入与信取上げ時に要否を検討するべき事項である。

融資は、手形貸付または販売代金回収した手形の割引によって行われる。融資期間は販売条件によるが、通常は2〜3ヵ月である。これを超える場合には、特殊事情があるので十分な調査が必要である。取引先の資金繰り計画において、本当に必要な資金なのか、他の資金への流用の可能性がないかを調査する。

貸渡

① 貸渡とは

　貸渡（Trust Receipt：以下「T/R」という）とは、譲渡担保である輸入貨物を「輸入荷為替付属書類・付帯貨物貸渡依頼書」と引換に銀行が輸入者に貸し渡すことをいう。

　T/Rは新たな与信債権の発生にはならない。しかし、担保貨物が銀行の手を離れて、輸入者から第三者へと移っていくため、重大な保全条件の変更となり、審査が必要である。実務では、信用状開設時にT/R要否を合わせて審査する。また、T/Rについては、前述の「輸入担保荷物保管に関する約定書」の規定が適用される。

　発行銀行は、貨物に対する担保権を留保したまま、担保物を輸入者に貸し渡す。その際、輸入者を銀行の代理人として、陸揚、通関、付保、運送、倉入または自家保管および所定の売先へ売却することを認める。T/Rにより、輸入者は貨物を速やかに販売することができ、その売却代金で輸入ユーザンスの決済に充当することになる。銀行にとっても、貨物の処分を輸入者に委ねて、ユーザンス期日に確実に決済されれば足りるわけで、銀行の利益にも合致することになる。もともとT/Rは「輸入荷物保管証」そのもののことであるが、「輸入荷為替付属書類・付帯貨物貸渡依頼書[注]」を徴求して手形決済以前に当該船積書類およびその化体する貨物を貸渡す行為自体をT/Rと呼んでいる。

　実務上の必要性から広く行われるようになった契約で、法律上の規定はない。また、判例・学説とも確立されたものはない。

（注）実務では、「輸入荷為替付属書類・付帯貨物貸渡依頼書」は独立した書類ではなく、船積書類等の「受取証」と一体となったものが使用されている。

② 海上運送等のT/Rと航空運送のAir T/R

　T/Rには、通常（海上運送等）のT/Rと航空輸送の場合のAir T/Rがある。

■ 海上輸送等のT/R

　通常、本邦ローン等を供与する際に担保貨物の売却まで輸入者に認め、本邦ローン等を円滑に回収できるようするためにT/Rが行われる。

　信用状なし取引に、本邦ローンを適用するときには、担保として輸入荷物の差入が必要であるが、これについて輸入担保保管に関する約定書1条2で、「改めて担保差し入れの手続きを要せず」と規定している。

　輸入者から「輸入荷為替付属書類・付帯貨物貸渡依頼書兼受領書」を徴求する。本邦ローン等の外貨建約束手形も併せて徴求する。なお、一般にT/Rといえば、海上輸送等のT/Rを指す。

② 航空輸送のT/R（Air T/RまたはAir Way T/R）

　輸入貨物が航空便で到着した場合で、書類が新銀行に到着していないときに行うT/Rである。一般にAir T/Rと呼ばれている。輸入者から「輸入荷為替付帯荷物貸渡依頼書（航空貨物・郵便貨物）」を徴求して行う。海上運送等のT/Rと基本的に異なる点は、「後日、未着書類が到着したときには、必ず手形金額を支払う」旨の文言が入っていることである。到着した書類にディスクレがあっても、貸し渡した以上、ディスクレを理由に支払拒絶できない。輸入荷物引取保証（L/G）にも同じ趣旨の約定文言が入っている（輸入担保保管に関する約定書1条4）

　「輸入荷為替付帯荷物貸渡依頼書（航空貨物・郵便貨物)」に基づき、航空運送会社等に「リリース・オーダー（Release Order）」を発行して輸入者に交付する。これによって貨物が輸入者にわたる。

　書類が未着のため「リリース・オーダー（Release Order）」の発行時には、信用状金額や、貨物の明細等を顧客から提出を受けた資料で十分に確認しなければならない。

（参考）T/R には、輸入者に貨物の陸揚げ・倉入れ・売却処分まで認める「甲号貸渡(単に
　T/R)」、貨物の陸揚げ・倉入れだけで売却を認めない「乙号貸渡」、航空貨物に使用され
　る「丙号貸渡(Airway T/R)」があります。「乙号貸渡」は売却を認めないため輸入者に
　とって使いづらく実務で使われることはありません。このほかにも、「特甲号貸渡」が
　あります。これは「甲号貸渡(単にT/R)」依頼書に「担保差入」の約定文言を追加した
　もので、「輸入担保荷物保管に関する約定書」を差入れないB/C ベースの取引で用いら
　れます。

輸入B/C取引

本節から第10節までは、信用状なしの輸入B/C取引について流れに従って説明する。

① 輸入B/C取引

海外の銀行から代金取立のために送付されてくる信用状に基づかない手形・船積書類等を支払人（輸入者）に呈示して輸入代金や取立書類を引き渡す一連の決済の仕組みを信用状なし輸入為替という。実務では輸入B/C（Bill for Collection）という。

輸入B/C取引における仕向銀行と取立銀行の関係はコルレス契約に基づくものである。法的には、仕向銀行を取立依頼の委任者とし、取立銀行を委任内容に基づいて輸入者に手形の支払・引受を求め、書類引渡と、取立代わり金を送金する受任者とした委任関係といえる。

1 取立銀行

取立銀行は、仕向銀行の指図に忠実に従い、善良な管理者としての注意をもって委任された行為を行う義務がある。事務処理にあたっては、この点を十分念頭に置き、義務と責任の範囲を明確にしておかなければならない。

委任された行為の内容は仕向銀行の取立指図に記載されている。この取立指図の内容を理解して行動することが最重要ポイントとなる。

2 約定書

通常、信用状なし取引（取立）は、与信を伴わないので、約定書は徴求しない。ただし、与信を伴うときは、「取引約定書」「輸入担保荷物保管に関する約定書」、荷物引取保証（L/G）が発生するときは「支払承諾約定書」を徴求する。

② 取立統一規則（URC522）

　輸入B/Cの取引には「取立統一規則（URC522）」が実務上重要な国際ルールがある。

　主な内容はつぎの通りである。

- ・取立指図に含まれるべき情報内容が詳細に規定されている。指図を探すために個々の書類を点検する義務を負わない。指図は取立指図の中に全て記載しなければならず取立指図が重要な位置づけとなっている。
- ・銀行は、取立指図に従ってのみ行動する。取立指図の中で異なる権限が与えられていない限り、取立銀行は取立書類を送付してきたもの以外からの指図を無視する。
- ・取立銀行や支払人に約束手形、支払確約書などの作成を指図するときは、仕向銀行が、その形式や記載文言を提供しなければならない。
- ・物品に関して明確な指図がある場合であっても、取立銀行に物品の保全措置を講じる義務はない。
- ・書類の有効性について銀行の免責規定が設けられた。
- ・他に合意がない限り、取立銀行は取り立てた金額を仕向銀行（受取人）に支払うことが定められた。
- ・呈示銀行は、支払（引受）拒絶の通知日後60日経っても仕向銀行から指示を与えられなかったときは、送付銀行に書類を返却できる。

③ 取立指図：取立条件（D/P・D/A）の種類と取扱上の留意点

　D/P（Documents against Payment：支払渡し）条件とは、手形の支払と引換に船積書類を渡す条件である。D/A（Documents against Acceptance：引受渡し）条件とは、手形の引受と引換に船積書類を渡す条件である。取立指図にはD/P条件かD/A条件か明示する。

　輸入B/C取引で、取立銀行（被仕向銀行）の取扱上の留意点はつぎの通りである。

3

輸入取引

① 船積書類の引渡条件（D/P条件またはD/A条件）
・取立指図に、D/P条件、D/A条件のいずれの明示もないときは、D/P条件として取り扱う（取立統一規則（URC522）7条b）。
・D/P条件で期限付手形の場合は、書類送付銀行に照会したうえで取り扱う（取立統一規則（URC522）7条a）。
② 手形期間（一覧払手形と期限付手形）
・手形期間と引受条件とは密接な関係にある。
・一覧払手形（At sight, A/S手形）は、D/P（支払渡し）条件となる（D/P・A/S）
・期限付手形（Usance手形）は、通常、その手形期間だけ輸入者は支払を猶予され、その間輸出者が信用を供与することになるので、シッパーズ・ユーザンス手形ともいう。満期の表示には、①一覧後定期払い、②日付後定期払い、③確定日払いの3つがある。
・期限付手形（Usance手形）は、D/A（引受渡し）のものが多いが、D/P条件のものもある。これをD/Pユーザンスという。D/Pユーザンス手形について、取立統一規則（URC522）7条aには「そのような手形を含むべきではない」と規定しているが、取立指図に従って期日に決済が行われるまでは書類の引渡は行わない（取立統一規則（URC522）7条c）。

④ 取立指図：その他

❶ 利息徴収に関する指図

　売買契約で利息が手形支払人負担の場合に、その利息の適用利率と期間を明示して手形支払人からの利息の取立を求める指図である。取立指図に「利息の取立を放棄してはならない」旨が明示してある場合は、たとえD/A条件で手形本体の引受があっても、手形支払人が利息の支払を拒絶したときには、取立銀行は、手形支払人にその書類を引き渡すことはできない（取立統一規則（URC522）20条c）。

❷ 手数料など諸費用に関する指図

　取立手数料など諸費用を手形支払人が負担する場合の指図である。取立指図に「取立手数料などの諸費用の取立を放棄してはならない」旨が明示してある

場合、手形支払人がその支払を拒んだときには、取立銀行は手形支払人にその
書類を引き渡すことはできない（取立統一規則（URC522）21条ｂ）。

　取立指図に「取立手数料などの諸費用の取立を放棄してはならない」旨の明
示がない場合、取立手数料を取り立てずに、手形支払人にその書類を引き渡す
ことができる（取立統一規則（URC522）21条ａ）。

❸ 引受・支払の拒絶証書（Protest）作成の要否に関する指図

　引受・支払拒絶時の拒絶証書（Protest）作成の要否を取立銀行に指図する
ものであり、明確な指図がないときは、取立銀行は作成手続きを行う義務はな
い。また、拒絶証書の作成は、手形呈示銀行（支払人に手形を提示する銀行で
あり、取立銀行と異なるときもある）が法定の作成期間内に公証人に依頼する
必要がある（取立統一規則（URC522）24条）。拒絶証書作成の指図を受けた
が作成を怠り、仕向銀行などの手形における遡及権が失われ損害が生じれば、
取立銀行は仕向銀行などから損害賠償請求を受けることになる。指図の有無は
十分に留意しなければならない。

❹ 物品の保全に関する指図

　引受・支払拒絶時の関係貨物の保全のために、倉入、保管あるいは付保の手
続きを取立銀行に求める指図である。取立銀行はそのような指図に応じず、貨
物に関して何の措置を講じる義務がない。また、仕向銀行にその旨を通知する
義務もない（取立統一規則（URC522）10条ｂ）。

❺ 輸出者の代理人に関する指図

　支払拒絶などの場合の連絡先として、あらかじめ輸出者が代理人を指定して
くることがある。代理人の権限の範囲を確認しなければならない（取立統一規
則（URC522）25条）。

　代理人の権限は明確かつ十分に指示されるべきであるとしており、このよう
な指示がない場合には、銀行はその代理人からのいかなる指図も受理しない。

６ 引受・支払通知および拒絶時の通知方法に関する指図

　引受・支払時の通知方法（郵便・電信）としては、取立銀行が行い、引受・支払拒絶時の通知方法（郵便・電信）としては、呈示銀行が行う。また、取立指図に従って遅滞なく通知しなければならない（取立統一規則（URC522）26条）。

７ 取立代金の送付方法の指図

　取立代金の入金先の指定、送金方法（郵便・電信）を指図し、取立指図に従って遅滞なく支払う（取立統一規則（URC522）16条）。

⑤ 銀行宛に送付された貨物の取扱

　航空貨物の場合には、事前の同意を取り付けることなしに、取立銀行を荷受人として仕向けられる場合が多い（事前に同意を求めてくるケースは少ない）。
　取立銀行には貨物を引き取る義務がない。貨物についての危険と責任は輸出者側にある。仕向銀行からの取立指図が来るまではいかなる行為も慎まなければならない。取立指図を受け取ってから、格別の支障がない限り、その指図に従って取り扱う（取立統一規則（URC522）10条）。

輸入B/C取引の輸入貨物到着

① 通関手続き

信用状取引と変わりなく、同じ手続きをとる（本章第3節参照）。

② T/R

T/Rについては信用状取引と同じ手続きをとる（本章第6節参照）。ここではD/P・D/A取引に特有の問題点について説明する。信用状取引と、D/P・D/A取引の違いは、書類到着時の取扱について、前者では事前に対処できるが、後者では受け取って初めてわかるという点にある。

1 輸入B/C取引のAir T/R

航空輸送された貨物が輸入地の銀行（取立銀行、呈示銀行）を荷受人として到着した場合、輸入地の銀行は、当該貨物に関する書類が自行に送付されてくるのか、また、取立指図書がどのような取立条件となっているか、信用状取引とは違って、それらの情報を知ることはできない。また、輸入者による手形引受または支払もされていない。こうした状況で輸入地の銀行が行う輸入B/C取引におけるAir T/Rとは、輸入地の銀行が自らの責任で輸入者に荷物を貸渡すという極めてリスクが高いものである。したがって、原則として取り扱わない。

貨物の所有権は、輸入者によって決済されるまで、輸出者または仕向銀行に属している。輸入地の銀行（取立銀行）が勝手にこれを処分した場合、仕向銀行に損害賠償する義務を負わなければならない。やむを得ず取り上げる場合は、仕振がよく与信上懸念のない先で、事情が明確なときに限って行う。書類が必ず自行を経由することを確認し、プロフォーマ・インボイス（Proforma Invoice）などで内容を確認したうえで、「輸入荷為替付帯荷物貸渡依頼書（航空貨物・郵便貨物）」（Air T/R依頼書ともいう）とともに外貨建約束手形を徴

求したうえで実行する。また、輸入者への与信となるので、審査手続きが必要である。

② D/PユーザンスのT/R

期限付き輸入手形でD/P条件のもの（D/Pユーザンス）がある。この場合、書類が到着しているのに、手形上の期日が到来していないことになる。そこで輸入者から支払前ではあるが船荷証券の貸渡を依頼されることがある。

D/P条件にもかかわらず、銀行の責任で支払前に船荷証券を引き渡すという変則的なもので、仕向銀行に対する賠償責任を負うことになる可能性がある。こうしたケースでは、原則として、仕向銀行にD/P条件からD/A条件に変更を依頼すべきである。

しかし、時間的に余裕がない場合で輸入者の信用度が高く、やむを得ない場合に限り輸入者に取立手形の引受を求め、審査手続きを行う。

③ 輸入B/C取引の荷物引取保証（L/G）

海上運送で、貨物が到着しているにもかかわらず、船積書類が未着のため、輸入者がL/Gを依頼してくることがある。

自己の所有物でない他人の貨物を手形未引受かつ輸入者による支払前に、勝手に引き渡す行為で、仕向銀行の取立指図を全く無視したものである。もし損害が発生したら損害賠償しなければならない。

前述の輸入B/C取引のAir T/Rと多くの点で共通しているが、よりリスクが高く、一般的には回避すべき取引である。

L/Gは「船会社に後日B/Lを必ず提出することを約束して貨物を引き取るもの」である。輸入B/C取引のAir T/Rでは航空会社からのリリース・オーダーが自行に送られてくることから一応自行が取立銀行である確信を持てる。しかし、輸入B/C取引のAir T/Rと違い、取立委任のために自行に送られてくる確証がない点に留意しなければならない。

与信行為となるので、取上げにあたっては審査手続きを行う。

輸入B/C取引の船積書類到着

　輸入B/Cの決済時には、外為法上の支払規制に抵触しないことを確認しなければならない。そのため、輸入B/Cを受け付けたときに、「原産地」「船積港」などの必要情報を把握する。また、必要情報の真偽に疑いがある場合等には、契約書等の輸入取引に係る資料の提出を求め、送付された船荷証券等によって確認を行うことが必要である。

　また、上記取引の相手方が資産凍結等経済制裁対象者ではないことを確認しなければならない。

① 手形・書類の点検

　輸入B/Cが到着したときは、最初に仕向銀行の取立指図（collection instruction）が自行宛のものであることを確認する。次いで、送付状に記載された書類とその通数が揃っているかを確認する。確認の結果、不一致があった場合は、直ちに書類を送付してきた銀行（以下「仕向銀行」という）に通知する。また、併せて取立指図の内容を点検し、あいまいな点や不明瞭な点については仕向銀行に照会しなければならない。

　なお、取立銀行（呈示銀行）は受け取ったままの書類を輸入者に呈示すればよく、書類そのものの点検は不要である（取立統一規則（URC522）12条）。また、取立指図の情報を得るために書類を点検する必要はない。

② 輸入者への到着通知

　輸入B/C到着案内（Arrival Notice of Collection）に、インボイス１通と書類の受領書を添付する。また、D/Aのときは手形も添付して輸入者の引受を受ける。なお、本邦ローンの利用が決まっているときは、外貨建約束手形なども送付する。

③ 支払・引受拒絶

　輸入B/Cの支払・引受のため呈示した際、輸入者が支払・引受を拒絶、あるいは支払延期を申し出ることがある。そのような時は、輸入者から拒絶理由を付した書面を徴求する。そして、取立銀行は、仕向銀行の指図に忠実に従って受任者としての義務を履行するため、遅滞なく支払・引受拒絶の事実とその理由を仕向銀行に通知しなければならない。通知の方法は取立指図に従って電信または郵便で行う。

■ 拒絶証書の作成

　拒絶証書というのは、「手形上の権利を行使・保全するために必要な行為を行ったこと」および「その結果」を証明する公正証書である。支払・拒絶の事実を利害関係者に立証する目的で作成される。

　拒絶証書（Protest）の作成が、取立指図に記載されているときは、拒絶証書を作成しなければならない。明確な指図がなければ、作成する義務はない。

　拒絶証書は手形支払地国の法律によって作成される。よって、輸入B/Cのときは、日本の法令に従って作成する。実務では、拒絶された場合、手形法（44条）で定められた作成期間（図表３－１）にかかわらず、即日、拒絶証書作成手続きを行う。拒絶証書の作成は公証人が行う（第３章７節④ ❸ 参照）。

（注）輸出の場合の取扱は、「第２章８節⑧拒絶証書」を参照のこと。

●図表３－１　日本の手形法44条の拒絶証書作成期間●

	支払拒絶	引受拒絶
一覧払	振出日から１年、または振出人が定めた期間内	手形の振出日から１年以内
確定日払 日付後定期払 一覧後定期払	支払日、またはこれに次ぐ２営業日内	満期までの日

2 取立書類の措置

　支払・引受拒絶通知後、60日以内に書類の取扱について仕向銀行から指示がない場合は、書類を仕向銀行に返却することができる。

3 関係貨物の保全

　取立指図に関係貨物の保全に関する指図がある場合は、その指図に従って貨物の保全措置を取る。明確な指図がなければ、何の措置も講じる義務はない。

　また、拒絶通知後に指示があった場合は、その指図に従う。

　取立指図に代理人（case-of-need）とその権限が指定されているときはその権限の範囲内で代理人の指示に従う。

3

輸入取引

輸入B/C取引の決済

① 一覧払B/C決済

　一覧払輸入B/C（D/P）の到着案内を輸入者に送付し、支払を求める。輸入者から支払の申出があれば、船積書類の受取書を徴求して、輸入者の預金口座を引き落とす。そして、取立指図に指定された送金方法によって、仕向銀行の口座に送金する。また支払通知（Payment Advice）も取立指図の指定に従って行う。

　支払が完了したことを確認して、船積書類、済手形および輸入者宛に裏書をした船荷証券（ある場合）を輸入者に交付する。航空貨物の場合は、リリース・オーダーに署名して交付する。本邦ローン等を利用するときは、外貨建約束手形等を徴求する。

② 期限付きB/Cの引受と期日決済

■ 引受時

　期限付手形輸入B/Cの到着案内とD/A手形1通を輸入者に送付し、手形引受のための呈示を行う。輸入者による引受があれば、引受済みのD/A手形1通と船積書類の受取書を徴求する。そして、取立指図に従って仕向銀行宛てに引受通知（Acceptance Advice）を行う。

　手形の引受は、通常、手形裏面に次頁図表3-2のように記載して支払人が署名することで行われる。

●図表３－２　手形裏面の書名●

Accepted on	:	（引受日）
Due on	:	（満期日）

支払人の署名

Authorized Signature

引受が完了したことを確認して、船積書類、済手形および輸入者宛に裏書をした船荷証券（ある場合）を輸入者に交付する。航空貨物の場合は、リリース・オーダーに署名して交付する。また、引受された手形は、満期まで保管し、期日管理を行う。

引受によって、①支払人は手形所持人に満期日に手形金額を支払する義務を負うことになり、また②呈示する手形は未完成の手形なので、取立依頼人・手形所持人は支払人の引受によって初めて手形上の権利を取得したことになる。

2 満期時

支払人に連絡を取って支払を依頼し、支払の処理は一覧払B/C決済の処理に準じて行う。また、支払通知も同様に行い、支払済みの手形は輸入者に返却する。

③ 輸入ユーザンス（取立ベース）

1 シッパーズ・ユーザンス

輸入者が、海外の輸出者（シッパー）から直接に信用供与を受けて、輸入貨物代金の支払猶予を受けることを「シッパーズ・ユーザンス」という。仕組みとしては、国内取引における企業間信用のようなもので、売主（輸出者）による買主（輸入者）への与信行為といえる。

シッパーズ・ユーザンスは、後払い送金方式と期限付手形取立方式（D/A）の２つに大別される。狭義には、期限付手形取立方式のみをシッパーズ・ユーザンスと呼ぶ。

期限付手形の名宛人は輸入者となる（信用状取引では、発行銀行など銀行が名宛人となる）。輸入地の呈示銀行が、輸入者にD/A手形を引受のため呈示し、引受と引換に船積書類を引き渡す。そして手形の満期日に輸入者から支払を受けて代り金を仕向地銀行に送金する。輸入者にとっては後払い送金と同様の支払猶予が得られることになる。

輸出者が自己資金で行う純粋のシッパーズ・ユーザンスの他に、期限付手形を輸出地の銀行（邦銀他行の海外支店を含む）で割り引いて輸出者に金融を行うこともある。これらもシッパーズ・ユーザンスのカテゴリーに含まれる。呈示銀行としては、自行海外支店扱い分でない限り、買い取られたものなのか、単なる取立委任なのか、海外の事情は関知しないまま、輸入取立手形の取立を行うに過ぎないからである。また自行海外支店が買い取ったものはB/C discountと呼び、自行の手形債権回収という観点で取り扱われている。

期限付手形の期日には、当日の電信売相場または売り予約相場にて決済される。

2 本邦ローン

輸入B/Cの対外決済にあたり、輸入者に決済を求める代わりに、銀行が自己資金で立替払を行う。輸入者からは供与するユーザンス期間に見合った期日の外貨建約束手形を徴求して手形期日まで支払を猶予する。そして、期日に輸入者から立替金の支払を受けて本邦ローンを回収する。基本的に、信用状ベースの場合と何ら変わらない（以下本章第5節参照）。

3 異種通貨ユーザンス

信用状付異種通貨ユーザンスの仕組みや手続きと同様である。留意点は、ユーザンス供与額の算出に用いる相場が対外決済通貨の一覧払輸入手形決済相場ではなく、電信売相場（T.T.S.）となる点である。

4 運賃・保険料ユーザンス

信用状付運賃・保険料ユーザンスの仕組みや手続きと同様である。

5 送金ユーザンス

　貿易代金決済を、L/CやB/C取引によらず送金で行うときは、輸入書類が銀行経由ではなく輸出者から直接輸入者に送付される。そして、輸入者から送金資金を外貨で調達したい旨の申出があった場合、輸入者から送金の依頼書と外貨建てユーザンス手形を徴求し、本邦ローンを取り組むことになる。これを「送金ユーザンス」という。本邦ローン取組代り金は、銀行から直接輸出者の指定銀行に送金することになる。

3

輸入取引

輸入関連保証と前払輸入保険

① 輸入関連保証

　輸出取引と同様に入札保証、契約履行保証などが利用されている。

　輸出取引の場合は、輸出者が取引銀行を通じて、輸入者のために保証状等を差し入れる。輸入者にとって、輸出者に契約の履行を促し、万一の場合、損失を軽減することが一番の目的となる。

　輸入取引の場合は、輸入者が取引銀行を通じて、輸出者のために保証状等を差し入れる。輸出者にとって、輸出代金の回収が円滑に行われることが一番の目的である。

　例えば、継続的に小額の輸入取引を反復して行う場合、取引の都度、信用状を開設するのはコストと手間がかかる。輸入者としては送金決済での取引を望むが、必ず送金されるかどうか支払の保証が得られないことになる。そこで請求払保証やスタンドバイ・クレジットを開設して、その極度内で繰返し反復して取引を行うことで、輸出者は輸入者からの出荷依頼に直ちに対応することができる。そして輸入者は信用状開設などの手間やコストが節約でき、輸出者が商品を送りつけてくるリスクを回避することができる。このように輸入取引では支払保証を目的とすることが多い。

② 前払輸入保険

　NEXIが運営している貿易保険のうち、輸入取引に係る唯一の保険が「前払輸入保険」である。前払輸入保険は、輸入する貨物代金の一部または全部を前払する契約で前払金送金後に何らかの事情で貨物を輸入することができなくなったとき、輸入者が支払った前払金の返還を、輸入契約で定めた条件にしたがって相手方に前払金の返還を請求したにもかかわらず、返還されないことから生じた損失をカバーする保険である。ただし、貨物自体の損失や貨物を輸入

できなくなったことによる損失をカバーする保険ではない。

　対象となる取引はつぎの通りである。

・貨物を外国から本邦に輸入する契約（貨物が第三国向けに輸送される取引は対象外）
・前払金の額が100万円以上の取引
・非常危険に加え、信用危険まで保険によるカバーを希望する場合は、海外商社名簿格付がEA格以上の相手方との取引
・前払予定日、実際の初回前払日または保険契約締結日のうち、最も遅い日から前払金の返還期限までの期間（ユーザンス期間）が２年未満である契約
・前払輸入契約にNEXIの指定する事項（貨物の名称、型または銘柄および数量：船積国および船積時期：前払金の額および支払の時期：前払金の返還条件）が全て定められていること

3
輸入取引

　ただし、①輸入者が自発的に輸入を取りやめた、または一方的にキャンセルした前払輸入契約、②貨物が輸入できないことによる損失、そして③前払輸入契約に基づいて返金を求めることになった場合に海外商社名簿格付がEA格よりも低い取引先との前払輸入契約（信用危険のみ対象外）については対象外である。

　当保険によるカバーは、「非常危険のみ」または「非常危険＋信用危険」のいずれかである。「非常危険のみ」の場合は、非常危険に対して支払われた前払金の97.5％、また、「非常危険＋信用危険」の場合は、非常危険に対して支払われた前払金の97.5％と信用危険に対して支払われた前払金の90％の合計がカバーされる。

第 4 章

予約・為替相場

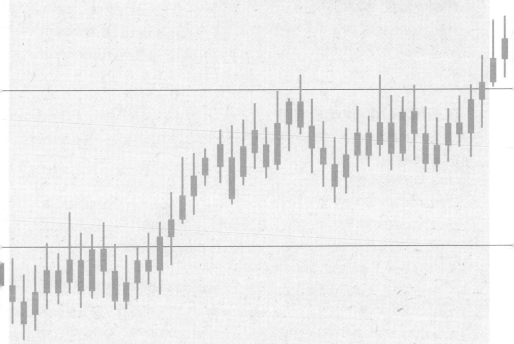

外国為替相場と金利

● 外国為替相場の変動要因とメカニズム

1 外国為替相場とは

　外国為替相場とは、異なる国や地域で流通する通貨を交換する際の交換比率のことである。この比率は、国際商取引に関係する全ての当事者に大きな影響を与える。なぜなら世界には193ヵ国（国連加盟国、2011年以降）を始め、200を超える国や地域が存在し、これらの国や地域で流通する通貨は162種類（国際標準化機構、2018年8月時点）もあり、輸出入取引やサービスの提供に伴う対価（輸出入代金、サービス手数料等）の支払や受領に際して、通貨の交換が行われるからである。本章では外国為替相場の仕組みとその決定要因を説明する。

2 外国為替相場の変動要因

　外国為替相場の変動要因として、代表的な考え方と要因（図表4－1参照）を紹介する。

（1）中長期的な要因

　中長期的に外国為替相場に影響を与えるものの1つとして、購買力平価があげられる。購買力平価とは2国間の購買力が等しくなる為替レート水準のことである。一物一価が成立する場合、2国間で同じ商品、例えば、リンゴを1個買うのに米国で1米ドル、日本で100円必要な場合、1米ドルは100円で通貨価値（＝購買力）が等しいと考える。

　また、2国間の経常収支も、中長期的な要因としてあげられる。経常黒字が大きい国ほど外国為替市場で自国通貨買い（需要）が増加する。その結果、自国通貨の外国為替相場は上昇し、経常赤字が大きい国ほど自国通貨売り（供給）が増加するため、自国通貨の外国為替相場は下落すると考える。

（2）短期的な要因

　短期的に外国為替相場に影響を与えるものとして、国内外の金融市場における外貨需給で決定されるという考え方がある。投資家は2国間の金融資産の予想利回りを比較して、利回りの低い資産から利回りの高い資産に運用先を変えるので、利回りの高い国の通貨の需要が増大し、その通貨の外国為替相場が上昇すると考える。

●図表4−1　主な外国為替相場の変動要因●

要因	主な項目	相場の読み方（捉え方）	関連するイベント・指標・キーパーソン	
経済的要因	金利	2国間の金利差の拡大で、金利が高くなる通貨が買われて通貨高(注)となる（高金利通貨に投機に動く）。ただし、金利高が景気悪化につながり、当該国の通貨が売られることもある。	日本	日本銀行政策決定会合
			米国	FOMC（FRB理事会）
	景気	好景気により海外から資金流入⇒当該国の通貨が買われて通貨高となる。	日本	日銀短観
			米国	鉱工業生産指数 ISM製造業景気指数
	雇用統計	雇用者数の増加（失業率の低下）は景気回復または景気過熱により金融引締⇒金利上昇⇒通貨高となる。	日本	失業率
			米国	雇用統計（非農業部門雇用者数）
	貿易収支	貿易収支の黒字（輸出額＞輸入額）は通貨高となる（日本の輸出の増加は受け取った輸出代金のドル売り・円買い（円転）の増加⇒円高に動く）	日本	国際収支統計（経常収支）
			米国	貿易収支
	GDP	GDP（国内総生産）の伸び率が高ければ、通貨高となる。	日本	GDP統計（四半期別GDP速報）
			米国	GDP統計（実質GDP成長率）
	経済指標	市場の予想と異なる発表があれば相場が大きく動く。		
	インフレ率（物価）	一般的には物価が上昇すると買えるモノの量が少なくなって貨幣価値が下がる（日本の物価が上昇すると円安となる）。つまりインフレ率の高い国の通貨は敬遠され安くなる。ただし、相場に与える影響は短期的には景気や金利の動向の方が大きい。	日本	物価上昇率
			米国	CPI（消費者物価指数） PCEデフレーター （個人消費支出デフレーター）
	株価	株高は資金流入を招き通貨高となる。	日本	日経平均株価
			米国	NYダウ （ニューヨーク・ダウ平均株価）
政策的要因	中央銀行の金融政策	日本銀行の金融政策（通貨の供給量を増やせば通貨の価値は低下し物価が上昇⇒円安となる。また、利下げは円が売られて円安となる）。	日本	無担保コールレート
			米国	FFレート
	為替介入	日本銀行が円売り・ドル売り介入を行えば円安に動く。		
政治的要因	要人発言	各国の政府要人等の発言内容次第で相場が大きく変動する。日本では通貨当局者（財務省や日銀）、米国ではFRB議長等の発言に注目する必要がある。	日本	総理大臣、財務大臣、日銀総裁日銀、所管官庁高官
			米国	大統領、財務長官、FRB議長FRB、財務省など所管官庁高官
	政治	政治の安定により相場も安定ないし通貨高となる。	日本	国会議員選挙
			米国	大統領選挙、上下院中間選挙
地政学的要因	地政学リスク	戦争や地域紛争・テロによる政情不安で当該国通貨が売られるだけではなく、それによって経済的影響を受ける国の通貨も売られる。以前は「有事のドル買い」となっていたが、現在は日本に資源輸入等において経済的影響がなければ、円が安全資産として買われる場合もある。		
市場要因	投機的な動き	市場参加者のポジション調整（需給動向に注意）。ヘッジファンド等、投機筋による売買で変動する。		

（注）通貨高とは、円高やドル高というように、ある通貨の価値が他の通貨に対して高くなること。

その他、短期的な影響を与えるものとして、為替介入や金融政策の変更といった政治的要因や、突発的に発生する地政学リスクといった要因もある。

　注意が必要なのは、同じ要因でも時と場合によって逆の影響を及ぼす場合があることである。代表例として金利上昇があげられる。通常、ある国の金利上昇はその国の金融資産の予想利回りの上昇を招き、短期的にはその国の通貨高をもたらす。一方で、中長期的にはその国の景気悪化をもたらすとの見通しから、逆の効果（通貨安）をもたらすこともある。

　また、外国為替市場参加者の想定と異なる場合や、地政学リスクや、政治的混乱などの突発的なニュースに対して、外国為替相場は大きく反応することがあるので、日々の情報に注意を払う必要がある。

③ 外国為替相場の種類

　外国為替相場は外国為替市場で成立する相場をベースに建値される。取引主体、目的により利用する外国為替相場の種類は異なり、元となる外国為替相場（インターバンク相場）に、為替相場の利用目的によって、外国為替取引により銀行が得る３つの収益（為替売買益、手数料、金利差益）を加除することにより数多くの外国為替相場が建値される。

●図表４－２　外国為替相場の種類●

インターバンク相場 （銀行間取引相場）		新聞、テレビ等で報道される相場は、通常この銀行間相場を指している。時々刻々に変化しており、動きが速い相場。
対顧客相場		顧客との為替取引に適用される相場で、インターバンク相場に、一定の為替売買益、手数料、金利差益などを加味して建値される。
	先物相場	将来の特定日または特定期間に行われる外国為替取引に適用される相場で、現在の直物相場と２通貨の金利水準によって決まる。
	直物相場	公表相場（公示相場）　午前10時頃のインターバンク相場を基準に各銀行が決定し公示する相場で原則一日中同じ。
		市場実勢相場　市場の実勢に則って個別に適用する相場。
銀行内部の換算相場		銀行内部の外貨建取引の勘定円貨額算出等に使用する。
報告省令レート		日銀が毎月公示し、国外送金等調書の提出要否（本邦通貨と外国通貨の売買を伴わない場合）に使用する。
基準外国為替相場及び裁定外国為替相場		日銀が毎月公示し、支払等報告書の提出要否や本人確認要否（いずれも本邦通貨と外国通貨の売買を伴わない場合）の判定等に使用する。

（1）インターバンク相場（銀行間取引相場）

　新聞、テレビ等で報道される外国為替相場は、通常このインターバンク相場を指す。銀行など外国為替市場の参加者間で、売手と買手の間で成立する相場であり、時々刻々に変化する動きが速い相場である。インターバンク相場は、全ての外国為替相場の元となる相場で、銀行の収益（為替売買益・手数料・金利）が含まれていない。またこの相場は、銀行間で利用されるのが前提であるため、顧客との外国為替取引に直接利用することはできない。

　インターバンク相場は通常、以下の表示例のように建値されている。

BUY／SELL

USD／JPY　＝　　134.13／134.21

　これはインターバンク市場に参加する買手が呈示する1米ドルの買い値(Bid Rate）が、134円13銭である一方で、売手が呈示する1米ドルの売り値（Offered Rate）が134円21銭であることを表す。

（2）対顧客相場

　銀行と顧客間の外国為替取引に実際に適用される相場で、先物相場と直物相場に大別される。これらは必要に応じてインターバンク相場に銀行の収益（為替売買益、手数料、金利差益）を加味して建値される相場である。

①先物相場

　将来の特定日または特定期間に行われる外国為替取引に適用される外国為替相場で、現在の直物相場と2通貨の金利水準によって決まる。

②直物相場

　通常、当日渡しの外国為替相場のことを意味し、公表相場（公示相場）と実勢相場に大別される。

> ・公表相場（公示相場）：午前10時頃のインターバンク相場を基準に、各銀行が独自に決定して公示する外国為替相場。主に、小口取引（10万米ドル未満の取引）に利用され、原則一日中同じ相場である。
>
> ・市場実勢相場：外国為替取引の都度、外国為替市場の実勢（通常インターバンク相場）に則って個別に適用する相場。主に、大口取引（10万米ドル以上の取引など）に利用される。

4

予約・為替相場

（3）外為法に係る外国為替相場

日本銀行が毎月20日頃に公示する相場で「基準外国為替相場及び裁定外国為替相場」「報告省令レート」「実勢外国為替相場」の3つがある。

①基準外国為替相場及び裁定外国為替相場

基準外国為替相場は本邦通貨と外国通貨（米ドル）の換算レートにつき、当該月の前々月中の実勢相場の平均値として、財務大臣が日本銀行本店において公示する相場である。裁定外国為替相場は、本邦通貨と米ドル以外の外国通貨との換算レートで、財務大臣が日本銀行本店において公示する相場である。これらの相場を利用して、本邦通貨と外国通貨の売買を伴わない場合の外為法などに基づく本人確認要否や「支払又は支払の受領に関する報告書」の提出要否の判定などを行う。

②報告省令レート

報告省令レートは、財務大臣が定めるところに従い日本銀行において公示する相場である。この相場を利用して、本邦通貨と外国通貨の売買を伴わない場合の外為法に基づく報告などの作成時に使用される。

③実勢外国為替相場

本邦通貨と外国通貨の売買を伴う場合の外為法などに基づく本人確認要否や「支払又は支払の受領に関する報告書」の提出要否の判定などを行う。これは、実際に銀行などで外国為替取引を行った際に適用された為替相場のことである。

（4）銀行内部の換算相場

外貨建取引の勘定処理の際に、円貨額算出等に使用する相場である。各銀行で独自に決定しており、前月末の公表相場（公示相場）仲値を翌月の換算相場とするケースが多い。

4 対顧客為替相場

（1）公表相場（公示相場）の種類

公表相場（公示相場）とは、午前10時頃のインターバンク相場を基準にまず米ドルの売買相場の仲値（T.T. Middle Rate）を各銀行が独自に決定して公示する外国為替相場である。公表相場（公示相場）には、図表4－3のように、電信売相場（T.T. Selling Rate）、電信買相場（T.T. Buying Rate）、信用状付

一覧払輸入手形決済相場（Acceptance Rate）、信用状付一覧払手形買相場
（At sight Buying Rate－A/S Rate、Demand Draft Buying Rate－D.D.B）、
D/P・D/A手形買相場、期限付手形買相場（Usance Bill Buying Rate）、外国
通貨現金売相場（Cash Selling Rate）、外国通貨現金買相場（Cash Buying
Rate）がある。他の主要通貨についても概ね11時頃までに仲値が決定され、
次頁図表4－4のような「公表相場表（Exchange Quotations）」が掲示され
る。

●図表4－3　公表相場（公示相場）体系●

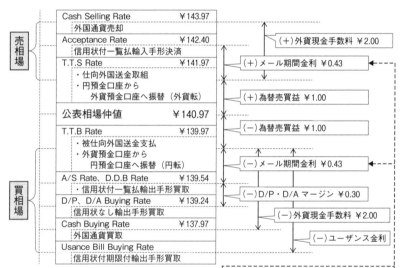

（出所）三井住友銀行『第1次米ドル公表相場』2023年7月31日付

●図表 4 − 4　公表相場表（公示相場表）事例●

EXCHANGE QUOTATIONS
NO.143
SUMITOMO MITSUI BANKING CORPORATION
Date：Jul. 31, 2023
第 1 公表相場

		対円単位	CROSS (参考値)	SELLING		BUYING		CASH		D/P. D/A BUYING RATES
				T.T.S	ACCEPT	T.T.B	D.D.B	SELLING	BUYING	
U.S.A.	USD	1		141.97	142.40	139.97	139.54	143.97	137.97	139.24
EURO	EUR	1	1.1021	156.76	157.16	153.96	153.56	159.36	151.36	153.31
U.K.	GBP	1	1.2854	185.20	185.76	177.20	176.64	192.20	170.20	175.94
AUSTRALIA	AUD	1	0.6663	96.43	96.70	91.43	91.16	105.43	82.43	90.76
CANADA	CAD	1	1.3253	107.97	108.30	104.77	104.44	116.97	95.77	104.14
SWITZERLAND	CHF	1	0.8701	162.92	163.24	161.12	160.80	166.92	157.12	160.68
NEW ZEALAND	NZD	1	0.6160	89.39	89.68	84.29	84.00	97.39	76.29	83.64
THAILAND	THB	100	34.1700	421.00	422.08	405.00	403.92	454.00	372.00	UNQUOTE
SINGAPORE	SGD	1	1.3310	106.74	107.07	105.08	104.75	111.74	100.08	104.61
HONG KONG	HKD	1	7.7985	18.51	18.57	17.65	17.59	20.51	15.65	17.53
KOREA	KRW	100	1275.9000	11.25	UNQUOTE	UNQUOTE	UNQUOTE	12.55	9.55	UNQUOTE
TAIWAN	TWD	100	31.3100	462.24	UNQUOTE	UNQUOTE	UNQUOTE	500.24	400.24	UNQUOTE
CHINA ＊1	CNY	1	7.1469	20.02	UNQUOTE	19.42	UNQUOTE	21.52	17.92	UNQUOTE
PHILIPPINES	PHP	1	54.7400	2.72	UNQUOTE	UNQUOTE	UNQUOTE	2.88	2.28	UNQUOTE
INDONESIA	IDR	100	15068.0000	1.06	UNQUOTE	UNQUOTE	UNQUOTE	1.19	0.69	UNQUOTE
MALAYSIA ＊2	MYR	1	UNQUOTE	UNQUOTE	UNQUOTE	UNQUOTE	UNQUOTE	35.02	27.02	UNQUOTE
INDIA	INR	1	82.2100	1.86	UNQUOTE	UNQUOTE	UNQUOTE	UNQUOTE	UNQUOTE	UNQUOTE
SWEDEN	SEK	1	10.5400	13.77	13.81	12.97	12.93	15.77	10.97	12.86
DENMARK	DKK	1	6.7620	21.15	21.21	20.55	20.49	23.15	18.55	20.43
NORWAY	NOK	1	10.1940	14.13	14.17	13.53	13.49	16.13	11.53	13.43
CZECH	CZK	1	21.7390	6.58	UNQUOTE	6.38	UNQUOTE	7.18	5.78	UNQUOTE
POLAND	PLN	1	4.0025	35.82	UNQUOTE	34.62	UNQUOTE	40.62	29.82	UNQUOTE
RUSSIA ＊4	RUB	1	UNQUOTE	UNQUOTE	UNQUOTE	UNQUOTE	UNQUOTE	UNQUOTE	UNQUOTE	UNQUOTE
HUNGARY	HUF	1	348.8400	0.42	UNQUOTE	UNQUOTE	UNQUOTE	0.48	0.32	UNQUOTE
ROMANIA	RON	1	UNQUOTE	UNQUOTE	UNQUOTE	UNQUOTE	UNQUOTE	UNQUOTE	UNQUOTE	UNQUOTE
BULGARIA	BGN	1	UNQUOTE	UNQUOTE	UNQUOTE	UNQUOTE	UNQUOTE	UNQUOTE	UNQUOTE	UNQUOTE
TURKEY	TRY	1	26.8700	7.75	UNQUOTE	2.75	UNQUOTE	UNQUOTE	UNQUOTE	UNQUOTE
SOUTH AFRICA	ZAR	1	17.5850	9.02	UNQUOTE	7.02	UNQUOTE	11.12	4.92	UNQUOTE
U.A.E.	AED	1	3.6724	39.07	UNQUOTE	37.71	UNQUOTE	42.89	33.89	UNQUOTE
SAUDI ARABIA	SAR	1	3.7505	38.39	UNQUOTE	36.79	UNQUOTE	42.09	33.09	UNQUOTE
KUWAIT	KWD	1	0.3067	467.63	UNQUOTE	451.63	UNQUOTE	UNQUOTE	UNQUOTE	UNQUOTE
QATAR	QAR	1	3.6440	39.37	UNQUOTE	38.01	UNQUOTE	UNQUOTE	UNQUOTE	UNQUOTE
ISRAEL	ILS	1	UNQUOTE	UNQUOTE	UNQUOTE	UNQUOTE	UNQUOTE	42.15	34.15	UNQUOTE
BRAZIL ＊3	BRL	1	4.7336	31.78	UNQUOTE	27.78	UNQUOTE	38.28	21.28	UNQUOTE
MEXICO	MXN	1	16.6900	9.45	UNQUOTE	7.45	UNQUOTE	10.45	6.45	UNQUOTE
BRUNEI	BND	1	UNQUOTE	UNQUOTE	UNQUOTE	UNQUOTE	UNQUOTE	111.74	100.08	UNQUOTE
EGYPT	EGP	1	UNQUOTE	UNQUOTE	UNQUOTE	UNQUOTE	UNQUOTE	UNQUOTE	UNQUOTE	UNQUOTE
FIJI	FJD	1	UNQUOTE	UNQUOTE	UNQUOTE	UNQUOTE	UNQUOTE	73.33	52.53	UNQUOTE
VIETNAM	VND	100	UNQUOTE	UNQUOTE	UNQUOTE	UNQUOTE	UNQUOTE	0.68	0.52	UNQUOTE
CENTRAL PACIFIC	XPF	1	UNQUOTE	UNQUOTE	UNQUOTE	UNQUOTE	UNQUOTE	1.48	1.14	UNQUOTE
以下余白										

USANCE BILL BUYING RATES	30DAYS	60DAYS	90DAYS	120DAYS	150DAYS
USD	138.60	137.62	136.65	135.67	134.69
EUR	152.74	151.87	151.00	150.13	149.26
GBP	175.44	174.19	172.93	171.67	170.42

本レートでの取引を確約するものではありません。レートは変更になる場合があり、また、お取引頂く時の市場実勢とは限りません。CASHについては支店によってお取扱い出来ない場合がございます。＊1人民元建で外国送金については、一部お取扱い出来ない場合があります。＊2マレーシアリンギットのTTSは個別にご照会下さい。＊3ブラジルレアルは、外貨預金取引における外貨現金のお取扱い、および送金は出来ません。＊4ロシアルーブルのTTS・TTBは個別にご照会下さい。

（出所）三井住友銀行『第 1 次公表相場表』2023年 7 月31日付

（2）電信売相場・買相場（T.T. Selling・Buying）

　電信売相場（T.T. Selling Rate－T.T.S）、電信買相場（T.T. Buying Rate－T.T.B）とは、仲値に対し各銀行の定める為替売買益を加算または差し引いた相場である。為替売買益とは、銀行が異なる通貨を交換する際のマージンで米ドルの場合、為替売買益は１米ドルあたり１円となる。

　ここで、売相場（Selling Rate）とは銀行が顧客に外貨を売却する相場のことを意味し図表４－３・４の事例では、米ドルT.T.Sは仲値140.97円に為替売買益を加えた141.97円となる。逆に、買相場（Buying Rate）とは、銀行が顧客より外貨を買い取る相場のことを意味し、上記事例では米ドルT.T.Bとは仲値から為替売買益を差し引いた139.97円となる。通貨交換マージンのみ勘案された相場なので、言い換えれば、他の手数料や金利が発生しない最も基本的な対顧客相場といえる。また、他の相場がT.T.S、T.T.Bを基準に手数料、金利を加除して建値されるのは、全ての取引が通貨の交換を伴い、為替売買益が発生することを意味する。

　また、米ドル以外の為替売買益は、各銀行が通貨毎に決定している。図表４－５は事例の公表相場表（公示相場表）に基づく為替売買益の一覧表である。通貨により、為替売買益の実額、仲値に対するマージン率（為替売買益／仲値）が異なるのが分かる。このことから、同じ取引額の外国為替取引でも通貨の種類により為替売買益が異なってくるため、留意が必要となる。

　T.T.S、T.T.Bを適用する取引とは、銀行が通貨の交換のみ行う取引となる。具体的には、T.T.Sは、仕向外国送金、輸入の本邦ローン（自行ユーザンス）決済、信用状付一覧払輸入手形決済（レミッタンス・ベース、回金方式）、外貨預金入金（円預金口座から外貨預金口座へ振替、外貨転）などの取組時に適用される。一方、T.T.Bは、被仕向外国送金、取立済み仕向代金取立手形、外貨預金入金（外貨預金口座から円預金口座へ振替、円転）などの取組時に適用される。

●図表 4 － 5　為替売買益一覧表●

		対円 単位	公表仲値 ①	T.T.S ②	為替売買益 ③=②－①	マージン率 ③／①
U.S.A.	USD	1	140.97	141.97	1.00	0.71%
EURO	EUR	1	155.36	156.76	1.40	0.90%
U.K.	GBP	1	181.20	185.20	4.00	2.21%
AUSTRALIA	AUD	1	93.93	96.43	2.50	2.66%
CANADA	CAD	1	106.37	107.97	1.60	1.50%
SWITZERLAND	CHF	1	162.02	162.92	0.90	0.56%
NEW ZEALAND	NZD	1	86.84	89.39	2.55	2.94%
THAILAND	THB	100	413.00	421.00	8.00	1.94%
SINGAPORE	SGD	1	105.91	106.74	0.83	0.78%
HONG KONG	HKD	1	18.08	18.51	0.43	2.38%
KOREA	KRW	100	11.05	11.25	0.20	1.81%
TAIWAN	TWD	100	450.24	462.24	12.00	2.67%
CHINA	CNY	1	19.72	20.02	0.30	1.52%
PHILIPPINES	PHP	1	2.58	2.72	0.14	5.43%
INDONESIA	IDR	100	0.94	1.06	0.12	12.77%
SWEDEN	SEK	1	13.37	13.77	0.40	2.99%
DENMARK	DKK	1	20.85	21.15	0.30	1.44%
NORWAY	NOK	1	13.83	14.13	0.30	2.17%
CZECH	CZK	1	6.48	6.58	0.10	1.54%
POLAND	PLN	1	35.22	35.82	0.60	1.70%
HUNGARY	HUF	1	0.40	0.42	0.02	5.00%
TURKEY	TRY	1	5.25	7.75	2.50	47.62%
SOUTH AFRICA	ZAR	1	8.02	9.02	1.00	12.47%
U.A.E.	AED	1	38.39	39.07	0.68	1.77%
SAUDI ARABIA	SAR	1	37.59	38.39	0.80	2.13%
KUWAIT	KWD	1	459.63	467.63	8.00	1.74%
QATAR	QAR	1	38.69	39.37	0.68	1.76%
BRAZIL	BRL	1	29.78	31.78	2.00	6.72%
MEXICO	MXN	1	8.45	9.45	1.00	11.83%

（出所）三井住友銀行『第１次公表相場』をもとに作成　2023年７月31日付

（3）信用状付一覧払輸入手形決済相場（Acceptance Rate）

　信用状付一覧払輸入手形決済相場（Acceptance Rate）とは、T.T.Sにメール期間金利（取立期間立替金利－Mail Interest）を加算した相場で、信用状付一覧払輸入手形決済（リンバースメント方式）に適用される。

　メール期間金利は書類郵送（Air Mail）に必要な期間、概ね12日以内の短期間の立替が発生した際に、顧客より徴求する金利で米ドルの場合、米国プライムレート（Prime Rate）を基に、以下の式で建値されるのが一般的である。

　メール期間金利＝前週T.T.S平均値×（米国プライムレート＋1.00％）

×12日（メール期間）／365日

　Acceptance Rateを適用する取引とは、通貨交換以外に銀行が資金立替を行う取引となる。具体的には資金立替の伴うリンバースメント方式の信用状付一覧払輸入手形決済となり、事例では米ドルAcceptance Rate はT.T.S141.97円にメール期間金利0.43円を加えた142.40円となる。

（4）信用状付一覧払手形買相場（A/S Rate・D.D.B）

　信用状付一覧払手形買相場（At sight Buying Rate－A/S Rate・Demand Draft Buying Rate－D.D.B）とは、T.T.Bからメール期間金利を差し引いた相場で、信用状付一覧払輸出手形の買取に適用される。

　A/S Rate、D.D.Bを適用する取引とは（前述のAcceptance Rateと同様に）通貨交換以外に銀行が資金立替を行う取引となる。具体的には資金立替の伴う信用状付一覧払輸出手形の買取となり、事例では、米ドルA/S Rate、D.D.BはT.T.B139.97円からメール期間金利0.43円を差し引いた139.54円となる。

　メール期間金利は12日分の金利のため、信用状付一覧払輸出手形の買取から決済までの日数が13日以上になれば、延滞金利を徴求することになる。また、顧客との取引条件によっては、一旦T.T.Bで買い取り、実際に立て替えた日数の金利を別途計算し徴求する場合もある。

（5）D/P・D/A手形買い相場（D/P、D/A Buying Rate）

　D/P・D/A手形買い相場（D/P、D/A Buying Rate）とは、A/S Rate、D.D.Bから、D/P・D/Aマージンを差し引いた相場である。D/P・D/Aマージンとは、銀行による支払保証のない信用状なし輸出手形の買取が、信用状付輸出手形の買取よりもリスクが高いため、リスク料として顧客より徴求するもので、概ね

4

予約・為替相場

1米ドルあたり0.30円で固定されている。

D/P・D/A手形買い相場は、文字通り、信用状なし輸出手形（D/P・D/A）の買取時にのみ適用され、事例では、米ドルD/P、D/A Buying Rateは、A/S Rate、D.D.B 139.54円からD/P・D/Aマージン0.30円を差し引いた139.24円となる。A/S Rate、D.D.Bと同様にメール期間金利は12日分の金利のため、D/P・D/A手形の買取から決済までの日数が13日以上になれば所定の金利を徴求することになる。また、顧客との取引条件によっては、一旦T.T.Bで買い取り、実際に立て替えた日数の金利を別途計算し徴求する場合もある。

（6）期限付手形買相場（Usance Bill Buying Rate）

期限付手形買相場（Usance Bill Buying Rate）とは、信用状に基づく期限付輸出手形を買い取る際に適用される相場である。通常、一覧後30日（30DAYS）、同60日（60DAYS）、同90日（90DAYS）、同120日（120DAYS）、同150日（150DAYS）などの標準的なユーザンス期間で対応する形で建値されている。期限付手形買相場は、期間に応じてD/P・D/A手形買い相場からさらに期間ごとに輸出ユーザンス金利が差し引かれる形で建値される。輸出ユーザンス金利は通常米国BAレート（銀行引受手形割引金利）に銀行の金利差益を加算して建値される。このことから、買取期間が長くなる程、期限付手形買相場は安くなり、事例では138.60円（30DAYS）、137.62円（60DAYS）、136.65円（90DAYS）、135.67円（120DAYS）、134.69円（150DAYS）となる。

（7）外国通貨現金売相場・買相場（Cash Selling・Buying Rate）

外国通貨現金売相場（Cash Selling Rate）、外国通貨現金買相場（Cash Buying Rate）とは、外貨両替の際に適用する相場である。T.T.S、T.T.Bに外貨現金手数料を加除して建値される。

外貨現金手数料とは、外貨現金（通常は紙幣）を売買する際に必要なコストを手数料として顧客より徴求するものである。ここでいうコストとは、店頭で売却する外貨現金を発行する国や地域からの取寄せ費用や、購入した外貨現金の発送費用などの運送費を始め、保管費用、保険料などが含まれる。また、図表4−6にあるように、流通量の多い米ドルやユーロに比べて、その他通貨の外貨現金手数料は、流通量の多寡にかかわらず一定額の運送コストが必要となるため、対仲値比率が増加する（割高になる）傾向にある。

●図表 4 － 6　外貨現金手数料一覧表●

		対円単位	公表仲値 ①	T.T.S ②	Cash Selling ③	外貨現金手数料 ④＝③－②
U.S.A.	USD	1	140.97	141.97	143.97	2.00
EURO	EUR	1	155.36	156.76	159.36	2.60
U.K.	GBP	1	181.20	185.20	192.20	7.00
AUSTRALIA	AUD	1	93.93	96.43	105.43	9.00
CANADA	CAD	1	106.37	107.97	116.97	9.00
SWITZERLAND	CHF	1	162.02	162.92	166.92	4.00
NEW ZEALAND	NZD	1	86.84	89.39	97.39	8.00
THAILAND	THB	100	413.00	421.00	454.00	33.00
SINGAPORE	SGD	1	105.91	106.74	111.74	5.00
HONG KONG	HKD	1	18.08	18.51	20.51	2.00
KOREA	KRW	100	11.05	11.25	12.55	1.30
TAIWAN	TWD	100	450.24	462.24	500.24	38.00
CHINA	CNY	1	19.72	20.02	21.52	1.50
PHILIPPINES	PHP	1	2.58	2.72	2.88	0.16
INDONESIA	IDR	100	0.94	1.06	1.19	0.13
SWEDEN	SEK	1	13.37	13.77	15.77	2.00
DENMARK	DKK	1	20.85	21.15	23.15	2.00
NORWAY	NOK	1	13.83	14.13	16.13	2.00
CZECH	CZK	1	6.48	6.58	7.18	0.60
POLAND	PLN	1	35.22	35.82	40.62	4.80
HUNGARY	HUF	1	0.40	0.42	0.48	0.06
SOUTH AFRICA	ZAR	1	8.02	9.02	11.12	2.10
U.A.E.	AED	1	38.39	39.07	42.89	3.82
SAUDI ARABIA	SAR	1	37.59	38.39	42.09	3.70
BRAZIL	BRL	1	29.78	31.78	38.28	6.50
MEXICO	MXN	1	8.45	9.45	10.45	1.00

（出所）三井住友銀行『第 1 次公表相場』をもとに作成　2023年 7 月31日付

4

予約・為替相場

また、外貨現金手数料は、外貨預金に対して外貨現金を入出金する際にも必要となる。外貨預金へ入出金する場合には、通貨の交換は発生しないが、外貨両替と同様に出金する外貨現金の取り寄せ、入金した外貨現金の発送が必要となり、当然そのためのコストも発生するためである。

（8）市場実勢相場

　公表相場（公示相場）はインターバンク相場に大きな変動がない限り、原則一日中同じ相場が適用される。また公表相場（公示相場）は主に小口取引（米ドル建ての場合、100千米ドル未満の取引）に利用される。大口取引（米ドル建ての場合、100千米ドル以上の取引）については市場実勢相場が適用され市場実勢相場は取引を実行する都度、相場を約定する。通常、約定時点のインターバンク相場に為替売買益の他、必要に応じて手数料や金利を加味して建値する。図表4－7は、公表相場（公示相場）公示後に、大口取引（米ドル建仕向外国送金）を円資金で行うケースを示している。

●図表4－7　市場実勢相場の取組事例●

円資金で100千米ドル以上の仕向外国送金を取り組むケース

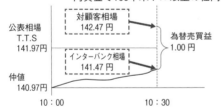

顧客から、公表相場（公示相場）を適用する大口取引を依頼された場合、遅くとも当日の10時までに市場部門への連絡が必要となる。これは、公表相場（公示相場）を公示するのと同時に、公表相場（公示相場）と等しい水準で、市場実勢相場を約定する必要があるためである。連絡時限は銀行ごとにルール化されており、この時限に連絡を失念した場合には大きな問題が生じる。それは、上記のように銀行側に過失がある場合、対顧客対応上、やむなく公表相場（公示相場）と同水準の相場を適用する一方、取引を行うタイミングで市場実勢相場を約定する必要に迫られるからである。事例の場合、顧客に対し約束通りT.T.S141.97円を適用しつつ、インターバンク相場は141.47円になるため、通

常1.00円の為替売買益が0.50円に減少している。さらに円安が進んだ場合、最悪の場合、逆ざや状態、つまり為替差損が発生するおそれもあるため、特に注意が必要である。

（9）公表相場（公示相場）の変更

多くの銀行がインターバンク相場が公表相場（公示相場）仲値より原則2.00円以上乖離した場合は、第1公表相場（公示相場）（当日1回目の公表相場（公示相場））の適用を停止し、それ以降は第2公表相場を適用することをルール化している。不意にインターバンク相場が大きく変動する場合に備えて、第2公表相場適用ルールをあらかじめ理解しておくことは大変重要なことである。

5 外国為替市場と円高・円安

（1）外国為替市場

外国為替市場（Foreign Exchange Market）とは、異なる国や地域の通貨を交換する場である。外国為替市場の特徴としては株式売買に関わる証券取引所のように、特定の「取引所」を介さず取引相対型の取引を行い、ディーリングシステムと電話などを通じて行うことである。

●図表4-8　主な外国為替市場●

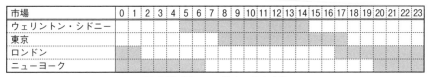

■ 取引時間　　　数字は日本時間

外国為替市場は、主要国に存在しており、図表4-8のように全世界24時間体制で外国為替取引が行われている。また、外国為替市場に参加する主な当事者を図示すると図表4-9のようになる。通常、外国為替市場と呼ばれるのはインターバンク市場のことを指し、狭義の外国為替市場という。その主要な当事者は銀行や、機関投資家になり、インターバンク相場はここで約定される。一方、銀行の顧客である商社、メーカーなどを含む広義の外国為替市場という概念もある。

●図表4－9　外国為替市場のイメージ図●

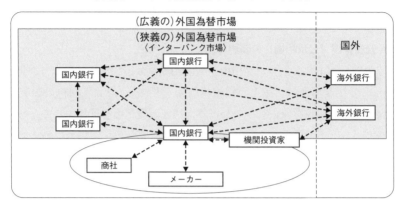

（2）円高・円安

　円高とは、外貨に対して円の価値が高くなることを意味する。これは、同時に円貨に対して外貨の価値が安くなることを意味し、逆に円安とは、外貨に対して円の価値が安くなることを意味する。これは、同時に円貨に対して外貨の価値が高くなることを意味する。

●図表4－10　円高・円安の具体例●

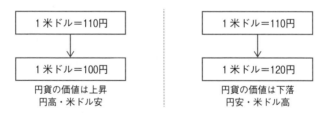

　具体的にみると、図表4－10のように1米ドル110円の相場が1米ドル100円になることを円高（米ドル安）、1米ドル120円になることを円安（米ドル高）という。

　外貨建ての資産や負債を保有する場合、円高・円安の影響を受けることとなる。例えば、110万円を外貨預金に1米ドル110円で1万米ドルに交換し預入した場合、払戻時に、1米ドル100円と円高になっていた場合、円貨に交換する

と100万円と、10万円目減りしてしまう。

　図表4－11のように、外国為替相場の変化は輸出入企業を始めとしたあらゆる外国為替取引の当事者に大きな影響を及ぼす。

●図表4－11　円高・円安の影響●

		円高・外貨安	円安・外貨高
外貨建資産保有者		円建での受取額が減少するので為替差損発生	円建での受取額が増加するので為替差益発生
	輸出者	輸出取引の利益減少（採算悪化）	輸出取引の利益増加（採算改善）
	外貨預金取引先	払戻円貨額が減少するので、外貨預金は不利	払戻円貨額が増加するので、外貨預金は有利
	外債購入者、など	外貨建債権の円建評価額、円建での受取クーポンなど減少するので、外債購入などは不利	外貨建債権の円建評価額、円建での受取クーポンなど増加するので、外債購入などは有利
外貨建負債保有者		円建での支払額が減少するので為替差益発生	円建での支払額が増加するので為替差損発生
	輸入者	輸入取引の利益増加（採算改善）	輸入取引の利益減少（採算悪化）
	外貨借入取引先	円建返済額・利払いが減り、インパクトローンは有利	円建返済額・利払いが増え、インパクトローンは不利
	外債発行者、など	外貨建債務の円建評価額、円建での支払クーポンなど減少するので、外債発行などは有利	外貨建債務の円建評価額、円建での支払クーポンなど増加するので、外債発行などは不利

　一般的に円を中心に円高・円安として議論されることが多い外国為替相場だが、比較的相場に与える影響度合いが大きいとされる基軸通貨の米ドルを中心に、米ドル高・米ドル安として為替相場の変動要因を探ればより的確な外国為替相場のトレンド把握と将来の外国為替相場予想が可能となる。お客様に対し、このようなスタンスで外国為替相場の情報提供を心掛けるとよい。

4　予約・為替相場

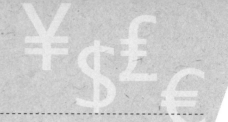
為替予約

① 為替予約の実務

1 為替予約とは

　為替予約とは、将来の特定日または、特定期間に行われる外国為替取引に適用する為替相場を、あらかじめ締結しておくことである。これにより、将来支払うべきまたは受け取るべき円貨額を確定し、為替相場変動によるリスク（為替リスク）を回避（ヘッジ）することができる。

2 為替予約のメリット・デメリット

（1）為替予約のメリット

　将来発生する外国為替取引で使用する為替相場を予約しておくことである。

①輸出者

　売買契約後に円高になっても当初の予定通りの代金回収が可能となる。予想しない円高局面でも輸出取引の採算は悪化しない。

②輸入者

　売買契約後に円安になっても当初の予定通りの仕入代金の支払が可能となる。予想しない円安局面でも輸入取引の採算は悪化しない。

（2）為替予約のデメリット

　為替予約は必ず締結した為替相場で外国為替取引を行わなければならないというデメリットがある。加えて、外国為替取引の当日になって直物相場の方が有利な相場水準であっても為替予約を取り消すことはできないため、注意が必要となる。

①輸出者

　売買契約後に円安になっても円安メリットは享受できず、円安局面でも輸出取引の採算は改善しない。

②輸入者

　売買契約後に円高になっても円高メリットは享受できず、円高局面でも輸入取引の採算は改善しない。

❸ 為替予約の受渡条件

　為替予約はその受渡条件によって、いくつかに分類することができる。代表的な為替予約の受渡条件は、以下のようなものがある。

（1）確定日渡し

　将来の特定日を受渡期日とするもので外国為替取引の取引予定日が確定している場合に適した受渡条件である。

（2）特定期間渡し

　受渡期間を「4月8日から5月7日まで」のように、特定の期間を受渡期間とするものである。その期間中の営業日であればいつでも受渡できる。通常この期間は、1ヵ月以内に設定される。貿易取引のように、取引予定日が船積などのスケジュールによって、変更になる可能性がある場合や複数回にわたって分割される場合などに適した受渡条件である。

（3）歴月渡し

　受渡期間を「4月渡し（4月1日から4月30日）」のように、為替予約締結日の翌月以降の特定月を受渡期間とするものである。その月中の営業日であればいつでも受渡できる。特定期間渡し同様に取引予定日が変更になる可能性がある場合や分割される場合などに適した受渡条件である。

❹ 為替予約の手続き

（1）取引開始時の手続き

　為替予約取引は後述の通り、銀行にとって与信取引の1つと位置づけられる。為替予約取引を始めるにあたり、銀行内部で与信稟議の承認を取得した上、銀行取引約定書等のほかに「外国為替先物取引約定書」「リスクに関する重要事項説明書」など銀行所定の約定書、確認書などを顧客との間で締結する。これによって、顧客との間の基本的な取引条件を明確にする。

4

予約・為替相場

（2）為替予約締結時の手続き

　為替予約は通常、架電による締結またはメガバンクを始め、大手地方銀行などインターネット・ディーリングシステムによる締結を受け付ける銀行もある。架電による為替予約の申込を受付ける際には次の事項に留意して締結する。

①売買の別

　為替予約相場は対顧客相場の１つなので、売相場、買相場に分類できる。ただし、売相場とは銀行にとっては外国通貨の売却、円貨の購入を意味する一方、顧客にとっては外国通貨の購入、円貨の売却を意味する。また、逆に買相場とは銀行にとっては外国通貨の購入、円貨の売却を意味する一方、顧客にとっては外国通貨の売却、円貨の購入を意味する。つまり、「売り」「買い」という言葉を不用意に使用すると、売り買いの別を取り違えるなど大きな事故につながる可能性がある。このようなトラブルを未然に防止するには、「売り」「買い」という言葉を使用せず「輸出」「輸入」という言葉に置き換えるのが有効である。例えば売相場を輸入（為替）予約、買相場を輸出（為替）予約と呼ぶことで、銀行と顧客間の混乱をなくすことができる。また、輸出入以外の目的で使用する為替予約を申し込まれた場合には、具体的に為替予約を利用する取引名（例えば外貨預金の円転予約など）を使用するとよい。

②通貨種類

　通貨の種類には様々なものがある。通貨単位だけでは特定できないものも多く、代表的な通貨単位である＄（ドル）の場合、主要なものだけでUS＄（米ドル）、CA＄（カナダドル）、A＄（オーストラリアドル）、NZ＄（ニュージーランドドル）、S＄（シンガポールドル）、HK＄（香港ドル）などがある。国名・地域名をつけて明確にする必要がある。

③金額

　金額については桁違いの他、補助通貨単位についてもはっきりと確認する必要がある。米ドルを始め多くの通貨は、小数点以下２桁で表示されるが、通貨の中には稀に補助通貨が小数点以下３桁になるものもある。

④為替予約履行日

　確定日渡し、暦月渡し、特定期間渡しのいずれか確認する。履行日が銀行休業日やニューヨーク市場、為替予約通貨の所在国、地域の外国為替市場の休業

日にあたらないか注意が必要である。また特定期間渡しの場合、一部例外を除き、「1/20〜2/19」などというように期間が1ヵ月を超えないように設定する必要がある。

⑤為替予約相場

為替予約の依頼を受け付けると銀行の担当者は、インターネット・ディーリングシステムを操作または、自行の市場営業部門に連絡を取り、相場の気配値を求め、これが顧客の希望する水準であれば締結を行う。通話相手、市場営業部門担当者に対しては、「結構です」といった紛らわしい言葉を使用せず、締結「ダン（Done）」、「ナッシング（Nothing）」などと、明確に締結するか否かの意思を確認、伝達する必要がある。

為替予約相場は、売予約（輸入予約）の場合、直物相場でいうT.T.Sに相当する相場が建値される。一方、買予約（輸出予約）の場合、T.T.Bに相当する相場が建値される。これは為替予約相場は売買益のみを勘案した相場だからである。

⑥通話相手の確認

電話による為替予約締結を行う場合、事前に書面で顧客側の為替予約締結担当者を届けてもらうのが無難である。

（3）為替予約締結後の手続き

為替予約は、通常書面ではなく、電話やインターネットで申し込みを受け付ける。このため、締結後に改めて「為替予約締結確認票（Contract Slip）または、為替予約取引確認書（Confirmation Slip）」を顧客と銀行間で取り交わす。確認票は2部作成され、銀行と顧客双方がその内容を確認し、それぞれ署名または記名捺印して1部ずつ保管する。近年のインターネット・ディーリングシステムでは、確認票自体がインターネット上で電子的に行われるものもある。

② 為替予約の与信性

1 為替予約与信の考え方

為替予約取引は、銀行にとって与信取引となる。顧客取引条件によっては、

担保などの見返りを検討する必要があるが、通常の貸出、支払承諾取引などといった一般的な与信取引と異なる面があるため、注意が必要である。

　一般的な与信と異なる点は、為替予約与信は為替予約締結金額そのものが与信額にならないという点である。また、時々刻々変化する為替相場の状況によって与信額そのものが変化するという特徴もある。ここでは簡単な事例（事例1）を利用して為替予約与信の与信額を説明する。

| 事例1 | 為替予約与信の与信額計算

仮定

6ヵ月後の輸入仕入れ支払いに備え輸入（為替）予約を締結

輸入（為替）予約締結の3ヵ月後に顧客が倒産

為替予約金額　　　　　　　　　　　US$1,000,000.00

為替予約相場　　　　　　　　　　　100円／US$

3ヵ月後の取引再構築時の為替予約相場　95円／US$

●図表4－12　為替予約締結時●

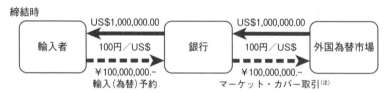

（注）顧客との取引に伴う為替リスクを回避するために銀行が外国為替市場（マーケット）との間で行う反対取引

　事例1では、銀行が顧客と輸入（為替）予約を締結した際に、顧客との取引に伴う為替リスクを回避するために、図表4－12のように、外国為替市場（マーケット）との間で行う反対取引（マーケット・カバー取引）を行う。

　ここで、為替予約締結の3ヵ月後に顧客が倒産などで、為替予約が履行できなくなると仮定する。マーケット・カバー取引は、顧客と締結した為替予約とは独立した取引なので、取り消すことはできない。このため、銀行は図表4－13のように、3ヵ月後の為替予約取引（マーケット・カバー取引と反対取引、為替予約取引の再構築取引という）を第三者（通常、外国為替市場）と改めて締結する必要に迫られる。ところが、事例1のようにその際の為替予約取引相

場が95円／US$だったとすると、1米ドルあたり5円の為替差損が発生してしまう。この差損¥5,000,000が、為替予約与信の与信額となり、これを市場再構築コスト（Mark to Market-MTM）金額という。

MTM金額とは、銀行が顧客との取引において将来顧客より、受け取るべきキャッシュフローの現在価値から、支払うべきキャッシュフローの現在価値を差し引いたもので、顧客が倒産などにより、その取引の履行が不可能になった場合、銀行が第三者との間で取引を再構築する際に負担すべき損失金額と基本的に等しくなる。

●図表4−13　為替予約再構築時に発生する損失（MTM金額）●

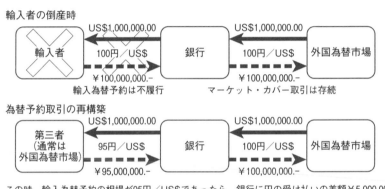

輸入者の倒産時

為替予約取引の再構築

この時、輸入為替予約の相場が95円／US$であったら、銀行に円の受け払いの差額¥5,000,000.−が損失として発生

2 為替予約与信稟議

実際の為替予約与信の稟議にあたっては、上記の点を踏まえて以下の点に十分注意が必要となる。

（1）与信採上げ時の留意点

為替予約が与信取引である以上、顧客が締結した為替予約を必ず履行できる信用確実な取引先であることが大前提となる。さらに為替予約について十分な理解があり、為替予約は取消できないことや、不履行時に発生する為替差損が発生することを理解し、差損（キャンセル・コスト）発生時にはこれを負担できることも重要である。

（2）為替予約締結目的の確認

　為替予約取引はわが国の法令上、その締結目的に制限はない。しかし、与信管理上、輸出入取引等の実需に基づかない投機（Speculation）取引のために、為替予約締結を許容するのは厳に慎む必要がある。為替予約与信稟議にあたっても、取引先の信用状態によっては、他の外為与信取引同様、契約書などによる輸出入取引の概要把握が必要となることがある。

（3）為替予約与信稟議金額の設定

　為替予約与信稟議の稟議金額の設定にあたっては、以下の対応を行うのが一般的である。

①MTM掛目の設定

　MTM金額は、時々刻々変化する為替相場水準によって変化していく。このため、一般的には為替予約与信稟議に際して、銀行ごとにMTM金額を予め予想し、為替予約与信極度（元本）に対する掛け目（MTM掛目）を決めておくケースが多い。具体的には為替予約の想定元本額（為替予約締結金額）に20％や30％など、各銀行で定めた割合（掛目）を掛けて、算出した金額を為替予約与信稟議金額とするものである。

②為替予約の種類によるMTM掛目の違い

　一般的に為替予約締結日から履行日までの期間（予約期間）が長くなればなるほど為替相場変動の確率は高くなる。これは、MTM金額増加の可能性が大きくなることを意味する。逆に予約期間の短いものや、外貨定期預金の期日解約時に履行する為替予約などの場合、為替予約が不履行になる可能性が小さいために、MTM金額をあまり考慮する必要のないものもある。これをまとめる

●図表 4 －14　為替予約の種類別稟議金額の考え方●

為替予約の種類	為替予約不履行の可能性	MTM金額	為替予約与信稟議の要否
外貨定期預金などの解約手続きに使用する為替予約	予約履行対象取引が存在するので、可能性はほぼない	考慮せず	不要
2営業日後に履行する為替予約超短期為替予約	与信期間が極めて短いために、可能性は極めて小さい	考慮せず	稟議要 想定元本（取組金額）で管理
予約期間が1年以内の為替予約短期為替予約	短期間の与信のため、長期為替予約対比、小さい	1年以内の予約期間に応じたMTM掛目を設定	稟議要 想定元本×MTM掛目で算出
予約期間が1年超の為替予約長期為替予約	長期間の与信のため、短期為替予約対比、大きい	予約期間の長さに応じたMTM掛目を設定	稟議要 想定元本×MTM掛目で算出

と図表4−14のようになる。

❸ 為替予約与信の契約関係

前述の通り、為替予約取引を始めるにあたり銀行は銀行取引約定書等の他に「外国為替先物取引約定書」「リスクに関する重要事項説明書」など銀行所定の約定書、確認書などを顧客との間で締結する。これらの主要な内容は以下の通りである。

（1）定義（1条）

この約定書で定義される予約取引とは、「外国通貨をもって表示される支払手段または外貨債権の売買を当該売買の契約日以後の一定時期に一定の外国為替相場により履行すべき取引」とされ、為替予約取引の法的性格は売買契約と位置づけられる。

（2）自己責任の原則（2条）

顧客は自らの責任と計算においてのみ、銀行に対して為替予約を申し込むものと定められている。

（3）取引内容の確認（3条）

顧客は為替予約締結後、直ちに為替予約の内容を確認するために、銀行所定の手続きにしたがい、為替予約締結確認票または為替予約取引確認書を作成して銀行に提出する。万一、銀行の帳簿などに記載された内容と顧客が提出した確認票の内容とが相違する場合などには、顧客は銀行の帳簿などに記載された内容にしたがうことと定められている。

（4）取引の独立性（4条）

顧客は為替予約取引に関係する外国向為替手形の買取や外貨建貸付などがある場合に銀行がこの為替予約の締結によって、それらの取引などを応諾したことを意味するものではないことを理解すると定められている。これは、為替予約を締結した後でも、銀行は顧客に対して、その為替予約を履行する予定の与信取引を実行することを、必ず約束するものではないことを意味する。

（5）履行（5条）

為替予約は受渡期日に必ず履行するものとし、理由の如何を問わず顧客が万一為替予約の一部でも不履行した場合、これによって銀行に生じた全ての損

4

予約・為替相場

害は顧客の負担とし、直ちに支払うことが定められている。

（6）解約・期日の変更（6条）

　5条の定めにかかわらず、顧客がやむを得ない事情により予約の解約、延長、期日前履行などを依頼するときは銀行の承諾を要するものとし、これによって銀行に生じた全ての損害は顧客の負担とし、直ちに支払うことが定められている。

（7）債務不履行による損害等の負担（7条）

　顧客について期限の利益の喪失（銀行取引約定書5条）事由が1つでも生じた場合には、いっさいの為替予約は解除されたものとし、この解除によって銀行に生じた全ての損害は顧客の負担とし、直ちに支払うことが定められている。

（8）譲渡・質入れの禁止（10条）

　顧客が締結した為替予約による権利は、銀行による承諾がなければ他に譲渡・質入れをしてはならないと定められている。

③　対顧客為替予約

1 為替予約相場の決定方法

（1）為替予約相場決定の考え方

　為替予約で締結する外国為替相場（先物相場、為替予約相場）は、交換する通貨の金利と直物相場によって決定される。ここでは、簡単な事例（事例2・図表4－15）を利用して相場決定の考え方を説明する。

　事例2　　1年後の為替相場計算

仮定

米ドル／円の直物相場　　　1米ドル＝100.00円

米ドル金利　　　　　　　　6％（年利）

円金利　　　　　　　　　　1％（年利）

100円ずつ持っている2人が、同時に円と米ドルで運用したと仮定する

●図表 4 −15　為替予約相場決定の考え方●

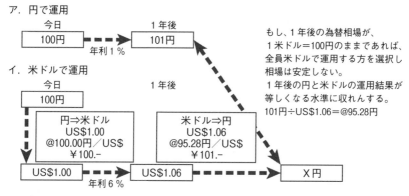

ア．円で運用

今日		1 年後
100円	→	101円

年利 1 ％

イ．米ドルで運用

今日　　　　　　　　　　　　　　1 年後

100円

| 円⇒米ドル
US$1.00
@100.00円／US$
¥100.- | 米ドル⇒円
US$1.06
@95.28円／US$
¥101.- |

| US$1.00 | → | US$1.06 | | X 円 |

年利 6 ％

もし、1 年後の為替相場が、
1 米ドル＝100円のままであれば、
全員米ドルで運用する方を選択し
相場は安定しない。
1 年後の円と米ドルの運用結果が
等しくなる水準に収れんする。
101円÷US$1.06＝@95.28円

この事例では、95.28円／US$が為替予約相場となる

事例 2 では、100円ずつ持っている 2 人が、同時に円と米ドルで 1 年間運用するものとし、運用開始日の直物相場が 1 米ドル＝100.00円、運用利回り（金利）が円、米ドルそれぞれ 1 ％、6 ％だと仮定する。この場合、円で運用する人は100円、米ドルで運用する人は 1 米ドルを運用することとなり、1 年後の運用結果はそれぞれ101円、1.06米ドルとなる。

ここで、1 年後の為替相場を考えてみる。仮に 1 年後の為替予約相場が直物相場と変わらない100.00円で締結可能な状況だとすると全ての市場参加者は、米ドルの購入に動く。しかし為替相場は、売買双方の取引があって初めて成立するため、このような状況では直物相場が円売り米ドル買い（円安米ドル高）、先物相場は円買い米ドル売り（円高米ドル安）となるので、1 米ドル＝100.00円という為替相場は成立しない。では、どのような水準であれば、為替相場が成立するのだろうか。それは、1 年後の円、米ドルそれぞれの運用結果が等しくなる相場水準である。直物相場の水準が変わらないと仮定すると、為替予約相場は、101円÷1.06米ドル＝95.28円となる。95.28円よりわずかでも円高、円安の方向になっても為替相場は成立しない。

（2）直先スプレッド

直先スプレッドとは、直物相場と為替予約相場（先物相場）との差である。交換する通貨の金利差により直先スプレッドに変化が出てくる。具体的には、

4

予約・為替相場

金利差が大きくなるほど、直先スプレッドも大きくなり、金利差が縮小するほど、直先スプレッドは小さくなる傾向がある。以下、簡単な事例（事例3・4・5）を利用して相場決定の考え方を説明する。

事例3　米ドル金利　6％（年利）、円金利　1％（年利）（事例2と同じ）
101.00円÷US\$1.06＝95.28円、直先スプレッド4.72円

事例4　米ドル金利　10％（年利）、円金利　1％（年利）（金利差拡大）
101.00円÷US\$1.10＝91.82円、直先スプレッド　8.18円

事例5　米ドル金利　3％（年利）、円金利　1％（年利）（金利差縮小）
101.00円÷US\$1.03＝98.06円、直先スプレッド　1.94円

（3）プレミアムとディスカウント

　一方、交換する相手国通貨の金利水準によって、為替予約相場は、円高方向、円安方向になる。以下、簡単な事例（事例6・7・8）を利用して、金利水準ごとのケースを説明する。

①直先フラット

　外貨の金利＝円金利の場合、先物相場と直物相場は、変化がない。この状態を直先フラットという。

事例6　米ドル金利　1％（年利）、円金利　1％（年利）
（外貨の金利＝円金利）
101.00円÷US\$1.01＝100.00円、直先スプレッド0.00円
直物相場100.00円／US\$＝先物相場100.00円／US\$

②ディスカウント

　外貨の金利＞円金利の場合、先物相場が直物相場に比べて円高／外貨安となる。この状態をディスカウント体系といい、先物相場＝直物相場−直先スプレッドとなる。

事例7　米ドル金利　6％（年利）、円金利　1％（年利）
（外貨の金利＞円金利、前述の事例）
101.00円÷US\$1.06＝95.28円、直先スプレッド4.72円
直物相場100.00円／US\$＞先物相場95.28円／US\$（円高／外貨安）

③プレミアム

　外貨の金利＜円金利の場合、先物相場が直物相場に比べて円安／外貨高とな

る。この状態をプレミアム体系といい、先物相場＝直物相場＋直先スプレッド
となる。

　事例 8　　米ドル金利　　0 ％（年利）、円金利　　1 ％（年利）
（外貨の金利＜円金利）

101.00円÷US$1.00＝101.00円、直先スプレッド1.00円

直物相場100.00円／US$＜先物相場101.00円／US$（円安／外貨高）

2 為替予約相場の算出方法

（1）為替相場情報画面

　為替予約を締結する際に為替相場情報画面を参照する。次頁の図表 4 −16は、
代表的な国際通信社であるトムソン・ロイター（Thomson Reuters）が提供
する為替相場情報画面である。

予約・為替相場

●図表 4 −16　為替相場情報画面●

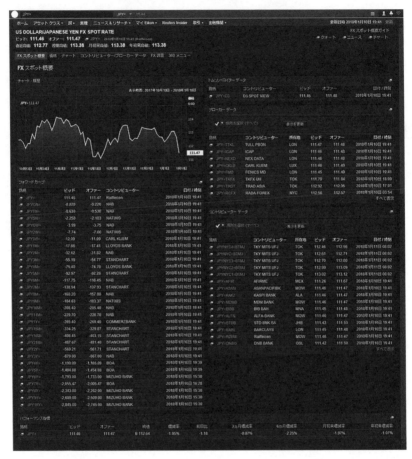

（出所）トムソン・ロイター　2018年 1 月10日19：41

（2）為替相場情報画面の見方

　次に為替相場情報画面の見方について説明する。図表 4 −17は、実際の為替相場情報画面の例だが、最上段に表示される直物相場（Spot）は 1 米ドルの買い値（Bid Rate）が、134円13銭である一方で、売り値（Offered Rate）が134円21銭であることを示している。 2 段目以降には、直先スプレッドの状況が為替予約期間別に表示されている。上から、翌営業日渡し（Over Night−

ON)、翌々営業日渡し（Tomorrow next－TN）、翌々々営業日渡し（Spot
Next－SN）、○週間後渡し（○Week－○W）、○ヵ月後渡し（○Months－○
M）、○年後渡し（○Years－○Y）を意味する。その横に、直先スプレッド
の気配値が銭単位で表示されているが、事例ではマイナス表示になっているた
め、ディスカウント体系であることがわかる。

●図表4－17　為替相場情報画面の例●

		円／米ドル (USD/JPY)			
2023/4/24		買気配 (bid rate)		売気配 (offered rate)	
10:52		直先スプレッド		直先スプレッド	
期間		円	銭	円	銭
直物	Spot	**134.13**		**134.21**	
ON	Over Night	134.10	-2.80	134.20	-1.00
TN	Tomorrow next	134.11	-2.00	134.19	-1.80
SN	Spot Next	134.11	-2.20	134.19	-1.60
1W	1 Week	133.89	-24.20	133.98	-23.20
2W	2 Weeks	133.85	-28.30	133.94	-27.10
1M	1 Month	133.53	-60.50	133.62	-58.80
2M	2 Months	132.90	-123.10	133.01	-120.20
3M	3 Months	132.28	-184.90	132.40	-180.60
4M	4 Months	131.62	-250.80	131.76	-245.40
5M	5 Months	131.04	-309.30	131.20	-301.20
6M	6 Months	130.44	-369.20	130.61	-359.90
9M	9 Months	128.60	-553.50	128.81	-540.60
12M	12 Months	127.01	-711.80	127.31	-689.80
2Y	2 Years	121.74	-1,239.40	122.78	-1,143.30
3Y	3 Years	117.25	-1,688.00	119.10	-1,510.70
4Y	4 Years	112.93	-2,119.90	115.77	-1,843.80
5Y	5 Years	108.93	-2,519.70	112.46	-2,174.60

（出所）三菱UFJ銀行『為替相場情報』　2023年4月24日10：52時点

（3）為替予約相場の算出方法

ここで、輸出（為替）予約と輸入（為替）予約の算出方法について説明する。

①輸出（為替）予約（買予約）

輸出予約は、予約期日に外貨を円に交換する為替予約となる。銀行は外貨を
輸出者から買い取り、外国為替市場に売却し、外国為替市場は外貨を銀行から
買い取る。このため、Bid Rateを基準に直先スプレッドを計算して先物相場を
算出することとなる。

②輸入（為替）予約（売予約）

　輸入予約は、予約期日に円を外貨に交換する為替予約となる。銀行は輸入者に売却する外貨を外国為替市場から買い取り、外国為替市場は外貨を銀行に売却する。このため、Offered Rateを基準に直先スプレッドを計算して先物相場を算出することとなる。

（4）為替予約相場算出の具体例

　ここで、図表4−17の状況下で、簡単な事例（事例9・図表4−18・19）を利用して為替予約相場算出方法を説明する。

　| 事例9 |　輸出予約の締結

売り買いの別　　　　　輸出予約（顧客の米ドル買い、銀行の米ドル売り）

為替予約履行日　　　　3ヵ月後

為替相場優遇　　　　　なし（売買益は通常通り1円／US$）

為替予約相場

　　　Bidレート＋直先スプレッド＝134.13円−184.90銭＝132.28円

●図表4−18　為替相場情報●

2023年4月24日 10：52 期間		円／米ドル(USD/JPY)			
		買気配(bid rate)		売気配(offered rate)	
			直先スプレッド		直先スプレッド
		円	銭	円	銭
直物	Spot	134.13		134.21	
ON	Over Night	134.10	−2.80	134.20	−1.00
TN	Tomorrow next	134.11	−2.00	134.19	−1.80
SN	Spot Next	134.11	−2.20	134.19	−1.60
1W	1 Week	133.89	−24.20	133.98	−23.20
2W	2 Week	133.85	−28.30	133.94	−27.10
1M	1 Month	133.53	−60.50	133.62	−58.80
2M	2 Months	132.90	−123.10	133.01	−120.20
3M	3 Months	132.28	−184.90	132.40	−180.60
4M	4 Months	131.62	−250.80	131.76	−245.40
5M	5 Months	131.04	−309.00	131.20	−301.20
6M	6 Months	130.44	−369.20	130.61	−359.90
9M	9 Months	128.60	−553.50	128.81	−540.50
12M	12Months	127.01	−711.80	127.31	−689.80
2Y	2 Years	121.74	−1,239.40	122.78	−1,143.30
3Y	3 Years	117.25	−1,688.00	119.10	−1,510.70
4Y	4 Years	112.93	−2,119.90	115.77	−1,843.80
5Y	5 Years	108.93	−2,519.70	112.46	−2,174.60

●図表4−19　ディスカウント状況●

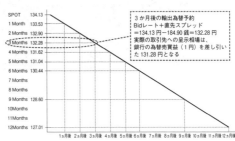

3ヵ月後の輸出為替予約
Bidレート＋直先スプレッド
＝134.13円−184.90銭＝132.28円
実際の取引先への呈示相場は、
銀行の為替売買益（1円）を差し引いた131.28円となる。

　前述の通り、輸出予約は、Bidレートを基準に直先スプレッドを計算して先物相場を算出するため、Bidレート＋直先スプレッド＝134.13円−184.90銭＝132.28円となり、実際の取引先への呈示相場は、銀行の為替売買益（1円）を差し引いた131.28円となる。

④ 為替予約の取消・期日前履行・延長

1 為替予約の取消

　為替予約は、受渡期日に必ず履行する（外国為替先物取引約定書6条）必要があるが、輸出入契約の取消や、不可抗力による荷物船積遅延などやむを得ない事情により、為替予約の取消を行う場合、原則的には当日の直物相場で反対取引を行うかたちを取る。例えば、輸入為替予約の取消では、顧客に一旦輸入為替予約を履行し外貨預金に入金後、直物相場（T.T.B）で円転する。外貨預金などがない場合は、銀行側で反対取引を行い、為替差損が生じた場合はこれを為替予約取消手数料と共に顧客に請求する。

2 為替予約の期日前履行

　輸出入契約や荷物船積が顧客の予想を超えて早まるケースがある。このような場合、原則的には元の為替予約の取消と新たな為替予約の締結を行うこととなるが、例外的に期日前履行を行うことがある。銀行側で取消と締結を行い、為替差損が生じた場合はこれを為替予約期日前履行手数料と共に顧客に請求する。

3 為替予約の延長

　輸出入契約や荷物船積が予定より遅延するケースがある。期限前履行と同様、原則的には元の為替予約の取消と新たな為替予約の締結を行うこととなるが、例外的に受渡期日の延長を行うことがある。銀行側で取消と締結を行い、為替差損が生じた場合は、これを為替予約条件変更手数料と共に顧客に請求する。

　また、為替予約を受渡期日に履行せず実質的に原予約相場で期限延長することをHistorical Rate Rollover（H.R.R）と呼ぶ。H.R.Rは使用方法によっては、顧客の為替差損の先送りを助長する恐れもあるため、1992年に全国銀行協会は、「外国為替取引に関する行内規則（作成例）」という自主規制ルールを作成した。現在は、これをもとに各銀行で「H.R.Rの原則禁止」の行内ルールを定めている。本ルールの主要なポイントは、以下の通りである。

（1）為替予約延長事由

　為替予約の延長は原則応じてはならないが、合理的な理由に基づく真にやむを得ない場合に限り、延長に応ずることができる。合理的な理由とは、船積遅延、船積書類到着遅延、プロジェクト関連の完工遅延など顧客にとって営業上の理由が明らかであり、個別取引と延長為替予約のとの関連が明確である場合である。

（2）為替予約延長期間

　例外的に為替予約を延長する場合でも為替予約延長期間は可能な限り6ヵ月以内に限定することとし、1年を越える延長には応じてはならない。戦争、災害、接収など不可避的な理由による為替予約延長については、例外的に1年を越える延長に応じてもよいとされている。

（3）為替予約延長回数

　為替予約延長回数については、自主規制ルールでは明確化されていないが、1回限りの延長回数と定める銀行が多い。

為替操作

① 持高操作

1 為替操作の必要性

銀行と顧客の間では、日々さまざまな外国為替取引が行われている。銀行はこれらの取引によって、外貨債権（外貨資産・買為替）と、外貨債務（外貨負債・売為替）、さらには直物為替と先物為替を保有することとなる。顧客からの依頼に応じて単に取引を受け付けるだけでは、通常これらに不均衡が生じてしまう。不均衡を放置すると銀行にとって為替リスク等の危険が伴うため、銀行は外国為替市場と為替の売買によって、この不均衡をなくす操作を行う。これを為替操作という。為替操作には、為替リスクを回避するために行う持高操作と外貨資金の過不足を調整するために行う資金操作の2つがある。

2 為替持高

為替持高（ポジション－Exchange Position）とは、外貨債権と外貨債務の差額を指す。外貨債権が外貨債務を超過している状態のことを買持（Overbought Position）といい、外貨債務が外貨債権を超過している状態のことを売持（Oversold Position）という。また、外貨債権・債務の金額が等しい状態のことをスクエア（Square Position）という。

●図表4－20　為替持高の区分●

買持　　　　　　　スクエア　　　　　　売持

❸ 為替持高の不均衡リスク

　為替持高が不均衡になるとどのようなリスクが発生するのであろうか。特に大切な点は外貨債権・債務の円貨換算額が為替相場の変動に伴い、変化する可能性があることである。

　例えば、顧客から輸出手形を１米ドルあたり112.00円（T.T.B）で買取したとする。買取日の為替相場が、当日の仲値付近で安定していれば、顧客から買い取った米ドルを、外国為替市場に113.00円で売却し、為替売買益（１米ドルあたり１円）を確保することができる。しかし、為替相場は常に変動しており、円安・米ドル高に推移し、１米ドルあたり115.00円になれば大きな為替差益（１米ドルあたり３円）を得ることができる一方、逆に円高・米ドル安に推移し、１米ドルあたり111.00円になれば、大きな為替差損が発生してしまう。これらの関係をまとめると図表４−21のようになる。

●図表４−21　為替持高不均衡による為替リスク●

為替持高（Exchange Position）	状態	不均衡によるリスク（為替リスク）
買持（Overbought Position）	外貨資産＞外貨負債	あり　円高による為替差損発生リスク
売持（Oversold Position）	外貨資産＜外貨負債	あり　円安による為替差損発生リスク
スクエア（Square Position）	外貨資産＝外貨負債	なし

❹ 為替持高の種類

（1）直物持高と先物持高

　為替持高は、図表４−22のように、大きく直物持高（または現物持高−Spot Position）と、先物持高（Forward Position）に分類できる。直物持高は、銀行などのバランスシート（貸借対照表−B/S）上に計上され、外貨資産・負債の差額を表す。先物持高は、将来発生する外貨資産・負債の差額を表す。また、直物持高と先物持高を合計したものを総合持高（Overall Position）という。

（2）直物持高

　直物持高のうち、デポ・コルレス銀行や海外本支店への預け金や預り金、海

●図表4−22　為替持高表の構成●

			外貨資産（外貨債権）	外貨負債（外貨債務）
総合持高	直物持高・現物持高	現金持高	外国他店預け 外国他店貸 本支店勘定	外国他店預り 外国他店借 本支店勘定
		経過勘定	外国通貨 コールローン 外貨貸付金 外貨買入外国為替 外貨取立外国為替 外貨有価証券	外貨預金 コールマネー 外貨借入金 外貨売渡外国為替 外貨未払外国為替
	先物持高		対顧客買予約 対市場買予約	対顧客売予約 対市場売予約

外本支店との資金決済のための本支店勘定などにある外貨は現金持高（Cash Position）という。また、現金持高に移行する前段階の経過的外貨資産・負債勘定の残高のことを経過勘定（または直物持高[注]、Actual Position）という。

（注）Spot Positionとは異なる。

（3）先物持高

　先物持高とは、為替予約に伴い発生する持高のことをいう。買予約は将来発生する外貨資産、売予約は将来発生する外貨負債を意味し、この差額が先物持高となる。これらはB/S上に資産または負債として計上されないオフ・バランス取引となる。

5 為替持高の把握

　銀行では各営業店で外国為替取引を受け付けた際に、その取引情報がシステム上で本部に送られる。システム対応がなされていない取引や、取引制限時間内に処理できなかった取引については、別途電話などあらかじめ定められた行内手順にしたがって、取引明細を本部に連絡する必要がある。この際、取引種類、取引通貨、金額、売り買いの別、適用相場の種類を正確に伝える必要がある。適用相場の種類とは一般的に、SPOT（当日の為替相場、直物相場）、CONT（為替予約の履行）、NON-EXCHANGE（外貨預金から入出金するなど、

通貨の交換が行われない取引）のことをいう。

　このように銀行本部は、日々の為替持高を迅速、正確に把握するために、営業店から送られる為替持高に関する報告（ポジション報告）に基づき、為替持高に関する情報を一元管理し、持高操作や資金操作を行う。

６ 持高操作の内容

　持高操作は総合持高の調整を行うことで、為替リスクを回避することが目的である。持高操作の基本的な考え方と事務手順はスクエア主義、為替マリー実施、カバー取引の３つとなる。

（１）スクエア主義

　銀行は自行の相場観に基づき、そのリスクと責任において積極的に為替持高を発生させる。ディーリング取引を除き、顧客取引から生じた為替持高については、スクエアにすることを原則としている。このために、正確・迅速なポジション報告体制の構築が必要となる。

（２）為替マリー実施

　為替マリーとは、買為替（外貨資産）と売為替（外貨負債）を結びつけることをいう。持高をスクエアにするために、第１段階として自行内で買為替と売為替を相殺する。

（３）カバー取引

　為替マリーによって相殺しきれなかった持高については、外国為替市場においてカバー取引を行う。

② 資金操作

１ 資金操作の目的

　外国為替取引の資金決済は個別にコルレス銀行との間で行われるため、外貨資金の過不足が発生してしまう。このため銀行は海外デポ・コルレス銀行の預け金勘定などの外貨資金の過不足を調整する必要に迫られる。資金操作は個々の過不足調整を目的とする。

❷ 資金操作の種類

　資金操作は資金の時間的ズレと場所的なズレにより発生する過不足を調整する。これを時間的調整、場所的調整という。

　外貨が一時的に余剰となった場合や不足した場合に、スワップ操作（Swap Operation）によって、外国為替市場で余剰する外貨資金の運用や不足する外貨資金の調達を行う。スワップ操作では外貨が不足した場合、直物為替の買いと先物為替の売りを同時に行い、外貨資金を調達する。逆に余剰となった場合は、直物為替の売りと先物為替の買いを同時に行い、外貨資金を運用する。いずれの場合も同額の売り買いを同時に行うので、総合持高を変えずスクエアを保つことができる。

❸ 為替裁定取引

　裁定取引（アービトラージ－Arbitrage）とは、同じ商品でも取引市場の所在地の違いや現物と先物間、瞬時の時間差で価格に乖離（価格差）が生じることがあり、そのわずかな乖離を利用して売買を行い、利ざやを得る取引のことをいう。

　外国為替取引では異なる市場で同時に建値された相場間の乖離を利用した取引や、異なる期日の直先スプレッドの乖離を利用する取引などがある。また、2 国間の金利差を利用してスワップ取引を行い、利ざやを得る金利裁定取引などもある。

❹ 為替リスク回避策

（1）為替予約

　為替予約とは将来の特定日または特定期間に行われる外国為替取引に適用する為替相場をあらかじめ締結することにより、将来支払うべき、または受け取るべき円貨額を確定し、為替相場変動によるリスク（為替リスク）を回避することができる。将来発生する外国為替取引で使用する為替相場を予約しておくことで輸出者は売買契約後に円高になっても、当初の予定通りの代金回収が可能となり、輸出取引の採算は悪化しない。また、輸入者は売買契約後に円安に

なっても当初の予定通りの仕入代金の支払が可能となり、輸入取引の採算は悪化しない。

　一方、為替予約は必ず締結した為替相場で外国為替取引を行わなければならないというデメリットもあり、輸出者は売買契約後に円安になっても、円安メリットは享受できず、輸出取引の採算は改善しない。また、輸入者は売買契約後に円高になっても円高メリットは享受できず、輸入取引の採算は改善しない。加えて外国為替取引の当日になって直物相場の方が有利な相場水準であっても、為替予約を取り消すことはできないため、注意が必要となる。

（2）外貨マリー

　外貨建て販売代金の回収資金を円に交換せず、そのまま外貨建仕入代金の支払にあてる方法のことを外貨マリー（Marry）という。輸出入取引双方を行っている商社などにはメリットがある方法である。外貨マリーを行うことで銀行に支払う売買益が不要となり、コスト削減に役立つ。ただし、外貨マリーを行うには外貨の受け払い時期をそろえる必要がある。また、輸出取引および輸入取引の金額が偏らずにバランスよく行われていることも、外貨マリーを行うために必要な条件の1つである。

（3）通貨オプション

　銀行との間で「通貨を売買する権利」を売買する取引のことを通貨オプションという。オプション（Option）とは「対象となる資産（金利、通貨、商品等）を、予め決められた日に決められた価格で売る権利／買う権利」のことをいう。決められた日のことを権利行使期日と呼び、決められた価格のことを権利行使価格（ストライク・プライス）と呼ぶ。詳しくは、第6章で述べる。

　通貨オプションを利用すると、為替予約に比べて柔軟な為替リスクヘッジが可能となる。例えば輸入者が6ヵ月後に行われる輸入代金支払いに備え、6ヵ月後に1米ドルを100.00円で買う権利（ドルコール・オプション）を購入し、6ヵ月後、通貨オプション行使期日に直物相場が1米ドル120円（円安ドル高）となったとする。この場合、輸入者は購入したプット・オプションを行使することで、1米ドルを100円で購入することができる。これにより輸入者は円安リスクを回避したこととなる。

　一方、通貨オプション行使期日に直物相場が1米ドル80円（円高ドル安）と

なったとする。この場合、輸入者は購入したプット・オプションを行使するよりも当日の直物相場で１米ドルを80円で購入する方が有利な取引条件となる。このため輸入者は購入したプット・オプションを放棄する。これにより輸入者は円高メリットを享受することとなる。

（4）リーズ・アンド・ラグズ

　リーズ・アンド・ラグズ（Leads and Lags）とは、輸出入者の相場観により外貨と円の交換時期を早め（Leads）たり、遅らせ（Lags）たりして、調整する方法のことをいう。今後円安になると予測する輸入者は、外貨での支払いを早めることで円安リスクを回避しようとする。また、今後円高になると予測する輸出者は外貨での受取を早めることで、円高リスクを回避しようとする。しかし、輸出入者の相場観がはずれた場合には為替差損が発生することとなる。このことから、リーズ・アンド・ラグズは、為替リスク回避策としては不十分との考え方もある。

（5）円建契約

　輸出入契約そのものを円建てで行うことにより、為替相場の変動による影響を回避しようとするものである。円建契約であれば、契約後に生じた円高、円安に影響されることなく、当初の契約金額で取引が可能となる。

　しかし、海外の取引相手方からみれば、これは日本側の輸出入商から、為替リスクを押し付けられることを意味する。円高（外貨安）になれば、海外の輸入者にとっては、外貨建支払金額が増加することとなる。逆に円安（外貨高）になれば、海外の輸出者にとっては、外貨建受取金額の減少につながる。このように、円建取引は海外の取引相手方にとってリスクが大きいため、輸出入契約交渉が難航する可能性がある。

　また円建契約締結に成功したからといって、日本側の輸出入者にとって、必ずしも為替リスクから解放されることを意味しない場合もある。輸入者が円高局面で海外の輸出者から価格引き上げを求められ、これに応ぜざるを得ない場合や輸出者が円安局面で、海外の輸入者から価格引き下げを求められ、これに応ぜざるを得ない場合などである。海外の取引相手方との価格交渉能力にも影響を受けることに留意しなければならない。

4

予約・為替相場

（6）ネッティング

　海外の取引相手方との間で外貨建ての債権と債務の双方が存在するとき、債権と債務を相殺し、差額のみを受払するのがネッティング（Netting）である。1998年の外為自由化に伴い、わが国ではネッティングを自由に行うことができる。ネッティングを行うと相殺した部分の為替リスクはなくなる。しかし、相手国側の外国為替関連法令によりネッティングが規制または禁止されていることがあるので、相手国の法制度などを事前に確認しておく必要がある。

（7）クーポンスワップ取引（通貨スワップ取引）

　通貨スワップ取引（Cross Currency Swap）とは、異なる通貨のキャッシュフローを交換する取引である。通貨スワップ取引のうち、想定元本の交換を伴わないものをクーポンスワップ取引（Coupon Swap）という。輸出入取引などの為替リスクヘッジ策としては元本交換のないクーポンスワップ取引が利用される。詳しくは、第6章で述べる。

　クーポンスワップ取引を始め、いわゆる長期為替予約など、長期間にわたって為替リスクヘッジを行う場合には注意が必要である。為替予約同様、これらの為替リスクヘッジ策は取組後の解約は原則できない。輸入者の輸入仕入額が予想外に減少または消滅した場合、為替リスクヘッジが宙に浮くことになる。また、予想外に大幅な円高になった場合などに国内の取引先（輸入商品の販売先）から価格引下げを求められ、これに応ぜざる得ないケースでは、輸入仕入れ金額が高止まりすることから、輸入者の採算が大幅に悪化する恐れがある。これらのことから、長期間の為替リスクヘッジを検討する際には、取引の継続性（確実に為替リスクヘッジ対象取引が行われるかどうか）や顧客の価格交渉力（為替相場状況によって、不利な価格設定を追い込まれないかどうか）について慎重に検討しなければならない。

（8）NDF取引（差金決済型為替予約）

　ノンデリバラブル・フォワード（Non-Deliverable Forward）とは、為替リスクヘッジの対象通貨を米ドルなどの主要通貨と交換する為替予約を事前に締結し為替予約履行日の直前（通常2営業日前）に対象通貨と主要通貨を交換する反対為替予約を締結し為替予約履行日に2つの予約を相殺し、差金の受払を行う取引である。

　アジアなど外国為替取引規制により、自国通貨の流通を制限する国や外国為替市場が十分に整備されていない国などの通貨に関して為替リスクヘッジを行う際に利用される方法である。アジア地域における代表的なNDF対象通貨としてインドネシアルピア、マレーシアリンギット、フィリピンペソ、インドルピー、中国人民元、韓国ウォン、台湾ドルなどがあげられる。

4

予約・為替相場

第 **5** 章

貿易外取引

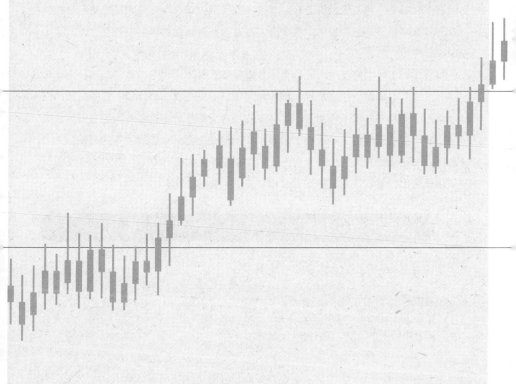

仕向外国送金

① 送金の基本的仕組み

　インターネットを介し、海外通販も一般的となり、クレジットカード決済で気軽に個人輸入が可能な時代になっている。個人では商品代金支払のため、わざわざ銀行窓口で外国送金を依頼するケースは以前に比べて、減少している。ただし留学費用の支払や子弟へ仕送りなど定期的にかつ遅滞なく行われる必要のある取引も数多くある。

　法人取引での輸入代金決済などでは、電信送金がかなりの頻度で使われている。国際間の貸借を為替により決済する方法が外国為替取引であり、外国送金がその典型である。

　図表５−１は電信送金の流れを示している。外国送金を本邦側から仕向ける形となっているが、仕向銀行・被仕向銀行（海外の支払銀行）との間には、資金移動を仲介する第三の銀行が存在する場合もある。これら外国送金の関係者は法的には委任契約で結ばれている。仕向送金を銀行に依頼する送金依頼人とも「外国送金依頼書」により委任契約を締結することになる。したがって銀行には民法上の善管注意義務が課せられる。

② 送金方法の種類

　外国送金の方法には、大きく３つある。

・電信送金（T/T：Telegraphic Transfer）
・普通送金（M/T：Mail Transfer）
・送金小切手（D/D：Demand Draft）

　電信送金は、セキュリティが極めて高い国際金融決済システムスイフトでの発電が中心となり、安全確実に送金を取り組むことができる。普通送金は、送

金指図文言を郵送で行うため、非常にリスクが高く現在この取扱をする金融機関は非常に少ない。送金小切手は、送金依頼人自身が海外の相手先に送るもので、基本的に送金人の自己責任となる。誕生日プレゼントにバースデイカードを添えて送るなど少額送金の個人ニーズがある。

●図表5－1　電信送金の流れ（通知払方式および請求払方式）●

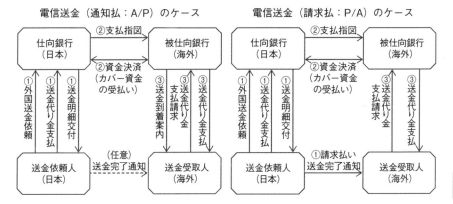

　左側の「通知払Advise and Pay：A/P」とは、支払銀行（被仕向銀行）が受取人に送金到着を知らせた上で支払うよう委託する方法である。通常は通知後、口座入金され最も確実な方法となる。

　右側の「請求払Pay on Application：P/A」は、支払銀行に対し、送金受取人から支払請求があった場合に、本人確認を行った上で支払うことを委託する方法となる。これは、受取人が短期滞在の旅行者などで通知払が困難な場合の方法である。本人確認用のパスポートナンバー等のID番号を送金依頼書上の受取人欄に記入してもらい、支払銀行に通知する必要がある。仕向送金は通常の取扱では「通知払A/P」とし、口座入金される。「請求払P/A」は実務上不確定な要素が多く真にやむを得ない場合以外は回避されるべきものである。

5

貿易外取引

●図表 5 - 2　送金小切手取組の流れおよび送金小切手券面記載内容（書式例）●

送金小切手（Demand Draft：D/D）のケース

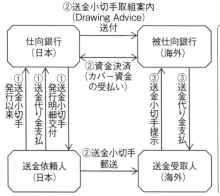

The Gaitame Bank,Ltd.　Ref.No.　001-DDS-123000（小切手発行番号）
Tokyo.　　Jan 15.201X　（振出地、振出日）
AMOUNT　US$10,000.00　（金額複記）

PAY AGAINST THIS CHECK
TO ORDER OF　　ABC Corporation. New York　（受取人）

THE SUM OF　US Dollars Ten Thousand Only（送金小切手金額）

To Union Development Bank　　The Gaitame Bank.Ltd.
Head Office, New york, USA　　International Dept.
（振出銀行 サイン）
（支払銀行）
(Yasuo Tanaka)Authorized Signature

　図表 5 - 2は送金小切手の流れを示している。送金小切手は電信送金と違い、小切手が仕向銀行より送金依頼人に対し発行交付され、その小切手は送金依頼人自身が送金受取人宛に送付する方法である。仕向銀行は、支払銀行を通常自行のデポ・コルレス銀行から選択し、送金取組通知（Drawing Advice）を送付する。支払銀行では、この通知をもとに仕向銀行からの資金到着を確認して、送金小切手の支払呈示に備える。支払時には必ず本人確認を行うため、送金依頼人は受取人に対しパスポート等のIDの提示を求められることを知らせておくことが必要である。なお、送金小切手は盗難・紛失などの危険性が高く、そのリスクは送金依頼人に十分説明し理解してもらう必要がある。また、金融機関によっては、電信送金（Advice & credit）のみの取引に限定しているところも多いのが近年の趨勢である。

③　外国送金受付時の法令上の確認・報告事項について

■ 税法上の本人確認…クロスボーダー取引がその対象

　「国外送金等調書法」に基づき、顧客の個人番号（マイナンバー）・法人番号の告知が必要である。この告知書は通常「外国送金依頼書」の中に組み込まれている。この告知書を受理する時点で銀行の本人確認義務が課されており、本

人確認書類の提示を求め本人確認を行う。また銀行では、金額が100万円相当
額を超える場合、税務署宛「国外送金等調書」を作成し所轄税務署に提出する。

② 「犯収法4条」に基づく本人確認

マネーローンダリング防止措置がこれにあたる。10万円を超える現金による
外国送金など、本人確認済み預金口座から振替を除いて税法上の本人確認とは
別に本人確認を行う必要がある。

③ 「犯収法8条」に基づく「疑わしい取引」の届け出義務

上記②に付随する。

④ 適法性の確認義務（外為法17条関連）

資産凍結等経済制裁に関する外為法令の遵守に関する確認義務があたるが、
経済制裁（北朝鮮・イラン規制関連取引など）に関しては都度変化するため財
務省WEBサイトなどで最新の確認範囲を把握しておく体制が重要となる。

銀行等の確認義務の履行にあたっては、最新の「外国為替検査ガイドライ
ン」（財務省国際局）にしたがって資料（エビデンス）の提示を求め確実に行
う必要がある。制裁対象者および対象品目等の最新情報については、財務省お
よび経済産業省WEBサイトに掲載されている。

外為法に基づく支払等規制については以下のとおりである（北朝鮮・イラ
ン・ロシア関連のものを抜粋）。

①北朝鮮の「貿易に関する支払規制」
・北朝鮮を原産地または船積地域とする全ての貨物の輸入または仲介貿易に係
　るもの
・北朝鮮を仕向地とする貨物の仲介貿易に係るもの
　※北朝鮮の近隣国が取引相手国となっている場合、越境リスクが特に高く、
　　商品名・都市名・原産国・船積地または船積みを行った都市名等を送金の
　　理由となる資料（エビデンス）を徴求し確認する必要がある。
②北朝鮮の「資金使途規制」
・「北朝鮮の核関連計画等に貢献し得る活動」に寄与する目的で行なわれるもの

5

貿易外取引

③北朝鮮に対する「支払の原則禁止」
- 人道目的かつ10万円以下の場合を除き、北朝鮮に住所等を有する者に対する支払の原則禁止

④イランの「資金使途規制」
- 「イランの核活動等に関連する活動」に寄与する目的で行なわれるもの

⑤ロシア向け「対外直接投資に関する規制」
- ロシア連邦向けの新規の対外直接投資
- ロシア連邦内で行う事業活動資金の支払およびロシア連邦以外で行う事業活動でロシア企業等が関与する場合の事業活動資金の支払

⑥ロシア・ベラルーシ向け「役務取引に関する規制」
- ロシアまたはベラルーシに対する規制対象に関する役務取引（技術提供等）の禁止

⑦ロシア産原油等の価格上限に係る資本取引に関する規制
- ロシアを原産地とし、海上において輸送される原油等の上限価格を超える購入に関連する、金銭の貸付契約または債務の保証契約に基づく債権の発生等に係る取引の禁止

⑧ウクライナ情勢に関する外国為替および外国貿易法に基づく措置
- 資産凍結等の措置
  外務省告示により「ドネツク人民共和国（自称）」および「ルハンスク人民共和国（自称）」（以下「両「共和国」」という）関係者として指定された個人・団体
- 両「共和国」との輸出入禁止措置
  ウクライナ（両「共和国」を原産地および仕向地とする場合に限る）との輸出入を禁止する措置
- ロシア連邦政府等による我が国における新規の証券の発行・流通禁止措置
- ロシア連邦の特定の銀行による我が国における証券の発行等の禁止措置
- 国際輸出管理レジームの対象品目のロシア連邦向け輸出の禁止等に関する措置
  ウクライナ（両「共和国」を原産地および仕向地とする場合に限る）との輸出入を禁止する措置
- ロシア連邦政府等による我が国における新規の証券の発行・流通禁止措置
- ロシア連邦の特定の銀行による我が国における証券の発行等の禁止措置
- 国際輸出管理レジームの対象品目のロシア連邦向け輸出の禁止等に関する措置

5 本人確認義務（外為法18条関連）

　本人確認を要する場合とは外為法18条において銀行が顧客と「特定為替取引」を行う場合である。この「特定為替取引」とは顧客の本邦から外国に向けた支払または居住者顧客の非居住者との間の支払等で金額が10万円相当額超であるものをいう。この10万円という金額は外為令7条の2にあり、「銀行等の本人確認義務の対象にならない小規模の支払又は支払等」の定めによる。

6 「支払等の報告」を要する場合（外為令18条の4第1項および報告省令1条関連）

　取引金額が3,000万円相当額を超える貿易外取引では、報告省令に従い顧客から「支払又は支払の受領に関する報告書」を提出してもらい、国際収支番号等を記入して日本銀行経由財務大臣宛報告する必要がある。

7 米国（外国資産管理局）による規制（OFAC：The Office of Foreign Assets Control 米国財務省）

　米国において資産凍結経済制裁を管理しているのは、財務省外国資産管理局（OFAC）である。外国送金の関係地等に「北朝鮮、イラン、キューバ、シリア、クリミア地域」が含まれている場合や米国政府により特定されているテロリスト、麻薬取引者、大量破壊兵器取引者、多国籍犯罪組織などの関与する取引（これらは米国のSDNリスト（Special Designated Nationals List）に公表されている）についてはOFAC規制の対象となる。日本国内、日本の居住者が行う取引でも適用されうるとされ、したがって上記内容を含んだ外国送金は事実上受付できないことになる。OFAC規制は都度変更されるため、詳細はOFAC WEBサイトで確認が必要となる。

（注）財務省がホームページで公表している「外国為替検査ガイドライン」では、その策定の背景と目的において、リスクを適時・適切に特定・評価し、リスクに見合った低減措置を講じること（リスクベース・アプローチ）の導入が求められている。また、金融機関等に対して、マネー・ローンダリング等のリスクを特定、評価および低減するための効果的な行動をとることを求めるべきとして、国際情勢を踏まえたリスクの変化等に機動的かつ実効的に対応する必要性を強調している。

5

貿易外取引

8 ウクライナ情勢に関する外国為替及び外国貿易法に基づく措置

2022年2月に始まったロシアによるウクライナ侵攻に伴う、外為法に基づく支払規制や資本取引規制等については累次の措置等を常時確認すること。

なお、外務省・財務省・経済産業省3省合同のプレス発表資料「ウクライナ情勢に関する外国為替及び外国貿易法に基づく措置について」に関しては、経済産業省「対ロシア等制裁関連」にて時系列に公示内容が確認できる。

④ 外国送金依頼書の受付・点検

1 依頼人欄の記名押印または署名の記入

住所・連絡先電話番号は後の照会等で必要となるので確実に記入してもらう。また外国送金依頼書は近年、多くの銀行で「国外送金等調書法」の告知書を兼ねているため、この依頼人欄はその告知も兼ねている場合がある。

依頼人が個人の場合、各行が定める個人情報保護方針に従って、個人情報の利用目的等を説明する（個人情報保護法15条関連）。

2 外為法上の報告等

上記③1～6の適法性の確認および許認可有無や許可等の日付・番号の記入があるかを確認する。資産凍結等経済制裁に関する外為法令の遵守が求められ、国際的な資金移動では常に資金使途規制が厳格に行われている。正確迅速な判断のため自動照合システムなどの対応が進んでいる。

3 送金する通貨・金額・送金の種類が明確に記入されているかを確認する

通貨表示については、依頼書に既に印字されている通貨を選択する場合もあるが依頼人が記入する場合は必ず確認する。近年、送金種類は電信送金ADVICE ＆ PAYまたはADVICE ＆ CREDITのみしか受け付けない銀行も多くなっているが、その送金種類の意味について依頼人に理解してもらう必要があ

る（前記②参照）。

　送金可能な通貨については通常、銀行が制限を設けている。コルレス銀行で決済可能な通貨は限られるので、受付時に依頼人の希望する送金通貨について十分確認する必要がある。米ドル建てが最も多く使用される通貨だが、支払銀行が米ドルから現地国通貨に外貨交換する際の為替変動リスクや、為替レートに含まれる銀行手数料は、受取人側で発生するため、その点も合わせて説明する。

　また、円建送金では、海外の支払銀行や経由するコルレス銀行で円資金決済（資金カバー）が可能かどうか、受付時点で確認する必要がある。円資金決済ができない場合、円建送金は断念し米ドル建等送金可能な通貨を選択してもらう。仮に円建送金が可能であっても、一方的に現地通貨に変換されて支払がなされる場合もあるので注意が必要である。この点に関しては、顧客に交付される「外国送金取引規定」（受取人に対する支払通貨）に条文としての記載があるので依頼人に確認してもらう。

4 送金目的の確認

　送金目的は外為法上適法かを確認する重要な項目のため、明確な記入が必要となる。貿易代金・仲介貿易の決済では、商品名欄・原産地欄などを確実に記入してもらう。また輸入割当商品に該当する場合もあるため、魚介類では具体的魚種までの記入が必要となる。

5 依頼人氏名・住所の英文

　外国送金依頼書の記載内容は、電文として海外に送信される。その際、日本の法律のみならず、米国OFAC規制等各国経済制裁関連規制に対応し、厳格な確認が求められている。したがって正確を期すためアルファベット（ラテン文字）の大文字での記入が必要である。また依頼人・受取人の英文名は必ずフルネームでの記入を求めること。英文住所については、必ず国名・都市名の記入があることを確認する必要がある。

⑥ 支払銀行（受取人の取引銀行）の銀行コードの記入確認

　欧州向けや中東向けではBICコード　スイフトコードあるいはIBANなどが主に使われている（BIC：Bank Identifier Code、IBAN：International Bank Account Number）。米国向けでは、ABA番号（ABA：American Bankers Association）US ABA Routing Numberとも呼ばれる。英国向けではSORT CODEが必須となっている。これらの銀行コードは銀行識別上必須であり、ない場合は支払不能になる可能性がある。受取人口座番号と対で記入してもらうようにする。

⑦ その他の留意点

　外国送金は、金融機関にとってコンプライアンス対応が厳格に求められる業務でありコストに見合わない取引は極力削減される傾向にある。送金小切手の取扱を廃止する銀行も多く、送金通貨種類も限定的な扱いが増えている。その結果、顧客ニーズに細かく対応できない場合があり、受付時にその点を十分納得いただけるように丁寧に説明する必要がある。送金取組時に交付される送金依頼書控および計算書、「外国送金取引規定」は必ず保管してもらうことが重要となる。

　マネー・ローンダリングおよびテロ資金供与対策への管理強化を図るため、現金による外国送金はほとんどの金融機関で取扱中止となっている。また送金直前に依頼人口座へ入金・振込されたものを原資とする場合や、振込依頼人と口座名義人が異なる場合の外国送金も管理上のリスクから取扱するべきではない。

⑤　外国送金取引規定

　外国送金では、国内外を通じて送金ルートが多岐にわたるため、後日のトラブル防止のため「外国送金依頼書　兼　告知書」を徴求する際、「外国送金取引規定」を提示し送金依頼書の記入内容や事前に送金依頼人に理解しておいてほしい内容について説明を行う。特に初めて受け付ける送金依頼人については

十分な説明を行う。多くの銀行では外国送金依頼書が同規定を含む組み合わせ帳票になっており、「お客様控え」と合わせて保管しておくことをお願いする。

　各銀行が使用している「外国送金取引規定」は銀行間で統一されたひな型をもとにしており内容は概ね16条（または項目）から構成されている。

1 外国送金取引規定の主な項目

　各条項の全文は各行所定の同取引規定を参照のこと。

（1）適用範囲

　「外国送金依頼書　兼　告知書」の適用範囲を規定している。外国送金以外に、国内にある本支店または他行にある受取人の預金口座への外貨建送金取引や（非）居住者と非居住者間における国内にある本支店や他行にある受取人の預金口座への円貨建送金取引も同依頼書の適用範囲である。

（2）定義

　この規定にある「外国向送金取引」「支払指図」「支払銀行」「関係銀行」について定義している。

（3）送金依頼書

　基本的事項は下記の通りである。

> ①　送金依頼の受付時間や所定事項の正確な記入や依頼書に記載された事項を依頼内容とする旨の確約
> ②　受付時の外国為替関連法規上の手続き
> ・送金目的その他所定の事項の記入
> ・告知書に必要とされる事項の提出
> ・住民票の写し等所定の本人確認書類の提示
> ・許可等が必要とされる取引の場合の許可等を証明する書面提示または提出
> ③　所定の送金手数料・関係銀行手数料・諸費用の支払

（4）送金委託契約の成立と解除等

　送金委託契約の成立時期と解除について規定し、銀行が一方的に解除できる条件について規定している。

5

貿易外取引

① 取引等の非常停止に該当するなど送金が外国為替関連法規に違反するとき
② 戦争、内乱、もしくは関係銀行の資産凍結、支払停止などが発生またはそのおそれがあるとき
③ 送金が犯罪にかかわるものであるなど相当事由があるとき

（5）支払指図の発信等

　支払指図は遅滞なく関係銀行に対して発信される。また送金実行のために、日本および海外の関係各国の法令・制度・勧告・習慣、関係銀行所定の手続き、または外国送金に用いられる伝達手段における要件等に従って、さらに送金受取人に伝達されることがある。

　銀行が送金依頼人の指定に従うことが不可能と認めたときや、送金依頼人の指定に従うことによって、送金依頼人に過大な費用負担または送金に遅延が生じる場合などで、他に適当な関係銀行があると銀行が認めたときは、依頼人に対し速やかに通知する。

　支払指図の伝送手段は、銀行が適当と認めるものを利用し、生じた損害については、自行の責に帰す事由によるときを除き、銀行は責任を負わない。

（6）手数料・諸費用

　所定の送金手数料・関係銀行手数料その他この取引に関連して必要となる手数料・諸費用の支払確約のことである（照会手数料・変更手数料・組戻手数料・電信料・その他照会、変更、組戻に関して生じた手数料・諸費用）。

（7）為替相場

　送金受付時、送金資金を送金通貨と異なる通貨により受領する場合に適用する為替相場は、先物外国為替取引契約が締結されている場合を除き、銀行の計算実行時における所定の為替相場とする。

（8）受取人に対する支払通貨

　受取人に対する支払通貨は依頼人が指定した通貨と異なる通貨となることもある。この場合の支払通貨、為替相場および手数料等については、関係各国の法令、慣習および関係銀行所定の手続きに従う。

　①　支払銀行の所在国の通貨と異なる通貨
　②　受取人の預金口座の通貨と異なる通貨

（9）取引内容の照会等

　送金取引について疑義のあるときは、すみやかに取扱店に照会する。照会を受けて銀行は、関係銀行に照会等調査をし、その結果を送金依頼人に報告する。その際、照会等の受付では、原則所定の依頼書の提出を求める。

　銀行が発信した支払指図について、関係銀行から照会があった場合には、送金の依頼内容について送金依頼人に照会することがある。この場合には、依頼人はすみやかに回答する。相当の期間内に回答がなかった場合や、不適切な回答の場合、当該銀行の責に帰すべき事由によるときを除き、生じた損害について銀行は責任を負わない。

　銀行が発信した支払指図について、関係銀行による支払指図の拒絶等により送金ができないことが判明した場合には、銀行は送金依頼人にすみやかに通知する。この場合、銀行が関係銀行から送金に係る返戻金を受領したときには、直ちに返却する。この場合は以下に規定する組戻し手続きに準じて、所定の手続きを行う。

（10）依頼内容の変更

　送金委託契約成立後にその依頼内容を変更する場合には、所定の内容変更依頼書に、外国送金依頼書に使用した署名または印章により署名または記名押印のうえ、外国送金計算書等とともに提出すること。この場合、所定の本人確認資料または保証人を求めることがある。内容変更依頼書の取扱については銀行が適当と認める関係銀行および伝送手段により、内容変更依頼書の内容に従って、変更の指図を発信するなど、遅滞なく変更に必要な手続きをとる。ただし当該銀行の責に帰すべき事由によるときを除き、この取扱によって生じた損害については、銀行は責任を負わない。

　また関係銀行による変更の拒絶、法令による制限、政府または裁判所等の公的機関の措置等により、その取扱ができない場合がある。変更ができず組戻を行う場合には、組戻の手続きをとる。

5
貿易外取引

(11) 組戻

送金委託契約成立後にその依頼を取りやめる場合には、取扱店の銀行窓口において、以下組戻手続きを行う。その依頼は、所定の組戻依頼書に、外国送金依頼書に使用した署名または印章により署名または記名押印のうえ、外国送金計算書等とともに提出する。この場合、銀行所定の本人確認資料または保証人を求めることがある。

銀行が組戻の依頼を受けたときは、適当と認める関係銀行および伝送手段により、組戻依頼書の内容に従って、組戻の指図を発信するなど、遅滞なく組戻に必要な手続きをとる。組戻を承諾した関係銀行から当行が送金に係る返戻金を受領した場合には、その返戻金を直ちに返却するが、所定の受取書等に、外国送金依頼書に使用した署名または印章により署名または記名押印のうえ、提出する。この場合、所定の本人確認資料または保証人を求めることがある。

(12) 通知・照会の連絡先

銀行がこの送金取引について送金依頼人に通知・照会をする場合には、外国送金依頼書に記載された住所・電話番号を連絡先とする。連絡先の記載の不備または電話の不通等によって通知・照会をすることができなくても、生じた損害について、銀行は責任を負わない。

(13) 災害等による免責

免責内容は下記の通りである。

① 災害・事変・戦争、輸送途中の事故、法令による制限、政府または裁判所等の公的機関の措置等のやむを得ない事由により生じた損害
② 銀行が相当の安全対策を講じたにもかかわらず発生した、端末機、通信回線、コンピューター等の障害、またはそれによる電信の字くずれ、誤謬、脱漏等により生じた損害
③ 関係銀行が所在国の慣習もしくは関係銀行所定の手続きに従って取り扱ったことにより生じた損害、または関係銀行の責に帰すべき事由により生じた損害

④　受取人名相違等の送金依頼人の責に帰すべき事由により生じた損害

⑤　送金依頼人から受取人へのメッセージに関して生じた損害

⑥　送金依頼人と受取人または第三者との間における送金の原因関係に係る損害

⑦　その他当行の責に帰すべき事由以外の事由により生じた損害

（注）被仕向銀行がカットオフ・タイム（cut-off time：支払指図を受信した被仕向銀行が当日中に支払処理すべき受付時間期限）を設けている場合、受取人が予定していた日に受け取ることができない場合もある。これによって生じた損害については上記免責条件にあたるが、時差の少ないアジア地域などこの様なケースが発生する可能性もあり、商品代金決済等で送金資金受取に期限があるような場合は、時間に余裕持って送金を取り組むよう依頼人に十分説明をしておくことが必要である。

(14) 譲渡、質入れの禁止

本規定による取引に基づく送金依頼人の権利は、譲渡、質入れできない。

(15) 預金規定の適用

送金依頼人が、送金資金等を預金口座から振替えて送金の依頼をする場合、預金の払戻しは、関係する預金規定による。

(16) 法令、規則等の遵守

本規定に定めのない事項については、日本および関係各国の法令、慣習および関係銀行所定の手続きに従う。

⑥　送金未着照会

送金依頼人から、送金に関して未着等照会を受けた場合、前記⑤の「（9）取引内容の照会等」に従って、依頼書の提出を求め照会手続きを行う。当該送金取引を受託している銀行として、善管注意義務違反がなかったか、送金依頼書に基づき事務取扱を直ちに点検する。その点検後、速やかに被仕向銀行宛受取人への支払日時の照会を行う。照会打電後、返信が遅延する場合もあり、依頼人には逐次経過報告を行う。

5

貿易外取引

⑦ 送金内容変更

　送金依頼人から、送金に関して内容変更を受けた場合、前記⑤の「(10) 依頼内容の変更」に従って、依頼書の提出を求め変更手続きを行う。

　外国送金依頼書に使用した署名または印章により署名または記名押印のうえ、外国送金計算書等とともに内容変更依頼書を提出してもらう。この場合、所定の本人確認資料または保証人を求めること。依頼書により、内容変更理由を十分確認すること。

　送金金額の変更と送金小切手の内容変更は小切手の性格上、原則できないため、一旦組戻しの手続きを行い、資金返戻後改めて送金を組み直す。

⑧ 送金組戻

　送金依頼人から、送金に関して組戻依頼を受けた場合、前記⑤の「(11) 組戻」に従って、依頼書の提出を求め組戻手続きを行う。所定の組戻依頼書に、外国送金依頼書に使用した署名または印章により署名または記名押印のうえ、外国送金計算書等とともに依頼書を提出してもらう。ただし、正当な組戻依頼人であることの本人確認が大前提である。銀行所定の本人確認資料または保証人を求める。

　本人確認が出来次第、支払銀行宛、受取人への支払が完了しているかを照会し、未払いで送金資金が残っている場合は、送金を取消する旨（支払停止依頼：Stop Payment）を打電する。支払銀行より資金返戻が確認できた場合、直ちに送金依頼人に受取書と引き換えに返戻手続きを行う。円貨支払の場合は、被仕向送金と同様T.T.Bレートを適用し計算書を発行する。「支払又は支払の受領に関する報告書」を提出済みの場合は、同報告書の手引に従い取消を行う。また、提出済み（誤報告分）の報告書と同一内容の報告書（全記入事項を朱記書）を作成する（理由付記）。

被仕向外国送金

① 被仕向送金の留意点

　被仕向送金は、図表 5 － 3 の通り、前節の仕向送金の逆の立場の取引となり、海外から送金を受け取る側になる。送金種類は仕向送金と同じだが、現在では電信送金が多くの取扱を占めており、送金小切手の取扱は過去に比べて減少している。委任関係にある仕向銀行からの支払指図書に従って送金支払手続きを行うが、正確・迅速に善管注意義務を果たす必要がある。送金受取人は多くの場合送金到着外貨を円転する。業務に遅延が発生した場合外国為替相場の推移次第で円転時期を逸したなどクレームが発生し、損害賠償責任を問われる場合もある。仕向銀行からの支払指図に不備等がある場合は遅滞なく照会等の対応が必要となる。

●図表 5 － 3　被仕向送金（電信送金）の流れ●

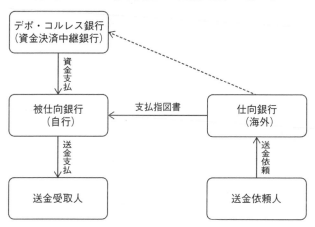

② 送金受取人への被仕向送金到着案内

■1 通知払い（Advise and Pay）

　近年、多くの送金が電信送金扱いであり「通知払い」では受取銀行（被仕向銀行）が資金を受領後、送金受取人に通知すると共に当該口座に入金し、届け出住所に計算書を郵送する流れである。

■2 口座入金手続き

　指定する受取人口座が円預金口座の場合、入金日の当該銀行電信買相場（T.T.B）を適用した円貨額を入金する。口座指定の場合通常到着案内は電話で行われるが、送金の内容次第で銀行の判断で省略する場合もある。口座番号の記載がない被仕向送金の場合は、外為センター等事務管理部門で「外国送金到着案内」を作成し受取人宛て書留郵便送付する。

■3 支払指図書到着後の管理

　支払指図書到着後は、指図内容の点検を行い直ちに受取人への入金手続きに入るが、正当な支払が完了するまでの勘定整理にはその期間経過勘定を起票して管理する。被仕向送金の場合は「（外貨または邦貨）未払外国為替」（負債勘定）を起票する。一定期間経過後も支払請求がないなどの場合、照会や督促を行うが、時系列にそれらの経過を記録して管理に努める。

■4 送金の組戻

　仕向銀行から送金組戻依頼があった場合、まずその通知の真正性を確認し組戻手続きに入る。当該送金が未払の状態で資金が残っている場合は、関係書類に「支払停止」等の表示をし誤って支払われることがないように管理する。「外国送金到着案内」を発送している場合は、直ちに受取人に連絡し本人の同意を得て同案内を取り消す。既に口座入金されている場合も受取人に連絡し送金の組戻依頼があった旨を伝え、本人の同意を得て受取金額の返還をしてもらう。既に正当に支払が完了し、本人の同意が得られない場合はその旨仕向銀行

に状況を通知の上、同行の同意を得ておくことが望まれる。

5 送金小切手の支払

　送金小切手は、送金人から直接受取人へ送付されており、送金受取人が支払銀行（被仕向銀行）に対し支払呈示がある。支払銀行が自行の場合は、当該送金小切手について、仕向銀行から「送金取組通知書」および資金到着を確認する。また支払呈示された小切手振出人署名をコルレス先銀行の署名鑑により照合し、小切手要件に不備がないか確認する。支払提示のあった小切手には受取人の裏書きを確認するが、小切手券面上の名宛人との連続が必要となる。小切手振出日から 6 ヵ月を経過して提示された小切手の場合は、発行銀行（仕向銀行）に照会しその可否を確認する。支払時の本人確認等法的な確認については、後の記述を参照すること。

③ 被仕向送金到着時の外為法等の遵守・確認

1 本人確認

　国外送金等調書法における国外送金等に基づき受取人の個人番号（マイナンバー）・法人番号の告知が必要となる。この告知書を受理する時点で銀行等の本人確認義務が課されており、本人確認書類の提示を求め本人確認を行う。また金融機関では、金額が100万円相当額を超える場合、税務署宛「国外送金等調書」を作成し所轄税務署に提出する。

2 本人確認義務

　10万円相当額を超える被仕向送金の支払が行われる場合、犯収法および外為法18条の特定為替取引として仕向外国送金と同様に本人確認義務が課されている。

3 「支払等の報告」を要する場合

　外為令18条の 4 第 1 項および報告省令第 1 条関連取引金額が3,000万円相当額を超える貿易外取引では、報告省令に従い顧客から「支払又は支払の受領に

関する報告書」を提出してもらい、国際収支番号等を記入して日本銀行経由財務大臣宛に報告する必要がある。

❹ 米国によるOFAC規制（The Office of Foreign Assets Control）

　米国財務省外国資産管理局による取引禁止・資産凍結措置規制に抵触しないことについても、仕向送金と同様確認が必要となる。

クリーンビル・小切手の買取・取立

① クリーンビル

　ドキュメンタリービルが船荷証券など船積書類を伴った荷為替手形を指すのに対しクリーンビルは、それら船積書類を伴わない為替手形や小切手を指す。広く約束手形や銀行振出小切手（バンカーズ・チェック）、パーソナル・チェック、財務省小切手（トレジャリー・チェック）、また国際郵便為替（POSTAL MONEY ORDER）などもクリーンチェックに含める場合があるが、これは郵便局の取扱となる。

② クリーンビルの買取・取立に伴うリスク対処

　2019年4月10日に金融庁による「マネー・ローンダリング及びテロ資金供与対策に関するガイドライン」が大幅に改正強化され、偽造変造等のリスクが極めて高いクリーンビルに関して国内のほとんどの金融機関では、リスク管理実務上その取扱業務を同ガイドライン改正の前後で停止または終了している。
　この措置は米国財務省発行小切手も含む、海外を支払地とする小切手等（外貨・円貨を問わず）を対象とするのが通常であり、自行の事務取扱規程等を十分確認の上、取扱依頼のあった顧客にその旨を説明する必要がある。

■ 偽造・変造に対するわが国の手形・小切手法と英米法の相違

　わが国の手形・小切手法は、「ジュネーブ統一法」に属している。もし手形・小切手に偽造・変造があった場合でも、その事実を知らずに入手した所持人の善意取得は認められ、支払人の免責も認められる。ところが、英国・米国・カナダなどの国が属している「英米法」では、たとえ善意無過失の所持人・支払人であっても、支払後に偽造・変造の事実が発見された場合は、その手形・小切手は無効となり、善意取得も支払人の免責も認められない。従って

後日支払資金の返還を求められることになるので注意が必要となる。

❷「外貨建小切手等取立買取依頼書」の裏面規定

銀行で一般に使用されている「外貨建小切手等取立買取依頼書」の裏面にはクリーンビルの取立・買取の際の規定が定められており、同規定書に従って買取・取立依頼をすることに同意し記名捺印、署名を行う。この規定には上記事象によって発生する返還請求権に関する定めもあり、依頼人に十分説明し理解してもらう必要がある。また裏面規定の定めのない事項に関しては「取立統一規則（国際商工会議所（ICC）制定）」に従って取り扱うことになっている。

③ クリーンチェックの買取・取立に関する外為法等の遵守・確認

❶ 本人確認

国外送金等調書法における国外送金等に基づき受取人の個人番号（マイナンバー）・法人番号の告知が必要となる。この告知書を受理する時点で銀行の本人確認義務が課され、本人確認書類の提示を求め本人確認を行う。また金融機関では、金額が100万円相当額を超える場合、税務署宛「国外送金等調書」を作成し所轄税務署に提出する。

❷ 本人確認義務

10万円相当額を超えるクリーンチェックの買取・取立の支払が行われる場合、犯収法および外為法18条の特定為替取引として仕向外国送金と同様に本人確認義務が課される。

❸「支払等の報告」を要する場合

外為令18条の4第1項および報告省令1条関連取引金額が3,000万円相当額を超える貿易外取引では、報告省令に従い顧客から「支払又は支払の受領に関する報告書」を提出してもらい、国際収支番号等を記入して日本銀行経由財務大臣宛に報告する必要がある。

●図表5－4　小切手取立の流れ●

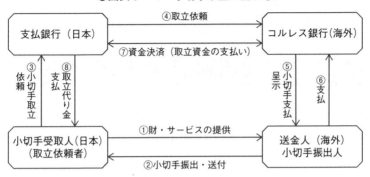

外貨両替

① 外貨両替業務

　外貨両替業務とは、外国通貨および旅行小切手（T/C：Traveler's Check）の売買を指す。訪日外客数は2019年年計で31,882千人と過去最高水準に達したものの、その後コロナ禍のため激減し、2021年計はわずか245千人に留まった。その後、世界的に収束過程に入るとともに規制緩和がすすみ2023年1月〜4月で6,739千人まで訪日外客数は回復してきている（日本政府観光局JNTOデータ）。外貨両替業務に関する偽造変造等のリスクも増加するため、事故・犯罪・トラブル等の未然防止に努める必要がある。

② 両替業務に関する外為法等の遵守・確認

　金融機関では犯罪による収益の移転防止に関する法律および外為法に基づき、顧客が200万円を超える本邦通貨と外国通貨の両替または200万円を超える旅行小切手の売買を行う場合に以下の本人確認等を行うよう義務付けられている。

- ・本人特定事項
- ・取引を行う目的
- ・顧客が自然人である場合は職業、顧客が法人である場合は事業内容
- ・顧客が法人である場合は、その事業経営の実質的支配者の本人特定事項

　また厳格な顧客管理を行う必要性が特に高いと認められる以下に該当する両替取引を「ハイリスク取引」として厳格に確認しなければならない。

① 取引の相手方がその取引に関連する契約等に締結に際して行われた取引時確認（関連取引時確認）に係る顧客または代表者等になりすましている疑いがある場合における両替取引（なりすまし取引）
② 関連取引時確認が行われた際にこの関連取引時確認に係る事項を偽っていた疑いがある顧客との間で行う両替取引（偽り取引）
　　※①・②は金融機関等と顧客との間で継続的な契約等が締結された契約等に基づく取引（単発的両替取引）は該当しない。
③ イラン・北朝鮮に居住しまたは所在する顧客との200万円超の両替取引（イラン・北朝鮮取引）
④ 外国において重要な公的地位にある者等（外国PEPs：Politically Exposed Persons）との200万円超の両替取引（外国PEPsとの取引）
　　なお、取引時確認の対象となる両替取引を判定する際の円相当額への換算方法は、犯収法施行規則第35条の規定に従う。
（注）くわしくは財務省国際局「外国為替検査ガイドライン　第2章3－2両替業務における取引時確認等の履行」を参照

　2022年2月に始まったロシアによるウクライナ侵攻に伴い、外為法に基づく支払規制や資本取引規制等が実施されているため、「ロシア連邦向け支払手段輸出について（令和4年4月5日付）」等ウクライナ関連情報については、財務省WEBサイトで累次の措置等について常時確認すること。

③ 外国通貨または旅行小切手（T/C）の売買に係る疑わしい取引の管理点検

　両替業務では不特定多数の依頼人が窓口に訪れ取引が行われるため十分注意する必要がある。
　財務省は「外国通貨又は旅行小切手の売買に係る疑わしい取引の参考事例」を公表しており2019年10月1日にその一部を改定している。新旧対照表を含め同省WEBサイト「外国為替検査」に掲載されているので是非確認してほしい。

④ 外国通貨または旅行小切手（T/C）の売買に係る疑わしい取引の参考事例

■ 全般的な注意

　財務省が示す参考事例は、両替業者が特に注意を払うべき取引類型の例示で

あり、「個別具体的な取引が疑わしい取引に該当するか否かについては、顧客の属性、取引時の状況その他両替業者の保有している当該取引に係る具体的な情報を最新の情報に保ちながら総合的に勘案して両替業者において判断する必要がある」としている。

参考事例に形式的に合致してもそれが全て疑わしい取引に該当するものではないし、「これに該当しない取引であっても、両替業者が疑わしい取引に該当すると判断したものは届出の対象となることに注意を要する」として形式的なチェックを排除し総合的な判断を求めている。

２ 取引金額

多額の現金（外貨を含む）または旅行小切手（T/C）による両替取引であり、多量の小額通貨（外貨を含む）による両替取引である。

３ 取引頻度

短期間のうちに頻繁に外国通貨または旅行小切手（T/C）の売買を行う場合、疑わしい取引となる。

４ 真の取引者の隠匿

- 架空名義または借名で両替取引を行っている疑いがある場合
- 両替取引を行う法人の実態がないとの疑いがある場合
- 合理的な理由もなく、住所と異なる連絡先に外貨の宅配を希望する顧客との取引
- 名義・住所共に異なる顧客による取引にもかかわらず、同一のIP アドレスからアクセスされている取引
- IP アドレスの追跡を困難にした取引
- 取引時確認で取得した住所と操作している電子計算機のIP アドレス等とが異なる顧客との取引
- 同一の携帯電話番号が複数の顧客の連絡先として申告されている場合

5 取引時確認への対応

　取引時確認を意図的に回避していると思料される以下のような場合、疑わしい取引となる。

- ・複数人で同時に来店し、一人あたりの両替金額が取引時確認の対象となる金額（法定または自社ルール）をわずかに下回るように分散して行う場合。
- ・同一顧客が同一日または近接する日に数回に分けて同一店舗または近隣の店舗に来店し、取引時確認の対象となる金額（法定または自社ルール）をわずかに下回るように分散して行う場合。
- ・取引時確認書類の提示を求めた際に、取引時確認書類の提示を拒む場合または両替金額や取引目的を急に変更する場合。
- ・取引時確認が完了する前に両替取引が行われたにもかかわらず、顧客が非協力的で取引時確認が完了できない取引。例えば、後日提出されることになっていた取引時確認に係る書類が提出されない場合や代理人が非協力的な場合も同様とする

　顧客が自己のために両替取引をしているか否かにつき疑いがあるため、実質的支配者その他の真の受益者の確認を求めたにもかかわらず、その説明や資料の提出を拒む顧客に係る取引をいう。代理人によって行われる取引であって、本人以外の者が利益を受けている疑いが生じた場合も同様とする。

　法人である顧客の実質的支配者その他の真の受益者が犯罪収益に関係している可能性がある取引。例えば、実質的支配者と考えられた法人に実体がないとの疑いが生じた場合、疑わしい取引となる。

6 偽造通貨等

　偽造通貨等、盗難通貨等、またはこれらと疑われる通貨等を収受した場合、疑わしい取引となる。

5

貿易外取引

7 その他

- ・当該店舗で両替取引を行うことについて明らかな理由がない顧客に係る取引（合理的な理由のない遠隔地の空港、港等を利用する両替取引）
- ・公務員や会社員がその収入に見合わない高額な両替取引を行う場合（年齢に見合わない高額な両替取引）
- ・取引の秘密を不自然に強調する顧客および届出を行わないように依頼、強要、買収等を図った顧客に係る取引
- ・暴力団員、暴力団関係者等に係る取引
- ・職員の知識、経験等から見て、不自然な態様の取引または不自然な態度、動向等が認められる顧客に係る取引
- ・犯罪収益移転防止対策室(注)その他の公的機関など外部から、犯罪収益に関係している可能性があるとして照会や通報があった人物等に係る取引
- ・両替取引を行う目的等について合理的な理由があると認められない外国PEP(注)との取引
- ・財産や取引の原資について合理的な理由があると認められない外国PEPとの取引
- ・腐敗度が高いとされている国・地域の外国PEPとの取引
- ・国連腐敗防止条約やOECD外国公務員贈賄防止条約等の腐敗防止に係る国際条約に署名・批准していない国・地域又は腐敗防止に係る国際条約に基づく活動に非協力的な国・地域に拠点を置く外国PEPとの取引
  - （注）警察庁刑事局組織犯罪対策部組織犯罪対策企画課犯罪収益移転防止対策室（JAFIC：Japan Financial Intelligence Center）
  - （注）Politically Exposed Persons、外国政府等で重要な地位にある人物

⑤ 外貨両替業務における報告

外国通貨または旅行小切手（T/C）の月中取引額が100万円相当額を超える場合、その翌月分の取引実績(注)について「外国通貨又は旅行小切手の売買に関する報告書」を作成し日本銀行経由財務大臣宛に提出する。

（注）翌月分の取引実績となっているのは、財務省の説明では報告者の負担軽減に配慮したものである。

⑥ 外国通貨の両替―買取

■1 外国通貨の買取弊種

　買取対象通貨に関しては外為法上、特に規制はない。しかし現金通貨は偽造変造のリスクに加え、保管についても非常に管理コストがかかるため、制限的に取り扱っている金融機関が多い。なお、買取は紙幣に限り硬貨の買取は多くの金融機関で取り扱っていない。

■2 受付留意点

　外国通貨買取依頼人から「外国通貨買取依頼書」を徴求し、事後的な照会に備え、氏名・住所・連絡先電話番号等を記入してもらう。200万円相当額を超える取扱では、パスポート等の本人確認書類の提示を求め本人確認を行う。

■3 起票・代わり金の支払（円貨での支払の場合）

　「外国通貨勘定」を借方に起票し、代わり金円預金または現金が貸方に起票する。円価代り金には取引日の外貨現金買相場（Cash Buying Rare）を適用する。

■4 買取通貨の真偽点検

　外国通貨買取時は、依頼人の面前で紙幣鑑別機(注)を使い真偽点検を行う。また「主要外国通貨図録」を参考に掲載見本との照合を行う。現在では流通しておらず強制通用力が無い通貨が持ち込まれる場合もあり、十分な注意が必要となる。

　偽造が判明した場合、当該通貨は依頼人返却せず行内の関係部署に報告すると同時に所轄の警察に届け出し、偽造通貨を提出する。偽造通貨と知っていながら他人に渡すと刑事罰の対象となるため、注意が必要となる。偽造通貨の疑いがある場合、たとえ買取していなくても「疑わしい取引の届出」が必要である。

（注）紙幣鑑別機は偽造を見逃すことがないよう、メーカーからのアップデートを必ず行う。

⑦ 外国通貨の両替—売渡

外国通貨の売渡でも、買取同様保管コストがかかり流通量の多い通貨に絞って販売されている。予め金種をそろえた通貨パックなども扱われている。

1 受付留意点

外国通貨売渡依頼人から「外国通貨売渡依頼書」を徴求し200万円相当額を超える取扱では、パスポート等の本人確認書類の提示を求め本人確認を行う。

2 起票・代わり金の受入（円貨での払込の場合）

「外国通貨勘定」を貸方に起票し、代わり金円預金または現金を借方に起票する。円価代わり金は取引日の外貨現金売相場（Cash Selling Rare）を適用する。

スタンドバイクレジットとは何か

1 スタンドバイクレジット（Stand-by Credit）

　輸入信用状（Documentary Letter of Credit）は、輸入者の依頼によってその取引銀行が発行する。内容としては海外の輸出者の振り出す荷為替手形の支払保証である。一方、スタンドバイクレジットは債務の保証と同じ目的のために発行される信用状で商品代金（荷為替手形）の支払保証ではないのでクリーン信用状ともいわれる。

　日本の企業が海外で事業を行う際、現地金融機関から借入や保証を必要とした場合、国内取引銀行が海外で発生する債務の弁済を保証するものである。通常、外国の銀行を受益者として信用状が発行される。

2 準拠規則について

　スタンドバイクレジットは、適用ルールとして信用状統一規則（UCP600）またはIIBLP（Institute of International Banking Law & Practice, Inc）が主体となって作成した国際スタンドバイ規則（ISP98（International Standby Practices））に準拠する。現在多くのスタンドバイクレジットは信用状統一規則（UCP600）準拠であり、国際スタンドバイ規則（ISP98）準拠はまだ少ない。

　これらに準拠するため「独立抽象性」を備え関係の売買契約その他の契約とは無関係で独立している。また「書類取引」であり信用状条件を満たした書類の提示があれば、発行銀行の支払義務が生じることになる。

5

貿易外取引

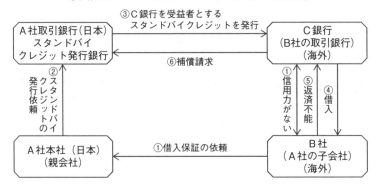

●図表5－5　スタンドバイクレジットの流れ●

3 保証（BOND）の類型

　スタンドバイクレジットのような信用状ではない「保証状」による保証もある。つまり主たる債務者が債務不履行に陥ったと確定した段階で初めて、銀行が保証債務を負担することになる。

- ・入札保証　…海外でのプラント工事請負など金額が大きく期間も長い取引に
　　（Bid Bond）　　おいて、工事実施主体が入札参加者に要求する入札時保証金。
　　　　　　　　　　落札後の契約履行拒否の防止のためにある。
- ・契約履行保証　…国際入札によって落札した企業がその後、確実に契約
　　（Performance Bond）　を履行する保証を企業が積立すべき保証金に代わって
　　　　　　　　　　　　銀行が保証状を差し入れるもの。
- ・前渡金返還保証　…船舶や大型プラントなどの輸出を行う輸出者は納入完
　　（Refundment Bond）　結まで長い時間を要するため工事代金などを分割して
　　　　　　　　　　　　前受金を受けることが多い。その間、輸出者が契約不
　　　　　　　　　　　　履行を起こした場合に備え、輸入者が支払った前渡金
　　　　　　　　　　　　の返還を確実なものとするために、輸入者が輸出者の
　　　　　　　　　　　　取引銀行に保証させる制度。

4 起票および留意点

　保証取引の勘定起票に関しては、輸入信用状の開設と基本的に同じである。
保証債務とそれに対する見返債券は「支払承諾勘定」と「支払承諾見返勘定」

となる。通常、保証種類毎に保証口を分けて会計管理され、保証状発行残高を把握する。あわせて、保証料の徴収管理も行う。

　保証案件は、案件ごとに複雑な要素を含んでおり保証にあたっては、保証目的および必要な保証範囲・金額について具体的文書で明記されている必要がある。また保証行為が実行されるべき状況把握するための客観的な書類、その請求期限などが明確に取り決めされている必要がある。

5

貿易外取引

仲介貿易

① 仲介貿易とは何か

　外為法25条4項では「外国相互間の貨物の移動を伴う貨物の売買、貸借又は贈与に関する取引」と規定されています。実務者間では「三国間貿易」とも呼ばれる貿易形態の1つである。日本から商品の輸出入は発生せず、海外の企業間で商品の輸出入が行われる形態である。輸出入契約は日本側企業と結び、受け払いする輸出入代金の差額が企業収益となる一種の資本取引である。日本の国境をまたいだ貿易ではないので、国税庁ホームページによれば「いわゆる三国間貿易の場合は、国外に所在する資産の譲渡であり国外取引に該当しますので、その経理処理のいかんに関わらず課税の対象とはなりません」と説明している。

　海外で同時期に輸出入取引を行うため、日本との2者間の貿易と比べて煩雑かつリスクも高く思われるが、海外企業ニーズや資源／技術の偏在を考えるとビジネスマッチングによる国際マーケティング戦略とも考えられる。

　図表5－6は典型的な仲介貿易の流れを示している。商談アイデアとしては、ドイツB社の商品を米国の企業C社に販売する仲介を日本の企業A社が取り持

●図表5－6　仲介貿易の流れ●

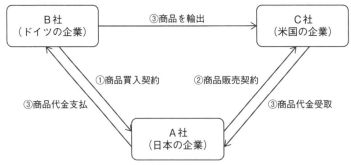

つという流れである。この時、商品の買入契約と販売契約は個々に日本の企業A社と結ばれており、商品の輸送だけがドイツから米国へ行われている。

　元々、日本にもC社向けの商材はあったのかもしれないが、在庫や商品スペックの違い、納期などの問題で商談に至らなかった場合、取引関係のあるドイツのB社からの商品をあてるような場合が例として考えられる。結果的に仲介貿易の形でビジネスが成立することになる。

② 仲介貿易の法令遵守事項

1 外為法17条に基づく確認義務

　貿易に関する支払規制（主に資産凍結等経済制裁対象者との間の支払等規制）が行われている場合、仲介貿易取引に係る第三国への仕向送金についての確認については、以下の点を留意する。

> ① 仲介貿易取引に係る第三国への仕向送金についての確認については、この取引に係る貨物の仕向地が規制対象国ではないことおよびこの取引に係る貨物の原産地または船積地域が規制対象国ではないことを確認（送金依頼人からの申告を含む）。
> ② 仲介貿易取引に係る第三国への被仕向送金についての確認については、この取引に係る貨物の原産地または船積地域が規制対象国ではないことを確認（送金依頼人からの申告を含む）。
> ③ 上記①・②に加えて、送金内容の真偽に疑いがある場合や貿易に関する支払規制に抵触することが考えられる場合は、売買契約書等送金の理由となる資料の提示等を求め確認。

2 安全保障貿易管理制度の一部として規制の対象となっている仲介貿易

　これは外為法25条4項、6項に関わるもので、居住者が非居住者との間で、国際的な平和・安全を妨げとなる次の貨物について仲介貿易取引を行う場合、経済産業大臣の許可を要するものである。

①輸出令別表第一の１の項に掲げる貨物（武器）
②輸出令別表第一の２の項から16の項までに掲げる貨物（武器以外のリスト品目およびキャッチオール規制品目）。ただし核兵器等の開発等に用いられるおそれのある貨物に該当する場合、また核兵器等の開発等に用いられるおそれのあるものとして経済産業大臣から許可すべき旨の通知を受けた場合に限る。
③貨物の原産地、船積地域または仕向地が北朝鮮である仲介貿易取引（経済産業省「外国為替及び外国貿易法に基づく北朝鮮輸出入禁止措置」）

3 国際約束の履行等の観点から規制されている仲介貿易取引

外為法25条６項において許可発動要件を定めたものである。

（１）資本取引が制限なしに行われた場合に以下を妨げる事態を生じ、法目的の達成が困難となると認められるとき

わが国が締結した条約その他の国際約束を誠実に実行すること、国際平和のための国際的な努力にわが国として寄与すること、がある。

（２）外為法10条１項の閣議決定が行われたとき

現在これには「北朝鮮」を原産地、船積地域または仕向地とする貨物に係る仲介貿易取引が、経済産業大臣の許可を要するものと指定されている。

4 報告制度

１回の支払および支払の受領が3,000万円超の場合は、日本銀行へ「支払又は支払の受領に関する報告書[注]」の提出が必要となる（外為法55条１項および外為令18条の４、同報告省令３条１項）。この報告書の提出を受けた銀行は、受けた日から10日以内に日本銀行経由財務大臣に提出する必要がある。

（注）「支払等報告」や「支払又は支払の受領に関する報告書」に関しては日本銀行WEBサイトを参照のこと。

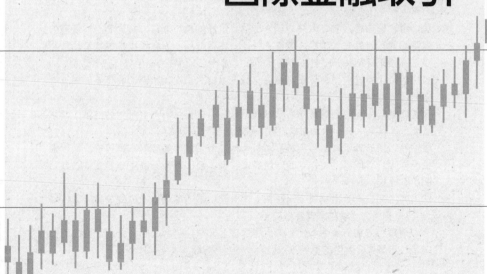

第 **6** 章

資本取引・
国際金融取引

資本取引

① 資本取引

1 資本取引の定義（種類）

　外為法に基づく規制の対象取引を明確に区分するために、外為法20条において資本取引とはどのような取引をいうかについて下記の通り定義されている。なお、資本取引は、一般には、モノ（物）やサービス（役務）の移転を伴わない対外的な金融取引のことをいう。

- ・居住者と非居住者との間の預金契約、信託契約、金銭の貸借契約、債務の保証契約、対外支払手段・債権の売買契約、金融指標等先物契約に基づく債権の発生等に係る取引、および証券の取得または譲渡
- ・居住者と他の居住者との間の預金契約、信託契約、金銭の貸借契約、債務の保証契約、対外支払手段・債権その他の売買契約、金融指標等先物契約に基づく外国通貨をもって支払を受けることができる債権の発生等に係る取引
- ・居住者による外国における証券の発行・募集、または本邦における外貨証券の発行・募集
- ・非居住者による本邦通貨をもって表示もしくは支払われる証券の外国における発行・募集、または本邦における証券の発行・募集
- ・居住者による外国にある不動産もしくはこれに関する権利（貸借権、地上権、抵当権等）の取得、または非居住者による本邦にある不動産もしくはこれに関する権利の取得
- ・法人の本邦にある事務所と当該法人の外国にある事務所との間の資金の授受（当該事務所の経常的経費等は除く）
- ・その他政令で定めるものとして、居住者と非居住者との間の金の地金の売買に基づく債権の発生等に係る取引

2 資本取引の解釈に関する留意事項

　外為法では、資本取引の一部である対内直接投資、対外直接投資、特定資本取引の各取扱について、資本取引とは切り離して別途定義されている。

　金銭の貸借契約については、資本取引ではなく、対外直接投資や対内直接投資に該当しないかを確認する必要がある。

　対外支払手段とは、下記の支払手段のうち、外国通貨または外国通貨で表示されるもの、または外国において支払のために使用できるもの（本邦通貨を除く）をいう。これらの対外支払手段を居住者・非居住者間または居住者間で売買した場合は、資本取引に該当する（銀行券、政府紙幣、少額紙幣および硬貨、小切手（旅行小切手（T/C）を含む）、為替手形、郵便為替、信用状、電子マネー、約束手形）。

❸ 資本取引の外為法上の規制

　財務大臣による資本取引の規制は、①許可制、②事前届出制、③事後報告制、の３つに分けられるが、現在は「事後報告制」がとられている。そして、その事後報告制のほとんどが報告不要となっている。

（1）許可の対象となる資本取引（資本取引の許可制発動要件）

　外為法では、対外取引が自由に行われることを基本としているが、資本取引が何らの制限なしに行われた場合に、下記に掲げるいずれかの事態が生じ、外為法の目的を達成することが困難になると認められるときは、財務大臣は資本取引を行う者に対して許可を受ける義務を課すこと（有事規制）ができるとされている。

　この規制が発動されている取引は、銀行の「適法性の確認義務」の対象となっている。

　なお、下記の①と②の規制にあたっては、資産凍結等経済制裁措置がとられ、経済制裁対象者との資本取引に係る支払等が許可の対象となる（制裁対象者は財務省WEBサイトの「経済制裁措置及び対象者リスト」参照）。ただし、許可の対象といえども許可はされることはなく、禁止措置である。なお、この規制は外為法16条に掲げる「支払等」の許可制の発動要件と同じである。

> ①　わが国が締結した条約その他の国際約束を誠実に履行すること（国連安保理の決議に基づく制裁）の妨げ、または国際平和のための国際的な努力にわが国として寄与すること（米、EU等との協調による制裁）の妨げ（同法21条1項）。

② わが国の平和および安全の維持のため閣議決定されたとき（わが国独自の経済制裁：同法10条１項）
③ 国際収支の均衡の維持困難（同法21条２項）
④ 円相場の急激な変動（同法21条２項）
⑤ 本邦と外国との間の大量の資金移動によるわが国の金融・資本市場への悪影響（同法21条２項）

（2）事前届出の対象となる資本取引

　事前届出の対象となる資本取引は、資本取引の一形態である対外直接投資のうち、対外直接投資先の業種が指定５業種（漁業、皮革または皮革製品の製造業、武器の製造業、武器製造関連設備の製造業、麻薬等の製造業）に該当する投資を行う場合に限られる。

　事前届出は、対外直接投資を行おうとする日前２ヵ月以内に日本銀行経由財務大臣宛に行い、届出が受理された日から起算して20日間を経過するまでは不作為期間として、当該取引ができない。

●図表６－１　資本取引の事後報告●

事後報告が必要な取引	報告が必要な金額	提出期限
居住者による非居住者からの証券の取得、および居住者による非居住者に対する証券の譲渡（資産運用目的で行われる取引が本報告の対象である。なお、経営参加を目的とする10％以上の出資比率となる場合は対外直接投資となり、10億円相当額以上が事後報告を要する）	１億円相当額超	取得・譲渡をした日またはそれに伴う資金決済をした日のいずれか遅い日から20日以内
居住者による外国における証券の発行・募集、および居住者による本邦における外貨建証券の発行・募集	10億円相当額以上	発行・募集の払込日から20日以内
非居住者による本邦における証券の発行・募集、および非居住者による外国における円建証券（ユーロ円債等）の発行・募集	10億円相当額以上	同上
非居住者による本邦にある不動産の取得（相続・遺贈等による取得も含む）(注)	金額基準なし	取得日から20日以内

（注）非居住者による自己の居住用や自己の事務所用、非営利業務用で取得したもの、および非居住者が他の非居住者から取得したものは事後報告が不要である。

（3）事後報告が不要な資本取引

　1億円相当額以下（証券の発行・募集は10億円相当額未満）の少額な資本取引等

（4）事後報告の対象となる資本取引

　事後報告の対象となる資本取引は、①許可の対象となるもの、②事前届出の対象となるもの、③事後報告が不要なもの、の3つを除いた資本取引であり、ごく一部の取引が事後報告の対象（図表6－1）となっている。

　資本取引の事後報告は、該当する取引を行った日（契約締結日）の翌日から起算して20日以内に日本銀行経由、財務大臣宛に提出する必要がある。

　事後報告の要否判定は、円と売買を伴わない外貨での取引の場合には、「基準外国為替相場」もしくは「裁定外国為替相場」で行う（「支払又は支払の受領に関する報告書」の要否判定と同じ）。

4 特定資本取引

　特定資本取引とは、経済産業大臣が所管する資本取引のことであり、下記の通り、貨物の輸出入やサービス（鉱業権の移転等）に付随する資本取引のことをいう。特定資本取引は、平時は自由で事後報告も不要であるが、有事規制が発動されたときは経済産業大臣の許可が必要である（外為法24条）。

・金銭の貸借契約のある輸出入相手先との間で、期間1年超の貸付債権または借入債務を輸出入代金の全部または一部と相殺する取引
・鉱業権・工業所有権等の移転の対価と、その契約の相手方との間で行う金銭貸借による債権・債務を相殺するもの
・貨物を輸出入する居住者が非居住者との間で行う債務の保証契約（輸出入に係る入札保証・契約履行保証・前受金返還保証等）

② 直接投資

1 対外直接投資の定義

　対外直接投資とは、居住者による外国法人の発行する証券の取得もしくは当

該法人に対する金銭の貸付であって、当該法人との間に永続的な経済関係を樹立するために行われるものとして政令で定めるものまたは外国における支店、工場その他の事業所の設置もしくは拡張に係る資金の支払をいう。具体的には居住者が行う次の取引をいう。

① 居住者が、外国における事業活動に参加するために、次のいずれかに該当する外国法人の発行する証券を取得すること（証券の取得）、または当該外国法人に対して1年超の貸付を行うこと（金銭の貸付）。
・居住者の出資比率が10％以上の外国法人（今回の出資により出資比率が10％以上になる外国法人を含む）
・居住者と当該居住者の100％出資子会社との出資比率の合計が10％以上の外国法人
・居住者と共同出資者との出資比率の合計が10％以上の外国法人
・居住者が当該外国法人に対して役員を派遣している、当該外国法人に対して長期にわたる原材料の供給を行っているかまたは当該外国法人と製品の売買を行っている、当該法人に対して重要な製造技術を提供している、のいずれかの永続的関係にある外国法人
② 法人の本邦にある事務所と当該法人の外国にある事務所との間の資金の授受のうち、本邦法人が、単なる海外駐在員事務所を除いた外国における支店、工場その他の事業所の設置または拡張に係る資金を支払うこと。

② 対外直接投資の規制

　前述した通り、対外直接投資は資本取引の一形態であり、対外直接投資に係る規制の基本は資本取引を行う場合と同じである。すなわち、経済制裁対象国等への投資は許可が必要である。また、特定の業種に属する事業に係る対外直接投資は事前届出の義務があるが、それ以外はほとんどが事後報告で足りる。

（1）事前届出の対象になる対外直接投資

　前述した通り、指定5業種が届出の対象であるが、財務大臣に届出が受理された日から起算して20日を経過する日までは、当該届出に係る対外直接投資を行うことができないことになっている。

（2）事後報告が不要な対外直接投資

　事後報告が不要な対外直接投資は小規模なもので、投資額が10億円相当額未

満のもの、および「証券の取得又は譲渡に関する報告書」で報告するものについては1億円相当額以下のもの、これらのほか、証券貸借取引、海外支店等の設置・拡張、廃止に伴う当該海外支店等への支払および海外支店等からの資金の受領、金銭の貸付である。

3 対内直接投資

（1）対内直接投資の定義

　対内直接投資とは、外国投資家が日本国内の法人等に対して行う投資であり、主として次の取引または行為をいう。

> ① 　上場会社の株式または議決権の取得で、出資比率または議決権比率が1％以上となるもの。この比率には当該取得者と密接関係者である外国投資家の所有分を含む。
> ② 　非上場会社の株式または持分の取得。ただし、他の外国投資家からの譲受けによる取得は「特定取得」となり、対内直接投資には該当しない。
> ③ 　個人が居住者であるときに取得した非上場会社の株式または持分を、非居住者となった後に外国投資家に譲渡すること。
> ④ 　会社の事業目的の実質的な変更（総議決権数の3分の1以上保有している場合）や、取締役・監査役の選任、事業譲渡の議案についての同意。
> ⑤ 　国内に支店、工場その他の事業所（駐在員事務所は除く）を設置、またはその種類や事業目的を実質的に変更すること。
> ⑥ 　国内法人に対する1年超の金銭貸付で、貸付後残高が1億円相当額を超えるもの。
> ⑦ 　居住者法人からの事業の譲受け、吸収合併および合併による事業承継。
> ⑧ 　上場会社等の株式への一任運用で、実質株式ベースの出資比率または議決権ベースの議決権比率が1％以上となるもの。
> ⑨ 　他の株主が保有する議決権の代理行使を受任する行為で、上場会社の総議決権の10％以上となる代理行使の受任、または、当該外国投資家以外の者が保有する非上場会社の議決権の代理行使の受任。
> ⑩ 　議決権行使等権限の取得で、議決権比率が1％以上となるもの。
> ⑪ 　上場会社の議決権取得後に外国投資家間の共同議決権行使に係る同意を取得すること（合算して総議決権の10％以上となる場合）

（2）対内直接投資に係る規制

　外国投資家が対内直接投資を行う場合は、手続不要のものを除いて、日本銀

行経由、財務大臣および事業所管大臣に事前届出か事後報告を行う必要がある。

　事前届出の対象は、外国投資家の国籍または所在国が「日本および対内直投命令別表第１に掲載の国」以外の国、または、投資先の事業目的が事前届出業種(注)に該当する場合や、イラン関係者が行う法令で定める本邦企業に対する投資である。

　事前届出は取引等を行う日の前６ヵ月以内に、日本銀行経由で財務大臣および事業所管大臣宛に行う必要がある。また、届け出られた対内直接投資がわが国の安全等に支障がないかどうかの審査のため、日本銀行の届出受理日から30日を経過するまでは「禁止期間」として、対内直接投資を行うことはできない。なお、事前届出の審査を実施する必要性の低い外国投資家のうち、国の安全等に係るおそれのないものは、事前届出が不要である。この事前届出制度を利用した外国投資家は一定の基準を遵守する必要がある。

(注) 事前届出業種：①国の安全に関連：武器、航空機、原子力、情報処理関連の機器・ソフトウェア製造業、情報通信サービス関連業種、感染症に係る医薬品や高度管理医療機器の製造業　②公の秩序維持に関連：電気・ガス、水道等、③公衆安全関連業種　④経済の円滑運営に関連の業種

③ 役務取引・技術導入契約

1 役務取引

　役務取引とは、居住者が非居住者との間で行う労務または便益（サービス）の提供を目的とする取引をいう（外為法25条５項）。具体的には、保険、運送、工事請負、技術援助その他、いわゆるサービスの提供が該当する。また、技術・情報の提供、特許権の移転や著作権の移転も含まれる。

　役務取引は、国際的な平和および安全維持の観点から、特定技術（武器や大量破壊兵器等の開発に係る技術）を特定国に提供する場合には、経済産業大臣の許可を受ける必要がある（同法25条１項、外為令17条１項）。

2 技術導入契約の締結等

（1）「技術導入契約の締結等」の定義

　「技術導入契約の締結等」とは、居住者が非居住者（非居住者の在日支店等を含む）との間で行う、次に掲げる導入契約の締結または更新、その他契約条項の変更を行うことをいう。

> ・工業所有権（特許権、実用新案権、意匠権、および商標権の総称で、登録により独占的利益の享受を法的に認められている権利をいう）、ソフトウェアを含むその他の技術に関する権利の譲渡、これらに関する使用権の設定
> ・事業の経営に関する技術の指導

（2）技術導入契約に係る届出等

①財務大臣および事業所管大臣に事前届出が必要なもの

　新規の技術導入契約の締結であって、導入する技術が指定技術（国の安全を損ない公の秩序の維持を妨げ、または公衆の安全の保護に支障をきたすことになるおそれがある技術：航空機や武器、火薬類の製造、原子力、宇宙開発に関する技術）であり、かつ次のいずれかに該当するもの。ただし、非居住者の本邦にある支店等が独自に開発した技術の導入であるものを除く。

> ・対価が 1 億円相当額超または不確定のもの
> ・クロスライセンス契約
> ・親子間ライセンス契約

　既に締結した上記のいずれかに該当する指定技術に係る技術導入契約であって、新たに指定技術を追加する場合および、指定技術に係る対価の変更で、対価が 1 億円相当額超となる場合も事前届出が必要となる。

②財務大臣および事業所管大臣に事後報告が必要なもの

　指定技術に係る新規の技術導入契約の締結であって、契約の対価が 1 億円相当額以下のもの、および地位の承継で契約条項の変更を伴わないものは、契約の締結・変更日から起算して45日以内に事後報告を行う必要がある。

6

資本取引・国際金融取引

③事前届出も事後報告も不要な技術導入契約の締結等

・非居住者の本邦にある支店等が独自に開発した技術に係るもの
・事業の経営に関する技術の指導に係るもの
・指定技術（国の安全を損ない公の秩序の維持を妨げ、または公衆の安全の保護に支障をきたすことになる恐れがある技術）以外の技術導入契約の締結

④ ネッティング

　ネッティングとは、継続的な企業間取引がある場合、取引の都度、決済するのではなく、一定の期間内に生じた債権と債務を一定期間経過後に相殺し、差額のみを銀行を通じて決済する方法である。

　相殺部分は為替リスクが生じないので、為替リスクの軽減、送金手数料の削減、資金の効率化、事務負担の軽減などのメリットがある。また、ネッティングによる代金決済リスクは差額相当部分に圧縮される効果がある。ネッティングは主として同一企業グループ間や本支店間の貿易決済で利用されている。

　ネッティングは、1998年の外為法改正により自由に行うことが可能となっているが、取引相手国の法規制によりネッティングができない場合があるので、事前に確認が必要である。ネッティングは決済の当事者数によって、次の2種類に分類される。

（1）バイラテラル・ネッティング

　二者間で相殺決済を行う方法であり、決済通貨、決済時期、換算相場等について相殺のルールを決めることにより比較的容易にできる。

（2）マルチラテラル・ネッティング

　三者間以上で相殺決済を行うため、為替リスクや送金手数料の削減効果は大きいが、参加する当事者が多くなるほどルールを決めるのが難しくなる。このため、軸となるネッティング・センターの設置を必要とすることもある（図表6-2）。

●図表6－2　マルチラテラル（多国間）ネッティング●

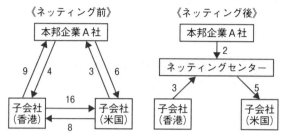

（注）ネッティング前の数字は相手に対する支払債務の金額を表し、ネッティング後は差額の受払金額を表している。

第2節

外貨預金・インパクトローン

① 外貨預金

■ 外貨預金の種類と外為法における分類

　外貨預金は外貨建ての預金であり、預金種類は、普通、通知、定期、当座の各外貨預金があるが、預金種類や取扱通貨、預入期間等、取扱内容は銀行によって異なる。外貨預金は外為法20条（資本取引の定義）から、預金する銀行が本邦にあるか海外にあるかにより、また預金者が居住者か非居住者かにより、図表6－3の通り分類できる。

●図表6－3　外貨預金の分類●

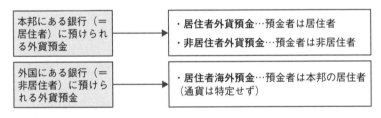

（1）「居住者外貨預金」

　居住者間の外貨建ての預金契約であり、金額や通貨種類、預入期間等に何の制限もなく、預金は自由であり事後報告も不要である。

（2）「非居住者外貨預金」と「居住者海外預金」

　居住者と非居住者の間の預金契約であり、経済制裁等、有事規制が発動されている場合の資産凍結等対象者との取引は事前許可が必要である。このため口座開設時や入出金時には同法17条により適法性の確認が必要である。それ以外は制限なく自由であり事後報告も不要である。

（3）海外預金の残高に関する報告

　企業や個人が海外の銀行に外貨預金や円預金（＝居住者海外預金）をすることは何ら制限なく自由であるが、海外預金の1口座あたりの月末残高が1億円

相当額を超える場合には、預金者は「海外預金の残高に関する報告書」を作成
し、翌月20日までに日本銀行経由、財務大臣宛で提出する必要がある（外為報
告省令32条）。

2 外貨預金の特色

①外貨預金は自由金利商品である

　銀行は市場のレート水準を勘案し金利を決定している。外貨定期預金につい
ては、ユーロ市場や東京ドルコール市場の金利（Bid Rate：取り手レート）を
ベースとして、一定の利ざや（スプレッド）を差し引いた金利が適用される。

②為替相場の変動により元本割れが生じるリスクがある

③為替相場の変動がない場合でも元本割れのリスクがある

　預入日はT.T.S、払戻日はT.T.Bを各々適用するので、預入日と払戻日の市場
相場が同じでも往復のT.T.幅分（電信相場売買幅分）の為替差損が生じる。

④外貨定期預金は、原則中途解約ができない

　銀行は預金として受け入れた資金を東京ドルコール市場等で期日まで運用す
るため、期日前は資金回収ができない。顧客から中途解約の申し出に応じる場
合には、別途資金調達を行う必要があり、市場金利・為替相場動向次第でコス
トが発生する。そのコストは期日前解約コストとして顧客から徴求することと
なる。さらに預入期間中の金利も当該通貨の外貨普通預金金利の適用となる。

⑤外貨による預入または払戻の際には手数料がかかる

　外貨預金口座に同一通貨の外貨建ての輸出手形買取代金や外貨現金等を外貨
のまま入出金する場合、すなわち外貨を対価とする取引は外国為替売買益が発
生しないので、代わりに所定の料率で算出した円貨建ての金額を取扱手数料と
して（一般的にはリフティング・チャージという名目で）徴求する。

⑥預金保険制度の対象外の預金である

　元本・利息とも払戻の保証がない。

3 外貨定期預金の概要

　外貨定期預金の概要は図表6－4の通りである。

6

資本取引・国際金融取引

●図表 6 - 4　外貨定期預金の概要●

取扱通貨	米ドル、ユーロ、英ポンド等で、流通性の低い通貨は対象外
預入期間	預入日から1年以内（1週間、1ヵ月、3ヵ月、6ヵ月、1年等）
預金利率	ユーロ市場や東京ドルコール市場の金利（Bid Rate：取り手レート）を基準に一定の利ざやを差し引き、預入期間に応じて決定（預金金利＝市場金利－スプレッド（利ざや））。
取扱日	当該通貨の海外市場の休日を除く銀行営業日
最低預入金額	100通貨単位が一般的であるが1通貨単位もある
利息計算期間	預入日から期日までの片落し、米ドルなどは年360日の日割りで計算するが銀行によって異なる。また預金通貨・銀行の運用先市場に応じて異なる。 ・外貨預金利息＝$\dfrac{預入外貨額 \times 適用年利率 \times 預入日数}{360日または365日}$
預金利息の課税	・個人は20.315％の源泉分離課税（国税15.315％、地方税5％）。マル優扱いの対象外 ・法人は総合課税 なお、預金利子税は、「利息外貨額×利息支払日のTTB×税率」で算出する。
為替差益の課税等	〈為替差益〉 個人法人ともに総合課税扱い。個人は雑所得として確定申告の対象となる。ただし年収2,000万円以下の給与所得者で、給与所得・退職所得以外の所得が為替差益を含めて年間20万円以下の場合は申告不要。 なお、預金期日に適用する為替予約相場が設定されている仕組預金等の場合には、20.315％の源泉分離課税扱いとなり、確定申告は不要。 〈為替差損〉 他の雑所得から控除できるが損益通算はできない。
手数料	外貨を対価とする取引の場合には、外国為替売買益が発生しないので、代わりに外貨受払手数料（リフティング・チャージ）という名目で徴収する。
為替予約	為替予約は予約実行日の2営業日前までに締結するのが一般的である（外貨転予約は預入日の2営業日前、円転予約は預金期日の2営業日前までの期間中であればいつでも予約可能）。
中途解約	原則として不可。ただし、やむを得ない理由があり、これに応じる場合は預入当初から解約日当日の当該通貨建の外貨普通預金利率の適用となる。
預金保険制度	対象外。したがって元本と利息とも払戻の保証がない。

4 外貨預金の利回り計算式

① 預入（投入）外貨額＝預入円貨額÷預入日のT.T.S

② 税引後外貨利息額＝預入外貨額×外貨金利（年率）×預入日数（片端）／
$$365×（1－20.315\%／100）$$

③ 税引後受取円貨額＝（預入外貨額＋税引後外貨利息額）×満期日T.T.B

④ 税引後の実質円ベース預金利回り（%）＝

$$\frac{（税引後受取円貨額－預入円貨額）}{預入円貨額}×\frac{365}{預入日数（片端）}×100$$

5 スワップ付外貨定期預金

　外貨定期預金の預入と同時に期日の為替相場（T.T.B）を予約することにより、円ベースの預金利回りを確定させる取引を「スワップ付外貨定期預金（または為替予約付外貨定期預金）」という。これによって為替リスクを回避できるが為替差益は得ることができない。この預金は外貨の金利が円金利よりも高い場合、表面金利では高金利であるものの、先物相場が円高（米ドル等の外貨ディスカウント体系）になり、為替相場の面から為替差損が生じる。このため金利と為替差損を合わせた実質利回りは金利裁定が働き、国内円預金とほぼ同一水準となる。

6 オープン型外貨定期預金

　上記の「スワップ付外貨定期預金」に対して、預入時に期日の為替予約を締結しない外貨定期預金を一般には「オープン型外貨定期預金」と呼ばれており、為替リスクが伴う外貨預金である。

7 外貨預金の利用目的

　外貨預金は、主として次の3つの目的で利用されている。

6

資本取引・国際金融取引

- 企業の決済口座として利用
- 為替リスクヘッジとして利用
- 資金運用手段として利用

8 外貨預金の商品説明

　外貨預金は、相場の変動によって元本割れのリスクがあるため、金融商品販売法ならびに金融商品取引法の規定にも従って取り扱う必要がある。

（1）金融商品販売法（3条）と外貨預金の取扱

　銀行は、顧客の知識、経験、財産の状況および契約締結の目的に照らして、当該顧客に理解されるために、下記事項を必要な方法で説明しなければならない（重要事項の説明義務）。ただし、顧客が金融商品の専門的知識や経験を有する者として政令で定める者、および説明を要しない旨の意思表示があった顧客は、説明を要しない。

- 金利や通貨の価格・相場の変動により元本割れが生じるリスク
- 取引の仕組みの重要な部分
- 銀行等、金融商品販売業者の業績悪化等による元本欠損リスク（信用リスク：外貨預金は預金保険でカバーされない）
- 外貨預金は期日前解約ができないこと（権利行使可能な期間や契約解除可能な期間の制限）

（2）金融商品取引法と外貨預金の取扱

　外貨預金は銀行法において元本欠損リスクのある預金として、金融商品取引法の一部準用が定められており、下記のような規定を守らなければならない。

- 広告等の規制（金融商品取引法37条）
- 契約締結前の書面の交付（同法37条の3）
- 契約締結時の書面の交付（同法37条の4）
- 虚偽説明・断定的判断の提供等による勧誘の禁止（同法38条）
- 損失補てん等の禁止（同法39条）
- 適合性の原則（同法40条）：顧客の知識、経験、財産の状況、および契約締結の目的に照らして不適当な勧誘を行って、投資家保護に欠けることのないよ

うにすること

9　外貨預金の新規口座開設時の取引時確認

　居住者外貨預金の入出金は外為法上、自由であるが、口座開設時には犯収法に則り、「取引時確認」（外為法上の本人確認を含む）が必要である。

②　非居住者円預金

　「非居住者円預金」は、非居住者が本邦にある銀行に本邦通貨（円）で預け入れる預金であり、居住者と非居住者間の預金契約として「非居住者外貨預金」と同様に、有事規制が発動されている資産凍結等対象者との取引は事前許可が必要であるが、それ以外は制限なく、自由であり事後報告も不要である。

　居住者が貿易外取引の支払または受取を「非居住者円預金口座」を通じて行うことは、外国送金（仕向・被仕向）で行うのと実質同一であり、3,000万円相当額超の場合は「支払又は支払の受領に関する報告書」の提出が必要となる。

③　FATCA（外国口座税務コンプライアンス法）

　FATCA（Foreign Account Tax Compliance Act）とは、米国に納税義務のある個人または法人（米国人等）が、米国外の外国金融機関に保有する口座を利用した資産隠しや租税回避を防止するとこを目的とした米国の法律である。

　わが国では、日米当局間（米国財務省、金融庁等）の相互協力に関する声明を踏まえ、本邦金融機関はFATCAにもとづく確認が必要となっている。

　銀行等は預金口座開設時等に米国人（米国の納税義務者）に該当するかを確認し、該当する場合には顧客から同意を得て、口座情報を毎年、米国の税務当局である内国歳入庁へ報告する義務がある。顧客の確認同意が得られない場合は口座開設ができない。

④ インパクトローン（外貨貸付）

■ インパクトローンの概要

　インパクトローン（外貨貸付）とは、本邦にある銀行が居住者（個人・法人等）に対して資金使途に条件をつけないで外貨建ての融資を行うことをいい、非居住者に対する融資の場合の「現地貸付」とは異なる（図表6－5）。

　インパクトローンは外為法上、資本取引の「居住者間の外貨建金銭貸借取引」に該当し、平時には許可や報告なしに自由に行えるようになっている（外為法20条4号・21条）。したがって個人や企業間でも外貨建ての貸付が自由にできる。企業の資金調達手段の多様化により国内外の金融情勢の変化を捉え、より低利の資金を求めての外貨建ての資金調達を選択するケースは多い。

●図表6－5　インパクトローンの概要●

貸出金額	5,000米ドル相当額以上を対象としている銀行が多い。
資金使途	使途に制限なし。ただし一覧払の輸入手形決済には本邦ローンを利用すべきであり、その他使途によっては不適当となる場合もある。
貸出通貨	米ドル、ユーロ、スイスフラン等、銀行の調達可能な通貨。
貸出期間	1年以内を短期インパクトローンといい、原則「手形貸付」で取り扱う。1年超は中長期インパクトローンといい「証書貸付」で取り扱う。
貸出金利	・銀行の調達金利に銀行の収益となる一定の利ざや（スプレッド）を加えた利率を適用する。調達金利は貸出原資の調達先である東京ドルコール市場やユーロ市場の出し手レート（Offered rate）である。 ・貸出金利は原則融資実行日の2営業日前に決定する。 ・金利は固定金利と変動金利があり、1年以内の短期は固定金利が一般的である。
利息徴求方法	年360日の日割り、片端入れ（貸出日から返済期日の前日まで）で計算し、利息後取り（期日に元金と合わせて一括徴求）が一般的であるが両端・先取りもある。
代り金の処理方法	貸出時、返済時ともに貸出・返済代り金は、借入人の預金口座（円預金または外貨預金）を通じて行うのが原則である。
期日前返済	内入れ・期日前返済等は不可。やむを得ず行う場合は資金コストが発生する。

印紙税	・手形貸付は金額にかかわらず手形1通につき200円。 ・証書貸付は国内円融資と同様の従価税方式。
為替リスク	為替リスクあり。為替予約の締結により回避可能。

2 国内円建融資との違い

インパクトローンは一般の国内円融資とは次頁図表6－6にあげた違いがある。インパクトローンや為替相場について不慣れな顧客の取扱にあたっては、十分説明し理解を得る必要がある。

●図表6－6　国内円融資とインパクトローン●

国内円融資	インパクトローン
貸出の原資は主に預金である	貸出資金の外貨は東京ドルコール市場またはユーロ市場から調達している。このため、これらの調達市場の取引慣行（1年360日、利息後取り、期日前返済不可等の条件）がそのまま貸出条件に反映される。
為替リスクがない	為替リスクがある。返済時に円高になっていれば返済すべき円貨額が減り為替差益を得ることができるが、円安になっていれば為替差損が発生する。
貸出や返済に手数料不要	貸出時や返済時に円貨と交換する場合には手数料（銀行の為替売買益）がかかる。
手形貸付は従価税方式	手形貸付は外貨建てのため、手形の印紙は金額にかかわらず一律200円（印紙税法別表第1）。

3 オープン・インパクトローン

（1）オープン・インパクトローンとは

借入と同時に返済時の適用相場の予約を締結しないインパクトローンのことをいう。オープン・インパクトローンは円安になると返済円貨額が増えるため顧客（借入人）が為替リスクを負うだけでなく銀行の与信リスクも大きくなる。このため極力次項で説明する「スワップ付インパクトローン」を勧める。

与信採り上げにあたっては、オープン・インパクトローンにする事由を聴取し、もしオープン・インパクトローンで取り扱う場合には為替リスクに耐え得

6

資本取引・国際金融取引

る財務体力があるかどうかを判断する必要がある。特に顧客に輸出取引等の外貨建見合債権がなく借入目的が為替リスクヘッジではない投機的な場合は、相場動向次第では大きな損失を被ることが考えられるので注意が必要である。

（2）貸出実行後の管理

オープン・インパクトローンを実行した場合は、顧客の含み損等から自行の与信リスクが悪化しないよう、与信リスクの継続的な管理を行い、顧客と無用なトラブルを回避する必要がある。特に、顧客に外貨建見合債権がない場合には為替リスクヘッジができないので、オープン・インパクトローンの管理表等を作成して実行後の管理を確実に行う必要がある。

（3）オープン・インパクトローンの利用目的

利用目的には主につぎの2つがあり、目的にかかわらず与信管理が必要である。

- ・顧客の輸出債権や海外投融資債権等の外貨建債権の為替リスクヘッジのために利用
- ・借入れ後の円高予想を見込んだ「投機目的（為替差益狙い）」で利用

4 スワップ付インパクトローン

（1）スワップ付インパクトローンとは

借入と同時に元利合計額に対して返済期日に合わせた為替予約を締結して借り入れる方法のことをいう。これにより為替リスクを回避するとともに円ベースの借入金利も確定することができる。そして、この利回りは金利裁定により国内の円融資金利とほぼ同一水準となる。

なぜなら表面金利では米ドル金利のほうが高くても先物相場が円高（ドル・ディスカウント体系）となり、すなわち、返済時に適用する予約相場が借入実行時の円転相場よりも円高となるため為替差益が発生し、米ドルの高い金利分と合わせると国内円融資金利とほぼ等しくなるからである。

（2）スワップ付インパクトローンの利用目的

スワップ付インパクトローンは為替差益を享受できないが、為替リスクがなく実質借入金利も国内円金利と変わらないので、主に資金調達の多様化による

「国内円資金調達の代替」としての利用や、外債発行までの「つなぎ資金」の資金調達として利用される。

⑤ ユーロ円インパクトローン

　ユーロ円インパクトローンとは、日本国外にある円（ユーロ円）を原資として、銀行の国内営業店の依頼で同銀行の海外店が日本国内の取引先に直接貸し出すことをいう。ユーロ円はロンドン市場やシンガポール市場・香港市場などの外国の市場（ユーロ円市場）で取引されており、海外支店がユーロ円市場で調達した資金に一定のスプレッドを上乗せして金利を決定している。

　このため利息計算は調達する市場の取引慣行に従い、外貨建インパクトローンと同様に年360日の片落しで利息後取りが原則であり、期日前返済もできない。この取引は、国内営業店が与信店となって貸出の稟議を行い、貸出の勘定店（貸出実行店）は海外店となる。

　ユーロ円インパクトローンは、非居住者（本邦銀行の海外店）の居住者に対する貸出であり、平時は自由に行うことができ、事後報告も不要である。ただし、海外店から貸金の送金があった際に、3,000万円相当額超であれば「支払又は支払の受領に関する報告書」の提出が必要となる。また、返済時の海外店宛て送金の際にも同報告書の提出が必要となる。

　ユーロ円インパクトローンは、手続きが煩雑で国内円融資で代替可能なため、一般的には大企業向けの大口融資に利用されている。

6

資本取引・国際金融取引

デリバティブ取引

① デリバティブ取引の種類と取引目的

　デリバティブとは、預金、為替、債券、株式などの従来の金融商品から副次的に生まれた取引であり、「金融派生商品」と訳されている。

　デリバティブは基本的には、先物取引、オプション取引、スワップ取引の3つに分類できるが、これに先渡契約と、さらにこれらを組み合わせたハイブリッド型のデリバティブ商品もある。デリバティブはこれらの手法を取り入れた複合的金融取引である。

　デリバティブの利用目的はつぎの3つである。

◼ ヘッジ（Hedge）取引

　ヘッジ取引は、現在保有している（または将来保有を予定している）資産・負債の金利や為替等のリスクを回避するために、先物で反対の取引を行って、ポジションをスクエアにする行為である。

　デリバティブは、その仕組み上、金利・為替・商品等の市場価格変動リスクの回避に適した取引であるが、ヘッジの範囲は限られたものになるため、市場価格が予想に反したときは、意図した結果が得られないこともある。

◼ 裁定取引（アービトラージ：Arbitrage）

　同じ商品でも市場の違いや現物と先物の間で、あるいは瞬時の時間差で相場に乖離（価格差）が生じることがある。このわずかな相場のズレ（価格差）を利用して売買を行って利ざやを得るのが裁定取引である。この場合、割高なほうを売り、割安なほうを買い、その後両者の価格差が縮小した時点で反対売買を行う。通常は市場間に裁定取引が働きこのズレも間もなく消滅するので、利ざやが小さい代わりにリスクも大きくないのが普通である。

　裁定取引では、為替取引において、同一時点において異なる市場で同時に建

てられた相場間の価格差を利用した取引や、異なる期日物の先物スプレッドの価格差を利用した取引、2国間の金利差を利用してスワップ取引によるさや取りを行う金利裁定取引等、さまざまな方法がある。

🖪 投機取引（スペキュレーション：Speculation）

　投機取引は同一商品の先物売買を行って利ざやを得ようとする行為をいい、ヘッジ・ファンドのように、デリバティブを投機目的で利用する。

　相場の変動により影響を受けるポジションをあえて作り、将来の買戻または売戻により収益を得ることを目的とする取引であり、少ない元手で大きな取引が可能となるハイリスク・ハイリターン取引である。

　スペキュレーションを目的とする取引等においては、先物の「売り」か「買い」のいずれかを単体で行う（先物で買戻や売戻をセットしない）取引となるが、そのような一方向の取引をアウトライト（Outright）取引という。

　これに対して、直物の買いと先物の売り、またはその逆の取引のように、直物と先物の取引を同時に行い、ポジションをスクエアにする為替操作をスワップ（Swap）取引という。

② デリバティブ取引のリスクと留意点

　デリバティブ取引のリスクと留意点をまとめると下記の通りである。

① 　デリバティブは相対取引が一般的であるため、当事者のニーズを踏まえたさまざまなかたちでの商品化が可能である反面、取引相手先の倒産等による契約不履行等の信用リスク（クレジット・リスク）がある。

② 　デリバティブ取引には前述のクレジット・リスクのほか、デリバティブ取引自体に内包する「スキーム（金融商品の仕組み）リスク」、相場や金利等の市場価格が自己に不利な方向に変動する「市場性リスク」、1ヵ所で発生した問題が市場全体に波及する「システミック・リスク」、市場環境の変化により円滑な取引ができなくなる「流動性リスク」、法的な問題で生じる「リーガル・リスク」、システム障害やオペレーション・ミス等に起因する「オペレーショナル・リスク」等もある。

③ 　デリバティブは、わずかな証拠金でそれを上回る多額の取引を行うことができ、投入金額に対する損益比率が他の金融取引よりも大きくなるので（レ

6

資本取引・国際金融取引

バレッジ効果という)、その仕組みを十分理解して取り組む必要がある。
④　デリバティブ関連商品は、リスク性金融商品として金融商品取引法の対象
　　となっており、販売・受付にあたっては、次のような同法の規定を遵守する
　　必要がある。
　　　また、金融商品取引法（45条）では、顧客の知識・経験・財産の状況から
　　顧客を特定投資家（いわゆるプロ）と一般投資家（いわゆるアマ）に区分し、
　　プロとアマの区分に応じて販売・勧誘に関する行為規制が行われている。
・プロ・アマともに適用される行為規制
　　断定的判断の提供の禁止、投資助言・投資運用に係る偽計等（虚偽告知）
　　の禁止、損失補てん等の禁止、ほか
・アマにのみ適用される行為規制（プロは規制の適用除外）
　　適合性の原則、広告等の規制、契約締結前及び契約締結時等の書面交付義務、
　　不招請勧誘・再勧誘等の禁止、勧誘受託意思不確認勧誘の禁止、取引態様
　　の事前明示義務、書面による解除（クーリングオフ）、保証金の受領に係る
　　書面交付義務、最良執行方針に係る義務、顧客の有価証券を担保に供する
　　行為等の制限、等

③　金利先物取引

　　金利先物取引とは、金利商品を将来の一定の日に一定の価格で売買を約束す
る取引であり、将来の金利変動リスクをヘッジする目的で利用される。

　　金利先物取引の市場取引価格は、100から金利（年利率％、3ヵ月の場合は
90／360ベース）を差し引いた数値で表示される。例えば金利が0.5％の場合は
100−0.5＝99.500となる。このため先物価格は金利変動とは反比例の関係にあ
る（例えば金利が上昇すれば先物価格が低下し、逆に金利が低下すれば先物価
格が上昇する）ので、取引の方向を誤らないように注意する必要がある。

　　この特性から、取引価格（市場価格）は金利の動きと正反対の関係になるの
で、今後の金利上昇が見込まれるときのリスクヘッジは、先物売りの取引を行
えばよいことになる。

　　金利先物取引は、契約成立時に確定した期日以前に「反対取引」を行い、売
買差金の精算方式で決済（差金決済）するのが一般的であり、当該取引所の精
算機関が取引の相手方となるので高い流動性が確保される。

　金利先物取引は東京金融取引所で取引されており、ユーロ円3ヵ月金利先物取引や無担保コールオーバーナイト金利先物取引などがある。ユーロ円3ヵ月金利先物取引とは、将来のある一定の日付から始まる円の3ヵ月金利、具体的には全国銀行協会が公表する期間3ヵ月のユーロ円TIBORを現時点で予測し、現時点で価格を決める取引である。

④ オプション取引

■ オプション取引とは

　オプション取引とは、特定の金融商品を将来の一定の日（または期間）に一定の価格（行使価格）で「買う権利」または「売る権利」を売買する取引である。また、その場合の買う権利をコールオプション（Call Option）、売る権利をプットオプション（Put Option）という。

　オプション取引は、市場価格変動リスク回避策としての共通性はあるが、為替予約や金利先物取引など、他の先物取引のように将来の一時点における売買価格を現時点で確定させる取引とは性格が異なる。

　オプション取引には、通貨オプション、金利オプション、債券オプション、株価指数オプション（日経225オプションがある）等がある。なお、これらは通貨先物オプションのように"先物"と付けて呼ぶこともある。

　通貨オプションの場合には、ドル・円では次のようにもいう。

・買う権利（コールオプション）…ドルコール・円プットオプション
・売る権利（プットオプション）…ドルプット・円コールオプション

■ 買手と売手の関係

　オプションは、買手（購入者）と売手（売却者）が権利（行使）と義務（履行）の関係になり、対価（オプション料またはプレミアム）の受払によって成立する。関係は図表6−7の通りである。

●図表6-7　オプションの買手と売手の関係●

	オプションの買手	オプションの売手
コール・オプション	特定の金融商品を「買う権利」がある	買手が買う権利を行使した場合には、「売る義務」がある
プット・オプション	特定の金融商品を「売る権利」がある	買手が売る権利を行使した場合には、「買う義務」がある

❸ 行使価格

　行使価格（ストライク・プライス）とは、権利行使したときに適用される価格であり、オプション契約時に決められる。

❹ 取引の仕組み

　オプション購入後、期日に行使価格より時価（市場価格）が自己に有利な方向に変動したときは、権利放棄をして、（行使価格よりも高い）時価で売却すれば利益を得ることができる。逆に期日に行使価格より時価が自己に不利な場合には、権利行使をして行使価格で売却することができる。

　つまり、オプションは、買手にとって時価（市場価格）が有利に動けば利益が出る可能性は無限大であるのに対し、オプションの売手は、市場価格が不利になった場合であっても、オプションの買手の権利行使に応じる義務があるためリスクは無限大である。

　コールオプションは、対象となる金融商品を買う権利であるから、買い手にとっては将来の価格上昇リスク（通貨オプションでは円安のリスク）を回避する手段となる。

❺ 行使期日（権利を行使することができる期日）

　オプション取引には、権利行使日が異なるつぎの2つのタイプがある。

・ヨーロピアンタイプ…行使期日のみ行使できる
・アメリカンタイプ……行使期間中いつでも権利行使ができる

●図表6-8　ヨーロピアンタイプとアメリカンタイプ●

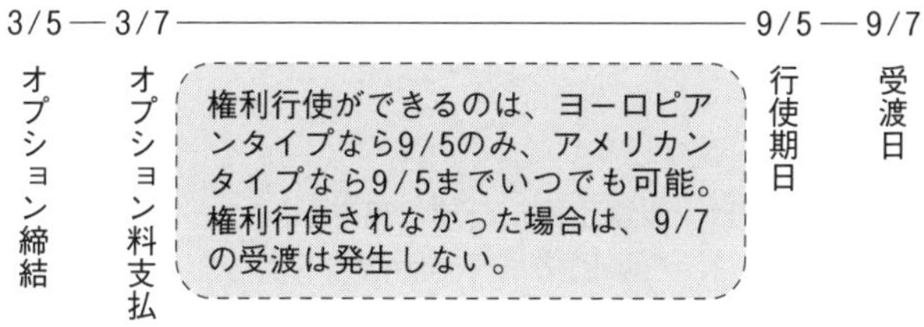

3/5 — 3/7 ————————————— 9/5 — 9/7

オプション締結　オプション料支払

権利行使ができるのは、ヨーロピアンタイプなら9/5のみ、アメリカンタイプなら9/5までいつでも可能。権利行使されなかった場合は、9/7の受渡は発生しない。

行使期日　受渡日

6 オプション料（プレミアム）の支払

　取引時に購入者は売却者に対して、権利取得の対価（手数料）として、通常は取引約定後の2営業日目に、一定のオプション料（オプションプレミアムともいう）を支払う。

　オプション料は、契約日からオプション期日までの間に為替相場がどれだけ変動するかという予想変動率（ボラティリティー）によって変動する。ボラティリティーが大きくなれば、将来の期待値価格は上がりオプション料も高くなる。

7 オプションの本源的価値（本質的価値ともいう）の表現

　オプションの本源的価値とは、オプションの現時点における価値であり、市場価格と行使価格の差額である。保有しているオプションが利益を生む状態にあるとき、そのオプションは本源的価値を持つという。

（1）イン・ザ・マネー（ITM：in the money）

　オプションの買手にとって、行使価格が時価（市場価格）より有利な（本源的価値のある）状態（現時点で権利行使すれば利益が発生する状態）のことをいう。

・プットオプションでは、市場価格が行使価格を下回ったときITMとなる。
・コールオプションでは、市場価格が行使価格を上回ったときITMとなる。

6 資本取引・国際金融取引

（2）アウト・オブ・ザ・マネー（OTM：out of the money）

オプションの買手にとって、行使価格が、時価（市場価格）より不利な（本源的価値のない）状態（現時点でオプションを行使すると損が出る状態）のことをいう。

> ・プットオプションでは、市場価格が行使価格を上回ったときOTMとなる。
> ・コールオプションでは、市場価格が行使価格を下回ったときOTMとなる。

（3）アット・ザ・マネー（ATM：at the money）

行使価格が市場価格と同一で、本源的価値がゼロの状態をいう。

以上のことから、アメリカンタイプのオプション購入者は、ITMの状態のときに権利行使をすれば利益が得られ、また、オプション購入者はOTMの状態になったときは権利を放棄すればよいこととなる。

8 オプションの時間的価値

オプション期日までの間の市場価格に対する不確実性から発生する価値のことをいい、オプション期日が近づくとオプションの時間的価値も減少する。

9 オプションの損益（メリット・デメリット）

（1）オプションの買手

市場価格が不利に動いてもオプションを行使してリスクを回避できる。その際の損失はオプション料が上限である。一方、市場価格の方が有利になれば、オプションを放棄して利益を得ることができる。ただし、オプション料はかかる。

（2）オプションの売手

受取はオプション料のみである。オプションの売手のリスクは、オプションの買手から権利行使を通知してきた場合に、事前に決められた行使価格で売る義務がある。その売る当日の相場が自己（売手）に不利な場合でも売らなければならないので、オプションの売手は相場のリスクが無限大となる。

⑩ オプション取引の特徴

　オプション取引は、権利の売買であり、買手は売手にオプション料を支払うことにより、相場が有利に動いた場合には権利を行使し、売手はこの行使に応じなければならない。

　また、オプションの持つ利益を確保しつつ、損失を限定する（リスクヘッジ）効果があり、投機目的の場合、オプション料を支払うことによって、レバレッジ効果を利用した収益の追及が可能である。

⑪ 通貨オプション取引の輸出入での活用

（1）輸出の場合

　先々、円高になる確率が高いと予想する場合には、為替予約を締結すればよい。しかし、「円高が進む可能性は高いが、円安に振れる可能性もかなり残されている」という場合、すなわち、「円高リスクは回避したい。もし円安になれば円安メリットも享受したい」というときには、ドル・プットオプションの検討を勧められる。

【輸出取引での活用事例】

> ケース：行使価格を110円とし、3ヵ月先を期日としたドル・プットオプションを購入する。オプション料は2円とする。

──────── 顧客の輸出為替適用相場とオプション取引の採算 ────────

①　期日（行使日）の実勢相場が110円よりも円高になれば、オプションを行使して、110円での輸出予約が保証される（行使価格110円で為替予約（2営業日後の受渡）を締結し、為替変動リスクを限定）。
（適用相場110円—オプション料2円＝実質レート108円）

②　期日（行使日）の実勢相場が110円の場合は、権利を放棄しても行使しても結果は同じである。ただし、オプション料2円が持ち出しとなる。
（適用相場110円—オプション料2円＝実質レート108円）

③　期日（行使日）の実勢相場が110円よりも円安になれば、オプションを放棄して、実勢相場でドルを売り、円安メリットを享受する。

6

資本取引・国際金融取引

（適用相場は110円より円安の実勢相場。行使価格の110円にオプション料
2円を加えた112円を損益分岐点として、それ以上円安が進んだ分だけ輸
出採算が良くなる）

●図表6－9　輸出企業の選択●

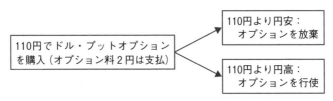

（2）輸入の場合

「円安が進む可能性が高いが、円高の可能性もかなり残されている」という
場合、すなわち、「円安リスクは回避したい。もし円高になればある程度円高
メリットも享受したい」というときには、ドル・コールオプションの検討を勧
められる。なお、円安の予想に自信があればオプション料を払うよりも輸入予
約のほうが有利である。

【輸入取引での活用事例】

> ケース：行使価格を110円とし、3ヵ月先を期日としたドル・コールオプションを
> 購入する。オプション料は2円とする。

────────顧客の輸入為替適用相場とオプション取引の採算────────

① 期日の実勢相場が110円よりも円安になれば、オプションを行使して、
110円での輸入予約が保証される（行使価格110円で為替予約（2営業日後
の受渡）を締結し、為替変動リスクを限定）。
（適用相場110円＋オプション料2円＝実質レート112円）
② 期日（行使日）の実勢相場が110円の場合は、権利を放棄しても行使し
ても結果は同じである。ただし、オプション料2円が持ち出しとなる。
（適用相場110円＋オプション料2円＝実質レート112円）
③ 期日の実勢相場が110円よりも円高になれば、オプションを放棄して、
実勢相場でドルを買い、輸入決済にあてて円高メリットを享受する。
（適用相場は110円より円高の実勢相場。行使価格の110円にオプション料

２円を差し引いた108円を損益分岐点として、それ以上円高が進んだ分だけ輸入採算が良くなる）

⑫ オプション取引の外貨定期預金での活用

例えば顧客が豪ドル建外貨定期預金で運用したい場合に、為替予約を締結しておけば為替リスクを回避できるが、期日に予約相場よりも円安になれば円安のメリットを享受できない。そこで通貨オプションを利用して円高リスクを回避しつつ、円安メリットを享受できる余地を残しておきたいというニーズがあれば、豪ドルのプットオプションを利用すればよい。

なぜなら、顧客は預金期日に豪ドルを売って円に交換する必要があるので、オプションの行使価格で豪ドルを売ることができる権利（豪ドルのプットオプション）を取得すればよいこととなる。

そして、預金期日に行使価格より円高になれば、オプションの価値は生じるので、権利を行使して実勢相場より円安の行使価格で豪ドルを売り、行使価格より円高の時価で豪ドルを買えば、この為替差益によって外貨預金の実質利回りを高めることができる。ただし、オプション料の分だけ、為替差益は少なくなる。

⑤ 通貨先物オプション取引

将来の特定期日または特定期間内に、あらかじめ設定したレートで為替売買を行う権利を取引するものである。

⑥ 金利先物オプション取引

将来の特定期日または特定期間内に、あらかじめ設定した金利とその時点での市場金利との差額を受払する権利を取引するものである。

円金利先物オプション取引は、円金利先物の「売付け」や「買付け」の権利を売買する取引である。

「ユーロ円３ヵ月金利先物オプション取引」とは、原資産であるユーロ円

3ヵ月金利先物を権利行使価格で買う権利（コールオプション）または売る権利（プットオプション）を売買する取引である。この取引は、権利行使期間ならいつでも権利行使可能なアメリカンタイプで行われる。権利行使期間満了を迎えたものは自動権利行使（イン・ザ・マネーのみ）制度が採用されている。

⑦ ゼロコスト・通貨オプション取引

オプションの購入と売却を組み合わせることで、支払うオプション料と受け取るオプション料を同額にして相殺し、オプション料をゼロにする取引である。支払うオプション料はコールオプションの購入により、一方、受け取るオプション料はプットオプションの売却により行う。円安リスクをヘッジしながら円高メリットもある程度享受したいという場合に用いられる。

通貨オプション取引には、このほか、同一金額で行使価格の異なるプット（コール）の購入とコール（プット）の売却をゼロコストで組み合わせたレンジ型や、同一行使価格で金額の異なるオプションをゼロコストで組み合わせたレシオ型など、さまざまなスキームがある。

⑧ スワップ取引

■ スワップ取引とは

スワップ（Swap）取引とは、相反するニーズを持つ複数の当事者間が保有する（または保有しようとする）資産・負債の全部または一部を原取引とは異なる通貨や金利等に、一定期間交換する取引（双務契約）である。スワップ取引は、その特性から契約期間が1年超の中長期にわたることが多いことから、契約相手先の信用リスク回避のため、銀行等を仲介して行うのが一般的である。

スワップ取引は、資産を対象にしたアセットスワップ（Asset Swap）と、負債を対象にしたライアビリティスワップ（Liability Swap）に大別できる。アセットスワップとは、保有する債権等の金利や通貨を交換するスワップ取引のことをいい、資産同士を交換するものではない。ライアビリティスワップとは、調達サイドの固定金利と変動金利を交換するなど、調達金利構成を変える

ために行われるスワップ取引である。

❷ スワップ取引の種類

スワップ取引には、通貨スワップ、クーポンスワップ、金利スワップ、通貨金利スワップ、エクイティ・スワップ等がある。

（1）通貨スワップ

米ドルと日本円など、異なる通貨の元本と金利を交換する取引である。例えば、ドル建社債を発行して、通貨スワップで円に交換すれば利払いや元本償還が円になるため、将来の支払が円貨に確定する。通常は金利（クーポン）の交換だけでなく、元本の交換も行われるが、異種通貨間で元本の交換をせずに金利だけ交換する取引を「クーポンスワップ」と呼ぶ。

（2）金利スワップ

固定金利（長期金利）と変動金利や変動金利同士など、同一通貨で異なる金利を交換する取引である。この取引の場合、元本の交換はせず、金利計算のために元本を名目上決める。これを想定元本という。

米ドルLIBORと日本円LIBORの交換のように、異なる指標の変動金利を交換する取引をベーシス・スワップ（Basis Swap）といい、金利スワップの代表的な取引である。

（3）通貨金利スワップ

米ドルと日本円など異なる通貨で、かつ、異なる金利を交換する取引である。

❸ スワップ取引のリスク

スワップ取引は、元本や利息を交換する双務契約であるから、契約相手先が倒産等によって契約不履行となったときは、その時点で契約が無効となり、以降の取引が行われなくなるので、取引金額（想定元本）の全額が損失となることはない。すなわち、相手方が支払を履行できなくなれば、当方も支払を停止すればよい。

しかしながら、そのような場合、同じような条件で契約ができる新たな相手方を探さないと、為替相場や金利変動によるリスクが生じることとなる。

6

資本取引・国際金融取引

❹ スワップ取引の目的（メリット等）

　例えば、長期資金は短期資金に比較して信用度により調達コストに差が開きやすい。このため信用度の低い企業は長期資金を信用度の高い企業に調達してもらい、金利スワップを行うことにより、より有利な長期資金調達が可能となるケースもある。

　このように、スワップ取引は、取引当事者がそれぞれの長所（強み）を活かした取引を行ったうえ、そのメリットを分け合うことができるなど、次のような利点がある。

（1）資金ポジションのミスマッチ調整

　スワップ取引は、資金の調達・運用に伴って生じる資金ポジションのミスマッチを調整するための有効な手法となる。また、これにより銀行等における金利・為替リスクヘッジに加え、全体の資金繰りや為替持高、ひいてはALM（Asset Liability Management）対策として利用される。

（2）実質的な中長期資金の運用・調達と同じ効果

　スワップ取引は中長期の契約が多いため、変動金利を長期固定金利に交換すれば、実質的に中長期資金の運用または調達を行ったのと同じ効果を得ることができる。

（3）金利低下リスクの回避

　「固定金利受取り・変動金利支払い」のスワップ取引を行えば、契約時の金利水準が受取金利として確定し、支払金利がその時点における金利となる。このため固定金利の預金を受け入れたときの将来の金利低下リスクを回避する手段となる。

　例えば、銀行が定期預金を受け入れると、固定金利の支払を約束したことになるが、将来、市場金利が低下した場合、銀行の運用益が約束した預金の金利相当額を下回るおそれがある。そのリスク回避に有効である。

●図表6－10　金利低下リスクの回避●

（4）金利上昇リスクの回避

「固定金利支払・変動金利受取」のスワップ取引を行えば、契約期間の支払金利が確定し、受取金利はその時の市場金利（変動金利）となるので、将来の金利上昇リスクを回避することができる。

例えば下記事例のように、長期固定の貸出を行っている銀行の調達が短期変動金利の資金に依存している場合は、（将来、短期金利が上昇し、利ざやが縮小、ないし逆ざやとなる）金利リスクを抱えるので、金利上昇懸念があれば長期固定資金の調達に努めることとなる。そこで、長期固定金利を調達できればいいが、そう簡単にはできないときもあるので、前述のスワップ取引で対応することとなる。これにより、貸出から受け取る長期固定金利を金利スワップの固定金利支払に充当し、一方、短期変動金利を金利スワップから受け取り、短期市場への変動金利の支払に充当することとなる。

●図表6−11　金利上昇リスクの回避●

（注）矢印は金利の流れである。

（5）為替リスク回避策

米ドル建債権を発行した企業が、銀行と「ドル固定金利の受取（銀行のドル固定金利の支払）、日本円固定金利の支払」のスワップ取引を行えば、結果的に日本円建債権を発行したのと同じこととなる。これは通貨スワップ取引であるが、このように通貨スワップは為替リスク回避策として利用される。

（6）中長期資金の調達

期間1年超の中長期アセットスワップを行うことにより、それに見合う中長期資金を調達することができる。

6

資本取引・国際金融取引

271

第**4**節

国際金融取引

① 国際金融市場の概要

1 国際金融市場とは

　国際金融市場とは、国籍の異なる多数の金融機関等により、市場流動性の高い複数の通貨にまたがって行われる資金の運用調達といった金融取引（国際金融取引）が行われる市場である。主な国際金融市場は、ニューヨーク、ロンドン、香港、シンガポール、上海等である。

2 所在地別主な金融市場の概要

（1）ニューヨーク金融市場

　ニューヨーク金融市場はアメリカのニューヨークのウォール街を中心とした金融市場で、世界最大の証券取引所であるニューヨーク証券取引所（New York Stock Exchange）やロンドンに次ぐ規模の外国為替市場がある。ここには大手の米銀や米国の証券会社の本店があり、外国の大手銀行や大手証券会社の支店や子会社等多数の金融機関が存在する。ニューヨークは国際金融市場として、貿易金融を含む外国との短期、中長期の融資、外国からの預金、投資信託、債券、株式等国際的な資金の運用調達取引が行われている。ニューヨーク市場で、国際金融市場として多彩な金融取引が行われているのは、国際基軸通貨である米ドル取引の中心であるからである。第一次世界大戦後、それまで国際基軸通貨であった英ポンドに加えて米ドルが台頭し、第二次世界大戦後は米国経済が世界で圧倒的なポジションを占めるようになった。これに伴い、国際基軸通貨も米ドルが英ポンドに取って代わって、実質唯一の国際基軸通貨となり、ニューヨークは世界最大の国際金融市場となった。ニューヨーク金融市場は、本邦の円コール市場のような銀行間で短期資金を融通しあうフェデラル・ファンド（Federal Funds）市場と米国財務省証券（TB等）を売買する証券市場がある。

【米国金利の概要】
①米国プライムレート

　米国の商業銀行が最も信用力の高い顧客に適用する最優遇貸出金利である。日本のように短期と長期の区別はなく一律の金利で、実際の水準は大手行に他行が追随して決定されることが多い。

②FFレート

　FF（Federal Funds）レートは、米国の連邦準備制度（Federal Reserve System）に加盟している民間銀行が準備預金の過不足を調整するために無担保で融通し合う際に適用される金利のことである。FFレートは米国の短期金利の代表的指標であり、日本のコール市場の金利（無担保コール翌日物金利）に相当する。また、FFレートは米国の中央銀行である連邦準備制度理事会（Federal Reserve Board）が短期金融市場を操作する目的で変動させる政策金利でもある。

③BAレート

　BA（Banker's Acceptance）レートとは米国の銀行引受手形の市場において貿易等の金融目的で企業が振り出し、銀行が引き受けた期限付為替手形の割引金利である。日本の「米ドル建輸出入ユーザンス金利」の基準金利となっている。BAレートは引受銀行の信用力に大きく左右され、信用力が高い大手米銀が引き受けた為替手形の場合は、外銀が引き受けた為替手形に比べて金利が低くなることが多い。

④TBレート

　米国財務省が発行する米国財務省証券のうち償還期限が、1年以内の短期証券をTB（Treasury Bills）といい、TBは額面から金利相当分を割り引いて発行される割引債で、その市場割引金利がTBレートである。TBは米国財務省が発行しているので、高い安全性と流動性をもっており、連邦準備制度理事会が公開市場操作の主たる対象としているので、短期金利の重要な指標となっている。米国財務省証券としては、償還期限が1年超10年以内の中期証券（T-Notes）、および同10年超の長期証券（T-Bonds）も発行されている。

⑤CDレート

　米銀が発行する譲渡可能定期預金証書（Negotiable Certificate of Deposit

（NCD））の実質金利で、米国のCDは1960年代に発達し、日本のNCD対比、市場の流動性が高い。

⑥CPレート

米国の一流企業が短期資金を調達する為に発行する無担保約束手形（Commercial Paper）の金利である。米国のCPは日本のCPより市場の流動性が高く、CP市場で取引されている。

⑦IBFレート

IBF（International Banking Facility）はニューヨークに開設されているオフショア市場のことであり、米国の非居住者や他行のIBF勘定と取引されている金利のことである。IBF市場は内外分離型であり、同じドル資金取引でも米国内の規制が適用されない。

（2）ロンドン金融市場

ロンドン金融市場は、19世紀半ばから20世紀にかけて国際金融の圧倒的な中心地であった。ところが、第一次世界大戦後から国際基軸通貨として米ドルが台頭し、第二次世界大戦後は英ポンドにとって代わったことから、ニューヨーク金融市場にその地位を譲ることとなった。1950年代からユーロダラー取引がロンドンを中心に発達し、ロンドン金融市場がユーロ市場の中心地となり、短期ユーロ預金取引のほか、シンジケート・ローンやユーロ・ボンド取引等が行われる世界最大のユーロ市場となっている。

（3）東京金融市場

日本では外為法の改正等による金融ビッグバン（1996年から2001年にかけて行われた大規模な金融改革）等によって金融の自由化、国際化が進み、東京の国際金融市場としての地位は向上した。

（4）香港・シンガポールの各金融市場

中央銀行がなく、規制の少ない自由市場として、歴史の長い香港金融市場と、通貨庁（MAS）の育成策によりオフショア市場とともに成長してきたシンガポール金融市場とが、東京金融市場とともにアジアの金融市場の中核をなしている。

❸ 機能別主な金融市場の概要

（1）オフショア市場

　オフショア市場は非居住者から調達した資金を非居住者に貸し付ける等、運用・調達とも非居住者とする取引で、金融上や税制上の規制が少ない市場である。居住者と取引を行う国内市場とは分離されていることからオフショア市場と呼ばれている。

　オフショア市場は、海外からも自由に参加できるように為替管理等の規制緩和や源泉税等の税制面の優遇、預金準備金の免除等の優遇措置を講じることが創設の条件になる。

　オフショア市場は、①ロンドンや香港のように自然発生的に形成された経緯から、国内市場との資金移動が可能な「内外一体型」と、②ニューヨーク、シンガポール、東京のように、金融当局による市場育成と市場整備の目的で創設された経緯から国内市場との資金の移動が制限されている「内外分離型」がある。オフショア市場の代表的な市場は後述するユーロ市場である。

（2）東京オフショア市場（JOM：Japan Offshore Market）

　わが国には東京オフショア市場があるが、これは銀行等が国内取引用の一般勘定とは分離して、財務大臣の承認を受け、オフショア取引用の特別国際金融取引勘定（オフショア勘定：JOM勘定）を開設し、非居住者または他のオフショア勘定を取引相手として、国外から調達した資金を国外で運用する「外―外取引」を原則とした内外分離型市場である。

　東京オフショア市場の日本の参加者は、オフショア勘定開設のための財務大臣の承認を受けた金融商品取引業者（銀行、信用金庫、保険会社、在日外銀の支店等）であり、国内取引とは明確に区分・管理しなければならない。外国の参加者は、外国法令に基づいて設立された法人および外国に主たる事務所を有する法人（国際機関や外国政府機関等を含む）並びに邦銀の海外支店に限定され、個人の外国投資家は除外されている。なお、これらの取引相手について国内の他の金融機関のオフショア勘定との間の取引は可能である。

　オフショア勘定は非居住者に支払う利子は非課税扱いになる、金利規制、準備金制度、預金保険制度については、運用の対象外とされるといった特例措置

6

資本取引・国際金融取引

がとられていることから、オフショア勘定と一般勘定の間の資金の振替は制限されている。

　オフショア勘定を用いて取引をする銀行は、外国の取引相手が上記の適格な参加者であること、貸付金が日本以外において使用されることを確認する必要がある。

（3）ユーロ市場

　世界の金融市場で自国以外の金融機関に預けられている自国通貨や、非居住者によって保有されている自国通貨のことをユーロマネー（ユーロカレンシー）という。円であれば「ユーロ円」、ドルであれば「ユーロダラー」という。ユーロマネーを対象とした各種取引が行われている市場をユーロ市場という。取引されている場所がヨーロッパではなくても、例えば香港やシンガポールで取引される米ドルや日本円はそれぞれユーロダラー、ユーロ円と呼ばれる。「ユーロ」という名前が付されるのは、ロンドン市場でユーロダラー取引が発達したことによる。

　ユーロ市場では各金融市場の取引慣行や税制、通貨政策等の規制を受けず、自由に取引を行えることから、様々な通貨の取引が行われ、大型ローンや債券の起債等が行われる。

　ユーロ市場は、短期金融市場であるユーロカレンシー市場（通貨取引）と中長期の間接金融市場としてのユーロクレジット市場（貸借取引）、ユーロボンド市場（債券取引）である。

　ユーロカレンシー市場の取引で呈示される金利は以下の3種類がある。

　ただし、2021年末以降はLIBORの公表が停止されることとなった。具体的には2021年末で、全ての期間について日本円、英ポンド、ユーロ、スイスフラン、米ドルの1週間物、2ヶ月物が公表停止になり、2023年6月末で米ドルの翌日物、1ヶ月物、3ヶ月物、6ヶ月物、12ヶ月物が公表停止になった。公表停止後、日本では東京ターム物リスク・フリー・レート（TORF）、アメリカでは担保付翌日物調達金利（SORF）が多くの金融機関で後継金利指標となっている。LIBOR公表停止に至った背景は以下の通りである。

　2008年のリーマン・ショック以降の世界的金融危機による銀行の信用力低下を背景に、LIBORを呈示するリファレンス・バンクが自行の呈示する調達金

利が高い場合信用力が劣ると思われるのを回避するべく、実際の取引レートよりも低いレートを呈示したという問題が発生した。これに加えて、銀行トレーダーが自行のデリバティブ取引を有利にする目的で他行のトレーダーと共謀して、複数年にわたってLIBORを呈示する担当者に意図的に操作したレートを呈示させていたという問題が2012年に発覚し、不正取引に関与したとされる欧米大手行が処分を受けることになった。それを受け、英国金融当局がLIBORを呈示するリファレンス・バンク（パネル行）にその呈示を強制しなくなったことから、パネル行の中から呈示をしないとする銀行が続出したことが公表停止に繋がった。

①LIBOR（London Interbank Offered Rate）

　ユーロ市場における「ロンドン銀行間取引出し手レート」であり、ロンドン市場で資金を貸し出す側が呈示するレートである。金融機関が資金調達をするときの基準金利となる。貸し手の呈示するレートであるので、借り手が呈示するLIBIDより金利水準は高くなる。

②LIBID（London Interbank Bid Rate）

　ユーロ市場における「ロンドン銀行間取引取り手レート」であり、ロンドン市場で資金を借りる側が呈示するレートである。金融機関が資金運用をするときの基準金利となる。

③LIMEAN（London Interbank Mean Rate）

　LIBORとLIBIDの仲値をベースにした金利である。

（4）外債発行市場

　政府・政府機関・企業等が、海外の債券市場において外国通貨建てで発行する債券を一般に外債という（外為法20条6号・7号）。

　外債の発行市場にはスイスフラン債、円建外債（サムライ債：外国企業等が日本の市場で、円建で発行する債券）、米ドル建外債（ヤンキー債：米国外の企業が米国の市場で、米ドル建てで発行する債券で、米国市場の投資家にとっては日本市場のサムライ債に相当する）等、発行市場の通貨で非居住者が発行する「外債市場」とユーロドル債やユーロ円債のように母国通貨以外の市場で居住者および非居住者が発行する「ユーロ債市場」がある。

　外債の発行・募集については、外為法上、許可は不要であるが、10億円相当

6

資本取引・国際金融取引

額以上の場合には事後報告を発行・募集の払込日から20日以内に行う必要がある。主な発行市場は以下の通りであるが、市況等を勘案して、より有利な条件で資金調達が行える市場を選択することができる。

①米国外債市場

米国市場は、米国証券取引委員会（SEC）の厳しい規制や煩雑な手続きが必要な他、公募に際してはスタンダード・アンド・プアーズ社（S&P）やムーディーズ社（Moody's）等の格付機関からの格付取得が必要である。

②スイス外債市場

スイス市場では、税制や投資家の投資スタンスから市場の流動性は低い。起債の手続きが簡便でコストの安い私募債で行われるケースが多い。また、少額の発行も可能であることから、日本では大手から中堅に至るまでスイス市場を利用する企業が多い。

③ユーロ債市場

ユーロ債市場は規制が緩く発行手続が簡便で、国際的なシンジケート団により引受・販売されることや債券が無記名で源泉税が免除される等のメリットがあるため、日本企業の利用が多い市場である。

また、ドル建債券については、ユーロ債市場を利用することで米国証券取引委員会の規制や諸手続を回避できる。さらに、ユーロ市場はスイス市場より流動性が高く、株価を十分に反映した価格形成が行われるので、ワラント付普通社債の発行では特に重要な市場となっている。

② 国際金融取引の概要

1 国際金融取引とは

国際金融取引は、国際間で複数の通貨にまたがって行われる資金の運用・調達およびこれに関する各種金融取引であり、預金、貸出（シンジケート・ローン、プロジェクト・ファイナンス、リースを含む）のほか、債券の発行・投資、証券の売買、スワップ等、多様な取引がなされる。

2 国際金融取引で利用される通貨

国際金融取引で利用される通貨は取引量が莫大であることもあり、以下の内容等が必要だと考えられている。

> ・為替管理や税制面で制約が少なく、自由に利用できる通貨であること（為替管理や税制面での制約があると資金の運用、調達に制限がかかり、自由度が制限されるので取引量が多い市場には向かない）
> ・ある程度以上の市場規模があり、通貨としての流動性が確保されていること（取引量が多いので、市場規模が小さいと大きな需要、供給を市場で吸収できなくなり、市場が機能しなくなる可能性がある）
> ・為替相場や金利水準が安定していること（為替相場や金利水準が日常的に大きく上下すると、それによって取引環境や金融機関の損益が大きく影響を受けるので、取引の安定性を欠くことになる）
> ・その通貨の国のカントリー・リスクが低いこと（カントリー・リスクが高い国の通貨は国の影響が通貨に及ぼす影響が大きく安定的な取引という観点から適さない）
> ・各国で準備通貨として広く利用されていること（各国が利用しない通貨に対する需給は小さくなるので適さない）

最終的には当該国が経済力を背景として国際的に通貨として信任を得られている必要がある。具体的には米ドル、ユーロ、円等である。

3 国際金融取引における短期資金取引

国際金融市場はユーロ市場が中心である。ユーロ市場では銀行によってユーロ資金（自国外の銀行やオフショアアカウントによって取引される資金）を放出したり調達したりする取引が行われる。それらの取引の目的は預貸金のカバー（預金を受け入れた場合はその資金運用、貸金を実行する場合はその資金調達）、銀行の資金繰り（余剰資金を運用、必要資金を調達）、資金操作等である。ユーロ市場では市場を管理・統括する中央銀行が存在しないので、最後のよりどころとなるラストリゾート（Last Resort）^(注)としての機能がない。

市場では資金放出を希望する銀行と資金調達を希望する銀行がそれぞれ市場に対して出し手レート（Offered Rate）、取り手レート（Bid Rate）を呈示し、

6

資本取引・国際金融取引

市場の資金需給や今後の金利見通し等によって、この2つのレートの間のどこかで取引が成立する。この市場取引には、通常、ブローカーと呼ばれる仲介業者が介在する。

（注）流動性逼迫から資金決済や預金者への払戻に支障が生じた金融機関に対して中央銀行が一時的に資金供給（資金融通）を行うこと。金融機関の倒産が連鎖倒産を生むことを回避し、信用秩序を維持することを目的とする。この「最後の出し手（Lender of Last Resort）」としての中央銀行の役割を指す。

③ 国際金融取引の留意点

1 国際金融取引と国内金融取引の違い

国際金融取引は、国際間で複数の通貨にまたがって行われる資金の運用・調達およびこれに関する各種金融取引である。1つの通貨を用いて、同一国内で資金の運用・調達を行う国内取引とは留意点も異なる。国際金融取引を行う場合は、特有のリスクがあることを念頭に置く必要がある。

国際金融取引の主要マーケットであるユーロ市場は、市場の取引慣行や税制・通貨政策等の規則を受けることなく自由に取引ができる。しかしながら、ユーロ市場には市場を管理・統括する中央銀行が存在しないので、市場に需給の変化が生じても最後の拠りどころとなる、いわゆるラストリゾート（Last Resort）としての機能がないことから、特に市場流動性には十分留意すべきである。

2 国際金融取引のリスク

（1）信用（クレジット）リスク

信用リスクとは取引の相手方が倒産等により契約の履行ができなくなるリスクである。万一、取引の相手が債務不履行になった場合、同種の取引を別の相手とやり直した場合のコスト（再構築コスト）が問題になる。国内取引でも同様のリスクがあるが、国際金融取引においては為替レートが絡むとリスクが増幅される。

（2）市場（マーケット）リスク

　市場リスクとは原資産の価格変動や市場での値動き（一般に「ボラティリティ」という）によって生じるリスクである。商品価値そのものの変化と、需給を反映した価格変化の二面性を有する。例えば、ある国の国債を対象とした取引を考えると、対象国の財政悪化による国債の価格下落と、財政状況に変化がなくとも、ある投資家が巨額の売りを浴びせることによる価格下落が考えられる。特に脅威としては、市場に大きなショックが与えられると、資金が安全資産にシフトし、リスクを取る資金が枯渇してしまうことで、市場が正常に機能しなくなり、意図した取引（例えばリスクの高い資産や通貨の売却）ができなくなるという可能性がある。

（3）決済（アベイラビリティ）リスク

　取引相手先から商品（資産）を受け取る前に代金を支払ってしまったり、代金を受け取る前に商品（資産）を引き渡してしまったりするというタイミングのずれから生じるリスクである。為替取引等で、国によって標準的決済時間が異なるため、支払った後で、対価を受け取る前に取引の相手方が倒産すると大きなリスクとして顕在化する。

（4）法務（リーガル）リスク

　取引契約が当事者の属する国の規則に反したり、適用される法律が取引後に改正されたりする場合に生じるリスクである。訴訟になったり、市場での取引制限を受けたりすることがあるので、現地の法律、契約実務、商慣習等の知識を有する弁護士を利用することが必要になる。

　主なリスクは下記の通りである。

> ・契約書の不備により、当初期待した効果が得られない
> ・取引に必要な許可等が取得できていない
> ・取引相手が法的整理（倒産）になった際に倒産法の適用により、契約書の条項が適用されない
> ・頻度高く法規制に変更が加えられることで、取引時点で可能であったことができなくなったり、制限が加えられたりする

6

資本取引・国際金融取引

（5）カントリー・リスク（トランスファー・リスクとソブリン・リスク）

　カントリー・リスクは取引の相手先が帰属する国（帰属国）の政治、経済、社会情勢の変化や紛争・テロ等に起因するリスクで、国際金融取引においては帰属国の状況次第でこのリスクが大きくなることがある。

　主には帰属国の財政上の理由等で対外支払が差し止められるリスク（トランスファー・リスク）である。これは当該帰属国の外貨[(注)]準備高が少なくなってきた際に外貨への交換が制限されること等によって発生する。また、取引の相手先が最終的に帰属国（ソブリン）となって、対外支払に支障を来すようなケースもある。カントリー・リスクには天災、暴動、戦争といった当事者の責めに帰さない事項も含まれる。こういった事項は契約上では不可抗力条項（Force Majeure）として扱われ、その理由で取引相手が義務を履行できなくとも責任を負わないと定めることが一般的である。

（注）主には米ドル

（6）その他のリスク

　国際金融取引においては、商慣習が日本と異なっていること、情報開示が不十分なことがあること、会計原則が日本と異なっている場合があること等によって、海外の取引相手の実態把握が困難となることも多い。取引の相手方に粉飾が発覚したり、当初把握していなかった問題が発見されたりすることがあるので、国内取引よりも一段の注意が必要になる。

④　シンジケート・ローン

１　シンジケート・ローンとはなにか

　シンジケート・ローンとは、複数の金融機関が協調融資団（シンジケート団）を組成して、同一の契約書に基づき同一条件で融資を行う資金調達方法である。利用されるケースでは複数の金融機関が関与することもあり、大型の案件となることが多く、借入人の規模も大きい場合が多い。また、海外の企業金融で用いられるケースでは、借入人が外部格付を有していることもあり、一定程度の信用力があるとみられているケースが多い。

　シンジケート・ローンは主幹事（「エージェント」という）が引受を行い、一般参加銀行を募りシンジケート団を組成する。ケースによっては、副幹事や参加額によるステータスが与えられることもある。引受、組成を行う主幹事には国際的な大手銀行がなるケースが多いが、一般参加については銀行の規模等の明確な条件はない。同一条件で行われる融資であるので、調印後に二次市場（セカンダリー・マーケット）でローンが売買されやすく、時間の経過と共に参加銀行の顔触れが変化することもある。

2 シンジケート・ローンの対象となる融資

　シンジケート・ローンは市場型間接金融と呼ばれる資金調達手段で、シンジケートの対象となる融資は短期、中長期ともにある。融資の形態はタームローンと融資枠であるコミットメントラインがある。一般的には企業向け融資が多いが、プロジェクトファイナンス、航空機ファイナンス、リース・ファイナンス、不動産ファイナンス、債権流動化ファイナンスといったストラクチャード・ファイナンスでも用いられる。主幹事はアレンジメント手数料、引受手数料といった融資実行前の役務に対する手数料を受け取れ、融資実行後もアレンジャーとして、一般参加銀行への情報伝達等の役務に対する手数料を一般参加銀行とは別に受け取れる。金利や未使用の融資枠に対して課される約定料（コミットメントフィー）は原則、主幹事と一般参加銀行は同水準のものを受け取ることができるケースが多い。海外のシンジケート・ローンでは、金利は変動型であることが多く、中長期の融資でも一般的に短期のユーロ・ダラー金利（変動金利）などを基準とし、利ざや部分に相当するスプレッドをこれに上乗せした金利が適用されることが多い。融資条件の変更は、期限の延長や返済条件の変更といった重要な事項は全参加銀行の同意が必要となるが、それ以外の重要度が高くないと思われる事項については、予め契約で定められたマジョリティ（参加金額ベースの３分の２超や過半）の同意で成立する。

⑤ プロジェクト・ファイナンス

■1 プロジェクト・ファイナンスとはなにか

　プロジェクト・ファイナンスとは、国際的な融資形態の1つで、石油や石炭などの資源開発、発電、インフラ整備等のプロジェクトに対して行われる融資である。一般の企業金融とは異なり、スポンサーと呼ばれるプロジェクトの実施主体となる企業が、みずから借入人になることはせずに、プロジェクト目的で設立された特別目的会社（SPC）が借入人となる。融資を実行した銀行は、当該スポンサーには直接返済を請求することができないノン・リコース・ローンに分類される。スポンサーがエクイティと呼ばれる資本をSPCに提供し、銀行がプロジェクト資産を担保に融資を行う。SPCは資本と融資で調達した資金でプロジェクト資産を購入したり、プロジェクトのための設備を建設したりし、プロジェクトが製造する製品を販売することで収入を得る。プロジェクト・ファイナンスはプロジェクト資産とキャッシュフローを担保にした融資であり、プロジェクトの製品の売上収入から製造費用等の経費を控除したキャッシュフローからその返済は行われる。プロジェクト・ファイナンスでは、複数の銀行による協調融資を通じて、巨額の資金調達ができるが、スポンサーである企業（SPCの親会社）にとっては、ノン・リコースであり、自己のバランス・シートに計上することなく、負債比率の上昇を招かないというメリットがある。一方で、万一、プロジェクトが失敗すると、当該企業の信用は低下し、社会的に大きなダメージを被ることになりうる。

●図表 6 −12　プロジェクト・ファイナンスの仕組み●

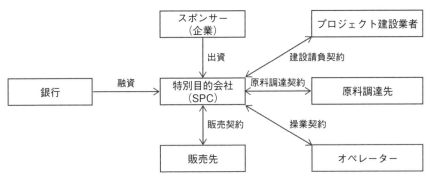

2 プロジェクト・ファイナンスのリスク

　プロジェクト・ファイナンスは複数の契約から成り立っているので、各契約が履行されないことによって発生するリスクがあり、様々なリスクを内包するので、ハイ・リスクとなるが、一方で銀行は優良企業への融資に比べて高い金利を得ることができるので、ハイ・リスク、ハイ・リターンの融資といえる。

（1）完工リスク

　建設請負契約が履行されずに、建設が頓挫するとプロジェクトが開始せず、収入をあげることができなくなる。仮に完工したとしても、当初計画対比、遅延したり、建設費用が多くかかったり（コスト・オーバーラン）すると、プロジェクトの資金繰りに影響を与えることになる。こういったリスクについては、スポンサーからの完工保証やパフォーマンス・ボンド(注)で保全することがある。

　（注）契約履行保証状。契約相手の義務が履行されることを保険会社が保証する。海外の大型プロジェクト等で、受注者の義務履行を保証する目的で用いられる。

（2）運営リスク

　プロジェクトが完工した後はオペレーター（プロジェクトを現地で実際に運営する企業）がそのプロジェクトを運営する。日々の運営はオペレーターに委ねられるので、オペレーターがプロジェクト運営の知識・ノウハウを有してい

6

資本取引・国際金融取引

ないと、運営に支障をきたすことになる。オペレーターの同種のプロジェクト
の運営実績をチェックする必要がある。

（3）調達・販売リスク

　プロジェクトが製品を製造するのに、十分な量の原材料を調達する必要があ
り、原材料を用いて製造した製品を販売する必要がある。したがって、原材料
の購入先や製品の販売先が契約を履行する事ができるかは重要である。しかも、
製品の販売代金と原材料の購入代金等の製造費用の差額で経費や銀行への元利
金の支払が行われるので、調達価格、販売価格の設定も重要である。どちらも
固定価格であれば、収支を計算しやすいが、どちらかが、その時の市場価格で
あると、販売価格の低下や調達価格の上昇がプロジェクトの収支を悪化させる
可能性がある。調達と販売が異なる通貨であると、為替リスクに晒されること
になるので、注意を要する。また、調達契約や販売契約の期間が融資期間を十
分カバーしているかどうかも重要である。

（4）カントリー・リスク

　政治的に不安定な国に所在するプロジェクトを対象とすると、国や地域の状
況によって、プロジェクトの操業が影響を受けたり（接収、ストライキ、暴動、
戦争等）、販売収入を国外に送金できなかったりすることになりうるので、注
意を要する。

第 **7** 章

取引先の海外進出支援業務等

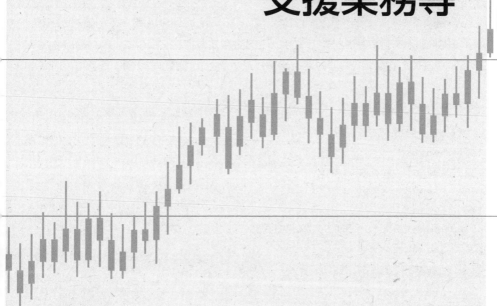

海外進出の動機・目的

本章では、取引先企業の海外進出に対する銀行の支援業務について述べる。対象となる取引先企業は中小企業が主体である。しかし、大企業や中堅企業の海外進出支援にも参考になる点は多くあるため、役立ててほしい。取引先企業のニーズは何か、取引先企業は銀行に何を求めているのか、お客様の視点を常に忘れずに業務に精励していただきたい。

まず本節では、わが国企業の海外進出の現状を捉えた上で、わが国中小企業が海外進出をする動機や目的について述べていく。

① わが国企業の海外進出の現状

図表7－1は、わが国の1950年以降の輸出額と1996年以降の対外直接投資額（実行額から回収額を控除したネットの金額）の推移を示している。輸出は高度成長期の1960年代後半以降に増勢に転じ始め、1985年のプラザ合意後の円高

●図表7－1　わが国の輸出額と対外直接投資額の推移●

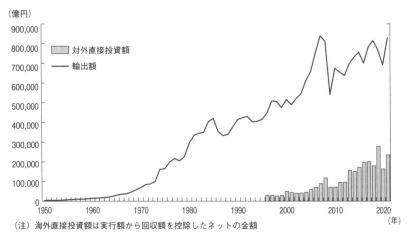

（注）海外直接投資額は実行額から回収額を控除したネットの金額

（出所）財務省貿易統計および対外直接投資の総括表をもとに作成

局面で一時減少するも、その後増勢に転じている。2008年のリーマン・ショックの翌年に激減、新型コロナウイルス感染症による世界的パンデミックの始まった2020年にも大幅に減少したが、全体を通してみると増勢基調である。一方、対外直接投資は、本グラフには示されていないが、プラザ合意後の円高対応もあり1980年代後半以降に増勢に転じ始め、バブル経済崩壊まで大幅に伸びた。バブル経済崩壊後に落ち込み低迷するも、2000年代後半から2008年まで大きく伸びているのがわかる。また、輸出同様2008年のリーマン・ショックの翌年に大きく減少、新型コロナウイルス感染症のパンデミックの始まった2020年に激減するもそれぞれ翌年には回復基調に転じている。

　図表７−２は、企業規模別に見た直接輸出企業割合の推移を示している。大企業の直接輸出企業割合は、2000年度に落ち込み低迷していたが、リーマン・ショック後に微増に転じ、2020年度には28.2％となっている。中小企業の直接輸出企業割合は、大企業に比べて低位にあるものの一貫して増勢傾向にあり、2020年度には21.2％となっている。

●図表７−２　企業規模別に見た直接輸出企業割合の推移●

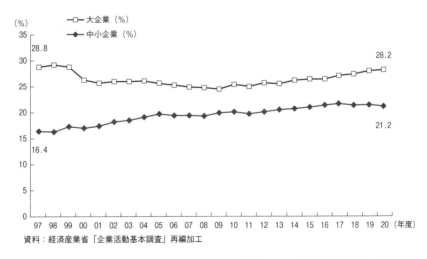

資料：経済産業省「企業活動基本調査」再編加工

（出所）中小企業庁『2023年版中小企業白書』

取引先の海外進出支援業務等

7

図表7-3は、企業規模別に見た直接投資企業割合の推移を示している。大企業の直接投資企業割合は、2000年度に落ち込んだのちはおおむね回復から増加の傾向にあり、2020年度には33.0％となっている。近年中小企業数は漸減傾向にあるが、直接投資をする中小企業割合は、やはり大企業と比べると低位にあるものの、2020年度には15.1％となっている。

●図表7-3　企業規模別に見た直接投資をする企業割合の推移●

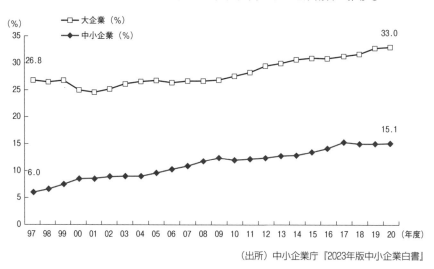

（出所）中小企業庁『2023年版中小企業白書』

　一方、政府の成長戦略には企業の海外進出支援策も掲げられている。第二次安倍政権下で2013年6月に閣議決定された成長戦略「日本再興戦略～JAPAN is BACK～」に盛り込まれた。成長目標には、中小企業・小規模事業者の革新のための目標として「今後5年間で新たに1万社の海外展開を実現する」ことや、海外市場獲得のための戦略的取組の目標として「潜在力を持つ中堅・中小企業の輸出額を2020年までに2010年対比2倍にする」ことが掲げられた。「日本再興戦略～JAPAN is BACK～」は改訂を重ねた上、日本経済再生本部の廃止に伴い2020年に終了となったが、現在でも企業の海外進出支援は政府の成長戦略項目である。2022年12月には企業の海外ビジネス投資の促進を目的に「海外ビジネス投資支援パッケージ」が公表された。わが国中小企業のわが国経済に占める割合は、企業数において99.7％、従業者数において66％、製造業にお

ける付加価値において50.6％となっている。「わが国経済の基盤・ダイナミズムの源泉」である中小企業の「多様で活力ある成長発展を促していく」ことが現行の中小企業基本法の中小企業像であり、基本理念でもある。

　このように、政府の経済政策の内容および中小企業の海外進出の現状を見ると、今後、中小企業の海外進出の余地は残されており、盛んになってくるものと思われる。

② わが国中小企業の海外進出の動機・目的

　図表7－4は、独立行政法人中小企業基盤整備機構（以下「中小機構」という）が発表した『平成28年度中小企業海外事業活動実態調査報告書』からの引用で、海外展開を現在は実施していない中小企業のうち輸出に向けた準備を進めている企業に、輸出を検討する理由を尋ねたものである。「海外で顧客を開拓するため」を挙げる企業が最も多く、「現地の顧客等から引き合いがあるから」「自社製品等が現地市場で優位性があるから」「既存の顧客や取引先から要請があったため」の順に続いている。この上位4つの理由は順番においても、同報告書における既に輸出を行っている企業が今後輸出を拡大する理由と一致している。

●図表7－4　輸出を検討する理由（複数回答）●

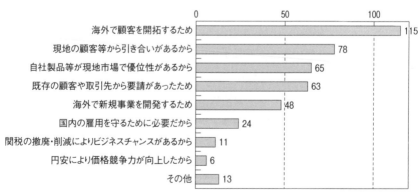

（出所）中小機構『平成28年度中小企業海外事業活動実態調査報告書』

7

取引先の海外進出支援業務等

図表７−５は、同じく海外展開を現在は実施していない中小企業のうち海外拠点の設置に向けた準備を進めている企業に、海外拠点の設置に取り組む理由を尋ねたものである。「海外で新規事業を開発するため」をあげる企業が最も多く、「海外で顧客を開拓するため」「自社製品等の優位性が活かせる市場がそこにあるから」「既存の顧客や取引先から要請があるため」の順に続いている。この上位４つの理由は順番こそ異なるものの、同報告書における既に海外拠点を持つ企業が今後海外拠点の拡大・拡充を図る理由と一致している。

●図表７−５　　海外拠点の設置に取り組む理由（複数回答）●

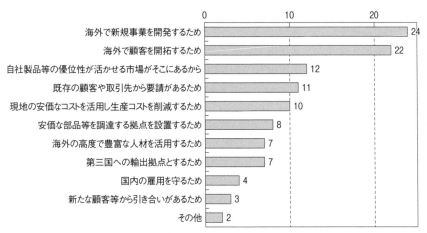

（出所）中小機構『平成28年度中小企業海外事業活動実態調査報告書』

　図表７−６は、国際化（海外進出）を行うことになったきっかけを示している。「自社製品に自信があり、海外市場で販売しようと考えた」という自主的かつ積極的な理由が38.0％で最多となっている。「取引先の生産拠点が海外に移転した」23.3％、「コスト削減要請に対応するため、海外生産の必要性を強く認識した」22.2％、「取引先に勧められた」21.7％、「国内の販売が伸び悩んだため、海外市場に打って出ようと考えた」21.0％は、ほぼ同数となる。

　ここで、わが国中小企業の海外進出の動機・目的の主たるものを以下のように整理しておく。

・市場獲得…縮小する日本国内市場から拡大する新興国市場での市場開拓・販売促進
・安い労働力確保…安い人件費等によるコストダウン生産
・安い資材調達…地産地消によるコストダウン、現地の安い製品・部品・原材料の調達
・サプライチェーン対応…取引先の海外進出への追随、取引先からの海外進出要請
・税務上最適立地の選択…所得税や関税などの税負担軽減のための最適立地選択
・為替相場対応…円高対策での海外進出、円安による輸出あるいは円高による輸入促進

●図表7－6　国際化を行うことになったきっかけ（複数回答）●

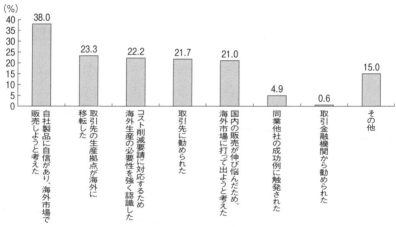

資料：中小企業庁委託「国際化と企業活動に関するアンケート調査」（2009年11月、三菱UFJリサーチ＆
　　　コンサルティング㈱）
（注）1.　国際化を「行っている」と回答した中小企業のみを集計している。
　　　2.　複数回答であるため、合計は必ずしも100にならない。

（出所）中小企業庁『2010年版中小企業白書』

7

取引先の海外進出支援業務等

外為取引ソース発掘の方法

　本節ではまず、外為取引ソースとは何かについて簡単に整理する。資金の授受の原因となる外為法上の外為取引分類からの視点と、海外進出する取引先企業に提供する金融機関のサービス・商品の視点からの整理となる。次に、外為取引ソース発掘の方法について、金融機関内部の情報と顧客ヒアリングによる発掘と、金融機関外部の情報と顧客ヒアリングによる発掘に分けて述べていく。取引先企業の海外進出支援を通じてお客様の成長・発展に寄与するとともに、外為取引ソースの捕捉を通じて取引先企業との取引深耕を図っていくことが大切である。

① 外為取引ソースとは何か

　外為取引ソースとは、取引先企業と金融機関との外国為替取引に繋がる資金の流れ、あるいは資金の受払と考えることができる。そこで、外為取引ソースを探る第一歩として以下の2点をまず確認することが必要となる。

> ・外国との間で、円貨にしろ外貨にしろ、資金の支払ないし資金の受取はあるか
> ・日本国内であっても、外貨での資金の支払ないし受取はあるか[注]
> 　（注）日本国内の取引において、円貨での資金の授受でも、居住者と非居住者との間の取引は外国為替取引となる。

　こうした資金の支払や受取は、外為法上の外為取引分類から貿易取引、貿易外取引（狭義）、資本取引によるいずれかの資金の授受に該当する（図表7－7）。これらの資金の授受が外為取引ソースに他ならない。

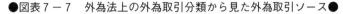

●図表7－7　外為法上の外為取引分類から見た外為取引ソース●

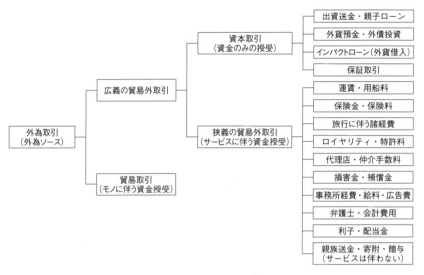

　次に、取引先企業の外為取引ソースを金融機関との外国為替取引に結び付けていく、金融機関の提供するサービス・商品について整理する。金融機関の役割、金融機関の持つ機能を①決済機能、②資金供給・与信機能、③信用補完機能、④資金運用機能、⑤事務効率化機能、⑥情報提供機能、⑦その他に分類し、それぞれの機能に対応する金融機関の外国為替関連のサービス・商品をまとめたものが次頁図表7－8である。資金の授受から見た外為取引ソースは、これらのサービス・商品を切り札、ツールとして外国為替取引に繋がっていく。

7

取引先の海外進出支援業務等

●図表 7 － 8　金融機関の提供するサービス・商品から見た外為取引ソース●

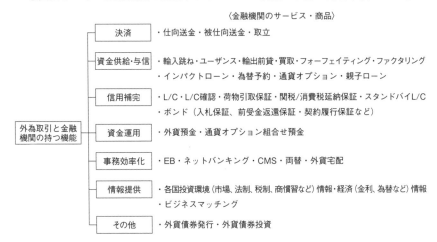

〈金融機関のサービス・商品〉

	決済	・仕向送金・被仕向送金・取立
	資金供給・与信	・輸入跳ね・ユーザンス・輸出前貸・買取・フォーフェイティング・ファクタリング ・インパクトローン・為替予約・通貨オプション・親子ローン
	信用補完	・L/C・L/C確認・荷物引取保証・関税/消費税延納保証・スタンドバイL/C ・ボンド（入札保証、前受金返還保証・契約履行保証など）
外為取引と金融 機関の持つ機能	資金運用	・外貨預金・通貨オプション組合せ預金
	事務効率化	・EB・ネットバンキング・CMS・両替・外貨宅配
	情報提供	・各国投資環境（市場、法制、税制、商慣習など）情報・経済（金利、為替など）情報 ・ビジネスマッチング
	その他	・外貨債券発行・外貨債券投資

② 金融機関内部の情報と顧客ヒアリングによる外為取引ソース発掘

　金融機関であるが故に入手できる情報を入手しても、さらにお客様に直接ヒアリングをすることも必要となる。その上で、上述の金融機関のサービス・商品を切り口に外国為替取引に繋げられないか知恵を巡らせ、考え抜くことが大切である。

❶ 預金口座の異動明細を調べる

　既存の取引先企業であれば、自金融機関に預金口座はあるだろう。外国為替取引は他金融機関の預金口座を使用しているということもあると思うが、まずは預金口座の入金、出金の異動の状況を調べてみることが必要となる。

❷ 外国送金依頼書の銀行控えを調べる

　既存の外国為替取引先企業であれば、EBやネットバンキングのサービスを利用して既に自金融機関に外国送金を集中的に持ち込んでくれていると思われる。一方、金融機関の窓口に直接外国送金を持ち込みになるお客様は、新たに

海外との取引を始めたばかりであったり、最近近隣に移転して来たばかりだとか、他金融機関への外国送金持ち込みをやめて自金融機関に持ち込みを変えたといったことが多い。また、外国送金の仕向け先に自金融機関の拠点があれば仕向け先金融機関の変更の可能性を探ることも必要となる。

❸ 被仕向送金到着案内の銀行控えを調べる

　外国送金依頼書は仕向送金だが、海外から自金融機関を支払銀行として仕向けられてくる被仕向送金についてもその控えを調べてみることが大切である。預金口座の異動明細と合わせて調べてみると、被仕向送金の取扱状況がよりわかる。また、送金取組地に自金融機関の拠点があれば送金取組み金融機関の自金融機関への変更の可能性を探ることも忘れてはいけない。

❹ 自金融機関で接受した輸出L/C情報を調べる

　輸出をL/Cベースで行う輸出者である取引先企業に向けたL/Cを自金融機関で接受した場合、その内容を調べる必要がある。取引先企業が行おうとしている輸出の内容が明らかになる。単にお客様に輸出L/Cの通知を行うだけでなく、輸出荷為替手形の買取、あるいは取立の自金融機関への持ち込みを折衝することができる。

❺ 外国通貨の売買履歴を調べる

　外国通貨の売買を法人名義で行っていれば、社員の海外出張の経費や旅費であったり、船会社の外国人船員への給料の支払いであったり、両替や資金移動を営む企業であったり等々、外国為替取引に繋がる外為取引ソースになり得る。

❻ 外貨預金口座の有無を調べる

　取引先企業が外貨預金口座を所有しているか否かを調べてみると、外貨預金口座は開設されているものの、長期間にわたり資金の異動がなかったり、残高がほとんどないかゼロであったりすることがある。この場合、外貨預金口座開設の経緯やなぜ資金異動や残高がないのか、お客様に理由を確認することが必要となる。外国為替取引が他金融機関に移されてしまっている可能性があるか

らである。

⑦ 決算書類を調べる

　取引先企業との間に与信取引があれば、通常、自金融機関に決算書類を提出しているはずである。決算書類は外為取引ソースの宝庫ともいえるので、ポイントを述べる。

　貸借対照表上の次の科目については、付属の科目明細書で下記の内容の確認が求められる。

・現預金…外貨預金の有無を確認する。
・受取手形…輸入商品販売の受取手形の有無を確認する。
・売掛金…輸出売上債権の有無、輸入商品売上債権の有無を確認する。
・前渡金…輸入貨物代金の前渡金の有無を確認する。
・貸付金…海外子会社や海外関連会社、外国企業への貸付金の有無を確認する。
・投資有価証券…海外子会社や海外関連会社、外国企業への出資金の有無を確認する。
・買掛金…輸入仕入債務の有無、輸出商品仕入債務の有無を確認する。
・前受金…輸出貨物代金の前受金の有無を確認する。
・借入金…インパクトローンの有無を確認する。
・社債…外貨債券発行の有無を確認する。
・準備金／引当金…海外取引に関連するものの有無を確認する。
・為替換算調整勘定…為替換算調整勘定の計上の有無を確認する。

　損益計算書では、次のことを確認する。

・売上高…輸出売上の有無を確認する。
・売上原価／仕入高…輸入仕入の有無を確認する。
・営業外収益…為替差益、海外からの配当金の有無を確認する。
・営業外費用…為替差損の有無を確認する。
・特別利益／特別損失…海外取引に起因するものの有無を確認する。

③ 金融機関外部の情報と顧客ヒアリングによる外為取引ソース発掘

　取引のない企業から外国為替取引に繋がる外為取引ソースを発掘する方法について述べる。筆者が外為新規顧客の開拓担当者として駆け出しのころ、飛び込んだ先での外為取引ソースの見つけ方として、「名刺の裏面が英字表記になっていないか」「社内に世界地図、特定の国・地域の地図が掲示されていないか」「応接室に航空会社や船会社のカレンダーがないか」「廊下などにシッピングマークが表面に印刷された梱包が積まれていないか」など、よく注意して相手を観察するようにと言われたこともあった。以下にあげるツールを活用し、事前に訪問するべき先のターゲットを絞り、準備をしてから効率よく、効果的な訪問をする心掛けが必要である。

■ 各種会員名簿や組合員名簿、貿易業者リスト

　各地の商工会議所が発行している会員名簿や、業種ごとに組織されている輸出・輸入組合や協会の組合員名簿を利用することができる。また、ジェトロのビジネスライブラリーでは日本の貿易（輸出・輸入）業者ダイレクトリーなどを検索することができる。

■ 信用調査会社の企業データ

　株式会社帝国データバンクの企業概要データベース（COSMOS 2 ）やインターネット企業情報サービス（COSMOSNET）、株式会社東京商工リサーチの企業データファイル（Data Approach）を活用することができる。目的に応じて項目を絞って検索することが可能である。

■ 取引先企業からの情報や紹介

　お客様からの情報や紹介も有効に活用したい。ただし、お客様からの紹介ということで安易に飛びつくことなく、かつお客様との良好な関係を維持していけるように注意が必要となる。

7

取引先の海外進出支援業務等

4 対象企業のホームページや会社案内

　対象企業が抽出されたら、個々の対象先企業のホームページや会社案内でその企業をじっくりと調べてみることができる。

5 新聞、経済誌、業界紙

　新聞、経済誌、業界紙で対象企業やその企業の関係する業界の記事から情報を得ることも必要である。電子版などの活用で、便利に情報検索ができる。

海外進出企業へのアプローチ

　本節では、海外進出企業にアプローチする前に金融機関行職員として是非心に留めておいて欲しいことと、海外進出企業へのアプローチに際しての考え方、アプローチの仕方について述べていく。

　前者については、お客様が金融機関に何を求めているのかをまず確認する。また、外国為替業務の担当者として日頃心掛けておいたらよいと思うことを述べる。後者については、取引先企業の海外進出の目的別アプローチ、国際化の発展段階別アプローチ、海外進出のプロセス別アプローチ、海外進出の形態別アプローチについて整理する。また、取引先企業の海外進出の国・地域別アプローチについては割愛する。

① 海外進出企業にアプローチする前に

　次頁図表 7 − 9 は、中小企業が金融機関に期待する海外進出支援の内容を示している。金融機関に求められる海外進出支援の内容は多岐にわたるが、「リスク管理を始め実務のアドバイス」「現地情報提供・現地専門家紹介」「資金調達・決済」「ビジネスマッチング」「国内支援機関紹介」に整理できる。当然ながら、個々の取引先企業の海外進出支援にあたっては、お客様の個別具体的な要望事項をしっかりと把握することが必要となる。

　次頁図表 7 − 10は、金融機関との取引全般に関する満足度についての理由を自由回答で尋ねたものである。上図は「満足」「どちらかと言えば満足」に回答した理由を、下図は「不満」「どちらかと言えば不満」に回答した理由を示している。

　「取引先企業の事業への理解・取引先企業との信頼関係の構築」と「取引先企業の相談・要望への迅速な対応」が、顧客満足を勝ち取る上位 2 つの理由となっている。一方、「取引先企業への支援や提案がない・不十分」「取引先企業への訪問や連絡がない・少ない」「担当者の取引先企業の事業への理解・態度・能力に課題」が、顧客の不満を生む上位 3 つの理由となる。

7

取引先の海外進出支援業務等

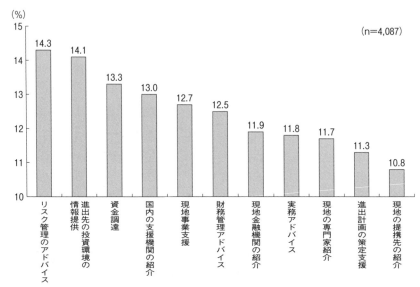

●図表7－9　中小企業が今後期待する海外展開支援内容（複数回答）●

(%)

(n=4,087)

14.3　リスク管理のアドバイス
14.1　進出先の投資環境の情報提供
13.3　資金調達
13.0　国内の支援機関の紹介
12.7　現地事業支援
12.5　財務管理アドバイス
11.9　現地金融機関の紹介
11.8　実務アドバイス
11.7　現地の専門家紹介
11.3　進出計画の策定支援
10.8　現地の提携先の紹介

資料：中小企業庁委託「中小企業を取り巻く金融環境に関する調査」（2011年12月、みずほ総合研究所㈱）

（出所）中小企業庁『2012年版中小企業白書』

　お客様は何に満足し、何に不満を感じているのか、しっかりと確認する必要がある。取引先企業にとって皆さんは金融機関の顔である。一人ひとりの担当者の行動が、お客様の金融機関への評価に直結することになる。

　次に、外国為替業務の担当者として日頃心掛けておいたらよいと思うことを述べておく。それは、外国為替事務をしっかりと習得することと、取引先企業との取引の中で金融機関からの視点だけでなく、お客様からの視点でも取引を見て考えてみることである。

　筆者が外国為替業務を担当したばかりのころ、「銀行業務の中でも特に外国為替業務は事務と渉外が車の両輪のように常に一緒に回転しないと、外国為替業務はうまく進んでいかない」とよく言われたものだ。また、「外国為替事務は与信に直接関係することが多いから、ミスは許されない」とも言われた。渉外担当者も外国為替業務を行うにあたっては外国為替事務知識をしっかりと持っておく必要がある。図表7－9の通り、「実務アドバイス」は、お客様が

●図表7－10　金融機関との取引全般に関する満足度（理由を自由回答）●

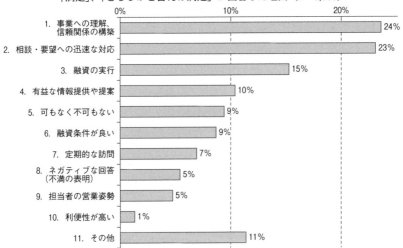

「満足」、「どちらかと言えば満足」に回答した理由（n＝8,935）

- 1. 事業への理解、信頼関係の構築　24%
- 2. 相談・要望への迅速な対応　23%
- 3. 融資の実行　15%
- 4. 有益な情報提供や提案　10%
- 5. 可もなく不可もない　9%
- 6. 融資条件が良い　9%
- 7. 定期的な訪問　7%
- 8. ネガティブな回答（不満の表明）　5%
- 9. 担当者の営業姿勢　5%
- 10. 利便性が高い　1%
- 11. その他　11%

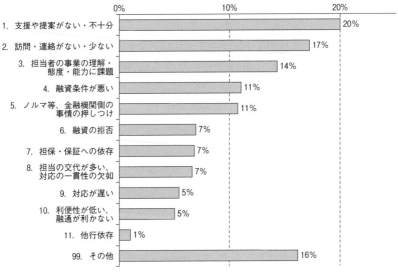

「不満」、「どちらかと言えば不満」に回答した理由（n＝1,557）

- 1. 支援や提案がない・不十分　20%
- 2. 訪問・連絡がない・少ない　17%
- 3. 担当者の事業の理解・態度・能力に課題　14%
- 4. 融資条件が悪い　11%
- 5. ノルマ等、金融機関側の事情の押しつけ　11%
- 6. 融資の拒否　7%
- 7. 担保・保証への依存　7%
- 8. 担当の交代が多い、対応の一貫性の欠如　7%
- 9. 対応が遅い　5%
- 10. 利便性が低い、融通が利かない　5%
- 11. 他行依存　1%
- 99. その他　16%

（出所）金融庁『企業アンケート調査の結果』平成29年10月25日

7

取引先の海外進出支援業務等

金融機関に期待する海外進出支援の1つである。外為事務と外為渉外が組織上分断されてしまった金融機関も少なくないと思うが、外国為替事務が分からないからといって事務を事務担当者に丸投げするような渉外担当者では話にならない（図表7－11参照）。

●図表7－11　外為事務と外為渉外●

●図表7－12　貿易実務をみる視点●

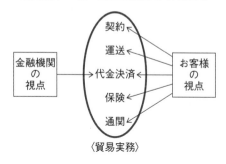

　また、筆者が初めて外国為替業務を担当した時、指導員の先輩行職員から「早く外国為替事務を習得すること。その上で顧客の視点に立って貿易実務知識も身に付けると理解がより深まる」と指導を受けた。例えば、図表7－12のように貿易実務を例に取ると、金融機関の視点に立った場合その視線は代金決済関連にのみ向きがちである。ここで、貿易を行う取引先企業の視点に立つと、その視線は契約関連から運送関連、代金決済関連、保険関連、通関関連と、貿易実務全体に向いている。お客様の視点に立った知識も身に付けることで、金融機関の視点に立った知識の理解が深まるし、お客様の相談にも対応しやすく

なるものだ。以前筆者が勤務していた職場に、銀行業務検定試験「外国為替 3 級」と「外国為替 2 級」に合格した上で、通関士試験にも合格した人がいた。知識のブラッシュアップのためにも、銀行業務検定試験や各種貿易実務試験にチャレンジされることをおすすめしたい。

② 海外進出企業へのアプローチの仕方

　ここでは、海外進出企業へのアプローチの仕方について、海外進出の目的別、国際化の発展段階別、海外進出のプロセス別、海外進出の形態別に整理をし、述べていく。

◼ 海外進出の目的別アプローチ

　第 1 節で記載した通り、わが国中小企業の海外進出の主たる動機・目的は、「市場獲得目的」「安い労働力確保目的」「安い資材調達目的」「サプライチェーン対応目的」「税務上の最適立地選択目的」「為替相場対応目的」などがあげられる。これら海外進出の目的別に海外進出支援のアプローチを考える必要がある。図表 7 −13 は、海外進出の目的別に海外進出支援のアプローチのチェック

●図表 7 −13　海外進出の目的別アプローチのチェックポイント●

海外進出の目的	アプローチのチェックポイント
市場獲得目的	現地市場の需要はあるか。現地の需要・規制に適合させるための仕様等の変更は必要か。変更が必要な場合のコストに見合うメリットは確保できるか。
安い労働力確保目的	進出先の中・長期的な賃金上昇見込みの確認。投資回収にはどのくらいの時間を必要とするか。
安い資材調達目的	目的にかなう資材・原材料を安定供給できるサプライヤーが存在するか。
サプライチェーン対応目的	納入先との継続的な取引が確約されているか。納入先にとって安価な製品・部品を供給するだけの存在になっていないか。
税務上の最適立地選択目的	進出先国との租税条約、FTA、EPA の有無、内容の確認。移転価格税制、過少資本税制、タックスヘイブン対策税制に抵触しないか。
為替相場対応目的	為替相場動向の確認。自社の為替相場変動リスク許容範囲の確認。

（出所）ジェトロ『初めての海外進出』をもとに作成

7

取引先の海外進出支援業務等

ポイントをまとめたものである。

2 国際化の発展段階別アプローチ

　企業の国際化は、図表7－14のような段階を踏まえて発展していくとされている(注)。取引先企業の海外進出が、企業の国際化の発展段階のどのステージに該当するのかに基づいて海外進出支援のアプローチを考える必要がある。国際化の発展段階によって、取引先企業のニーズも金融機関に期待する海外進出支援の内容も異なるものとなるからである。

（注）国際経営論において企業の国際化の発展は概ねこうした段階を踏んで発展していくとされているが、発展段階の分け方については諸説ある。また、各段階を一歩一歩登って行かなかったり、創業時からいきなりグローバル展開をする企業（ボーングローバル企業）もある。

●図表7－14　企業の国際化の発展段階●

第5段階 （グローバル統合）	企画、設計、製造、販売、アフターサービスを現地子会社が統合して行う。複数国・地域の海外子会社を統括する統括会社を設立することもある。
第4段階 （海外生産子会社）	海外生産子会社を設立し、現地で生産、販売を行う。生産販売だけでなく、企画、設計を行うこともある。
第3段階 （海外販売子会社）	販売店、販売代理店に代えて、海外販売子会社を設立し、販売子会社に向けて輸出をする。
第2段階 （直接輸出）	自社製品を海外の販売店、販売代理店に向けて自ら輸出をする。
第1段階 （間接輸出）	自社製品を国内の商社等輸出代行業者に委託し輸出し、自社は国内に留まっている。

3 海外進出のプロセス別アプローチ

　海外進出のプロセスを計画段階、進出後、撤退時に分けて、取引先企業がどのプロセスにあるのか、プロセス別に支援のアプローチを考える必要がある。特に計画段階においては、ここにあげられている進出後に直面する課題やリスク、やむなく撤退に至った理由や撤退時の課題をも念頭において計画や準備を進めることが大切である(注)。ここでは中小企業白書に示された調査結果に基

づいて、それぞれのプロセスにおける支援のアプローチの仕方について述べる。

図表7－15は、輸出企業が最も重要であると考える準備の内容を示している。また、次頁図表7－16は、直接投資企業が最も重要であると考える準備の内容を示している。取引先企業が海外進出の計画・準備段階で何を重要であると考えているのかを知る上での参考になるだろう。

輸出企業においては、「現地の市場動向やニーズの調査」「提携先・アドバイザーの選定」「現地の法制度・商習慣の調査」の順に、以下「海外展開に関する事業計画の策定」「貿易関連事務・制度の理解」「展示会・見本市・商談会への参加」「従業員の教育・研修」「海外向け商品・サービスの開発」「外国語のホームページの作成」と続いている。

直接投資企業においては、「現地人材の確保・育成」「販売先の確保」の順に、以下「現地の法制度・商習慣の調査」「海外展開に関する事業計画の策定」「提携先・アドバイザーの選定」「現地の市場動向やニーズの調査」「駐在員等の確保・育成」「必要資金の調達」「現地の賃金や立地の調査」「海外向け商品・サービスの開発」「知的財産権保護の対策」と続く。

●図表7－15 輸出企業が最も重要であると考える準備の内容●

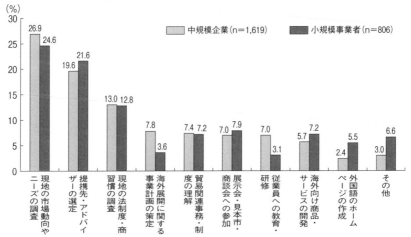

資料：中小企業庁委託「中小企業の海外展開の実態把握にかかるアンケート調査」（2013年12月、損保ジャパン日本興亜リスクマネジメント㈱）

（出所）中小企業庁『2014年版中小企業白書』

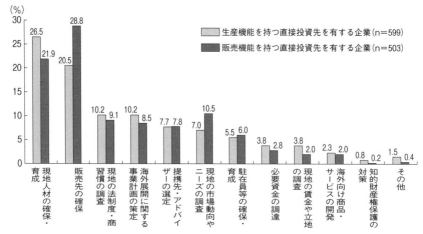

●図表7－16　直接投資企業が最も重要であると考える準備の内容●

生産機能を持つ直接投資先を有する企業（n＝599）
販売機能を持つ直接投資先を有する企業（n＝503）

項目	生産	販売
現地人材の確保・育成	26.5	21.9
販売先の確保	20.5	28.8
現地の法制度・商習慣の調査	10.2	9.1
海外展開に関する事業計画の策定	10.2	8.5
提携先・アドバイザーの選定	7.7	7.8
現地の市場動向やニーズの調査	7.0	10.5
駐在員等の確保・育成	5.5	6.0
必要資金の調達	3.8	2.8
現地の賃金や立地の調査	3.8	2.0
海外向け商品・サービスの開発	2.3	2.0
知的財産権保護の対策	0.8	0.2
その他	1.5	0.4

資料：中小企業庁委託「中小企業の海外展開の実態把握にかかるアンケート調査」（2013年12月、損保ジャパン日本興亜リスクマネジメント㈱）
（注）ここでは、企業が最も重要と考えている直接投資先の拠点機能について、「生産機能」、「販売機能」と回答した企業をそれぞれ集計している。

（出所）中小企業庁『2014年版中小企業白書』

　輸出企業は、販売に関連する市場動向や市場のニーズ、現地の法制度や商習慣についての情報入手、および販売に関連する提携先やアドバイザーの選定が準備の重要な内容となっている。

　一方、直接投資企業では、現地人材や駐在員の確保や育成、現地の賃金や立地の調査など現地法人に勤務する人材に関する準備が重要項目としてあがってくる。

　計画段階の取引先企業の個別具体的なニーズ、要望事項を十分に把握した上で、支援を行うことが大切である。

　（注）計画・準備段階では、まず進出の目的を明確化すること、その上で計画を策定し、国内での予備調査と現地調査により計画の実現可能性を調査することになる。事業化調査＝F/S、Feasibility Studyという。

　図表7－17は、輸出企業が直面している課題とリスクを示している。また、図表7－18は、直接投資企業が直面している課題とリスクを示している。取引先企業が海外進出を果たした後、どのような課題を抱え、どのようなリスクに直面しているのかを知る上での参考になるだろう。

●図表7－17　輸出企業が直面している課題・リスク（複数回答）●

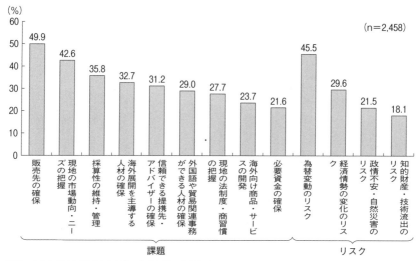

資料：中小企業庁委託「中小企業の海外展開の実態把握にかかるアンケート調査」（2013年12月、損保ジャパン日本興亜リスクマネジメント㈱）

（出所）中小企業庁『2014年版中小企業白書』

　輸出企業が抱える課題では、準備段階の項目にはなかった「販売先の確保」がトップにあげられている。「現地の市場動向・ニーズの把握」とともに、販売に直接関係する課題として上位の2課題となっている。また、「採算性の維持・管理」「海外展開を主導する人材の確保」があげられているが、輸出が始まった後に新たに浮上してきた課題である。輸出企業が直面するリスクでは、「為替変動のリスク」がトップで、以下「経済情勢の変化のリスク」「政情不安・自然災害のリスク」と続いている。「知的財産・技術流出のリスク」も見逃せない。

　直接投資企業が抱える課題では、販売機能を持つ直接投資先企業も生産機能を持つ直接投資先企業も上位3つの課題は、順番は異なるが、「現地人材の確保・育成・管理」「採算性の維持・管理」「販売先の確保」で共通となる。輸出企業と同じく、「採算性の維持・管理」という課題が新たに浮上してきている。直接投資企業が直面するリスクでは、販売機能を持つ直接投資先企業も生産機能を持つ直接投資先企業も「人件費の高騰」がトップにあげられ、「為替変動

7

取引先の海外進出支援業務等

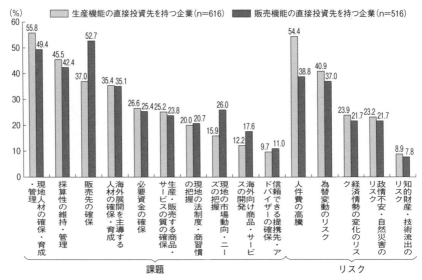

●図表７−18　直接投資企業が直面している課題・リスク（複数回答）●

生産機能の直接投資先を持つ企業(n=616)　販売機能の直接投資先を持つ企業(n=516)

(%)

	生産機能	販売機能
現地人材の確保・育成・管理	55.8	49.4
採算性の維持・管理	45.5	42.4
販売先の確保	37.0	52.7
海外展開を主導する人材の確保・育成	35.4	35.1
必要資金の確保	26.6	25.4
生産・販売する商品・サービスの質の確保・	25.2	23.8
現地の法制度・商習慣の把握	20.0	20.7
現地の市場動向・ニーズの把握	15.9	26.0
海外向け商品・サービスの開発	12.2	17.6
信頼できる提携先・アドバイザーの確保・	9.7	11.0
人件費の高騰	54.4	38.8
為替変動のリスク	40.9	37.0
経済情勢の変化のリスク	23.9	21.7
政情不安・自然災害のリスク	23.2	21.7
知的財産・技術流出のリスク	8.9	7.8

課題　　　　　　　　　　リスク

資料：中小企業庁委託「中小企業の海外展開の実態把握にかかるアンケート調査」（2013年12月、損保ジャパ
　　ン日本興亜リスクマネジメント㈱）
（注）ここでは、企業が最も重要と考えている直接投資先の拠点機能について、「生産機能」、「販売機能」と回
　　答した企業をそれぞれ集計している。

（出所）中小企業庁『2014年版中小企業白書』

リスク」とともに２大リスクとなっている。

　図表７−19は、直接投資先からの撤退理由を示している。また、図表７−20
は、直接投資先からの撤退時における障害と課題を示している。取引先企業が
どのような理由で直接投資先から撤退するのか、撤退時にはどのような障害や
課題があるのかを知る上での参考になるだろう。

　直接投資先からの撤退理由は、「海外展開を主導する人材の力不足」「現地の
法制度・商習慣の問題」「人件費の高騰等による採算の悪化」「従業員の確保・
育成・管理の困難性」「経済情勢の悪化」「親会社の事業戦略変更等による再
編」「直接投資先の資金繰りの悪化」「提携先・アドバイザーとの関係悪化」
「商品・サービスの質が確保できない」「政治情勢の悪化」と多岐にわたるが、
「環境の変化等による販売不振」がトップの理由で際立っている。

　また、撤退における障害や課題としては、「投資資金の回収」が最も多く、

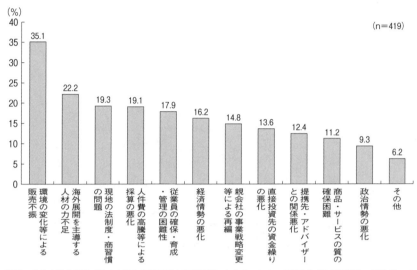

●図表 7 −19　直接投資先からの撤退の理由●

資料：中小企業庁委託「中小企業の海外展開の実態把握にかかるアンケート調査」（2013年12月、損保ジャパン日本興亜リスクマネジメント㈱）
(注) 直接投資先から撤退した経験について、「撤退した経験がある」、「撤退を検討している」と回答した企業を集計している。

（出所）中小企業庁『2014年版中小企業白書』

　以下「現地従業員の雇用関係の整理」「現地の法制度への対応」「合弁先、既往取引先等との調整」「現地政府等との調整」「撤退を相談する相手の確保」「代替拠点の確保が困難」「親会社の信用力の低下」と続く。これら撤退時に障害や課題となる項目は、海外進出の計画・準備段階から想定して、しっかりと対策を講じておく必要がある。

7

取引先の海外進出支援業務等

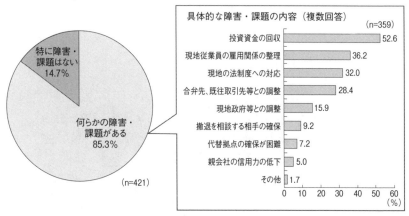

●図表7−20　直接投資先からの撤退における障害・課題●

具体的な障害・課題の内容（複数回答）　(n=359)

項目	%
投資資金の回収	52.6
現地従業員の雇用関係の整理	36.2
現地の法制度への対応	32.0
合弁先、既往取引先等との調整	28.4
現地政府等との調整	15.9
撤退を相談する相手の確保	9.2
代替拠点の確保が困難	7.2
親会社の信用力の低下	5.0
その他	1.7

特に障害・課題はない 14.7%
何らかの障害・課題がある 85.3%
(n=421)

資料：中小企業庁委託「中小企業の海外展開の実態把握にかかるアンケート調査」（2013年12月、損保ジャパン日本興亜リスクマネジメント㈱）
（注）直接投資先から撤退した経験について、「撤退した経験がある」、「撤退を検討している」と回答した企業を集計している。

（出所）中小企業庁『2014年版中小企業白書』

4 海外進出の形態別アプローチ

　企業の海外進出は、拠点の形態別に駐在員事務所、支店、現地法人に分類できる。また、資本金出資の点からは、独資、合弁、業務提携・委託に分類することができる。それぞれの形態にはメリットとデメリットがあるので、取引先企業の海外進出の目的に合わせた形態を採用していく必要がある。図表7−21は、海外進出の形態別のメリットとデメリットを整理したものとなる。取引先企業の海外進出支援の参考になるだろう。

●図表 7 −21　　海外進出形態別のメリット・デメリット●

区分		内容
拠点形態	駐在員事務所	日本本社の出先として情報収集、市場調査、代理店支援、連絡業務などを行う。現地で営業活動はできない。取締役会や株主総会などの機関は不要。組織の運営、維持は楽であるが、最近は営業活動を行っていないか現地当局の監視が厳しくなっている。
	支店	日本本社と同一法人。支店の法律行為については、全て日本本社が責任を負う。営業活動はできる。外資規制上の優遇は受けにくい。非居住者法人として納税の義務がある。取締役会や株主総会などの機関は不要。国によっては設置が認められていない。
	現地法人	現地の国内法人である。進出先国や業種によっては出資比率に制限がある。緩和傾向にあるものの、販売現法は生産現法に比べて外資規制が厳しい。一旦設立した後に撤退する時は、支店に比べて費用や時間がかかる。
資本分類	独資	自社100％出資の完全子会社。経営の裁量権を確保できる。慣れない現地であらゆる事を独自で処理しなければならない。進出国や業種によっては独資が認められない。
	合弁	現地企業のノウハウが活用できる。経営の自由に制約がある。解散・撤退時にはトラブルになることも多い。
	業務提携・委託	資本提携は行わない。投資コストの削減や将来の撤退リスクの回避ができる。

（出所）ジェトロ『初めての海外進出』をもとに作成

金融機関による取引先企業の海外進出支援

本節では、金融機関による取引先企業の海外進出支援の状況を読み取ることができる、中小機構『平成27年度中小企業向け海外展開支援サービスに関するアンケート調査報告書』(以下「中小機構『海外展開支援サービスに関するアンケート』」という)および中小企業庁『2012年度版中小企業白書』の2資料を参照しながら、金融機関による海外進出支援への取組みについて解説する。

① 中小企業向けの海外展開支援サービス

1 金融機関との提携状況

アンケートに回答した金融機関のうち、海外進出支援サービスを行う上で海外の現地金融機関や国内金融機関(海外拠点を含む)と「業務提携をしている」と回答したのは、全体の約7割(86機関)である。提携先金融機関の所在する国・地域は、第一地方銀行は中国、タイ、ベトナム、第二地方銀行は日本を除けばベトナムとタイが多くなっている。一方、信用金庫は国内の金融機関と提携しているとの回答が多くなっている。

また、株式会社国際協力銀行(以下「JBIC」という)の地銀連携協定(JBICスキーム)^(注)を活用した業務提携については、第一地方銀行の提携金融機関のうち約7割が、第二地方銀行の提携金融機関のほとんどがJBICスキームを有していることが明らかになった。

(注) JBICは、中堅・中小企業をはじめとする日本企業の海外事業活動や海外諸国の投資環境に関する情報交換並びに取引先の海外事業展開に対する共同支援(協調融資など)等を目的とする業務協力協定を地域金融機関と締結している。
　海外の地場金融機関等との間でも、日本の地域金融機関を通じた中堅・中小企業の現地進出支援体制の整備のための覚書を締結している。既に多くの日本の地域金融機関がこの枠組みに参加している。

2 海外進出支援に係る金融サービスの内容

海外進出支援に係る金融サービスを提供しているサービスの内容は、「親子

ローン」が最多で、以下「スタンドバイL/C発行による資金調達支援」「国内
支店等から海外子会社への直接融資」「JBICとの連携による融資」「海外拠点
から海外子会社への直接融資」と続いている。

❸ 海外進出支援に係る非金融サービスの内容

　アンケートに回答した金融機関のうち、現在、海外進出支援に係る非金融
サービス（弁護士や会計士などの専門家の紹介、商談会や展示会などの金融
サービス以外のサービス）を「提供している」と回答した金融機関は全体の8
割強（102機関）となる。

　また、これらの金融機関が海外進出に係る非金融サービスを提供する際に連
携する支援機関や専門家は、「ジェトロ」が最多で、以下「コンサルタント」
「中小機構」「地方自治体」「JBIC」「商工会議所」「独立行政法人国際協力機構
（以下「JICA」という）」「弁護士、税理士、会計士」「商工会」と続いている。

●図表7－22　ジェトロが事務局を務める新輸出大国コンソーシアム事業●

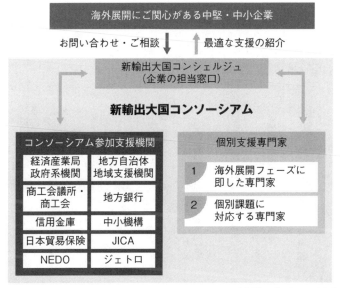

（出所）ジェトロWEBサイト

7

取引先の海外進出支援業務等

例えば、ジェトロは、商工会議所、商工会、地方自治体、金融機関など官民
の支援機関を幅広く結集して中堅・中小企業の海外進出支援を行う「新輸出大
国コンソーシアム」事業の事務局機能を担っている。海外進出を目指す企業は、
新輸出大国コンソーシアムを通じて、様々な支援機関や専門家の支援を受ける
ことができる。

② 地域金融機関の海外進出支援

　図表7−23は、地方銀行、第二地方銀行、信用金庫の業態別に、地域金融機
関の海外展開支援の具体的な取組内容について調査した結果を示している。
　地方銀行では、「資金調達支援」57.1％、「現地市場や投資規制等の情報提供」

●図表7−23　地域金融機関の海外展開支援の具体的取組内容（複数回答）●

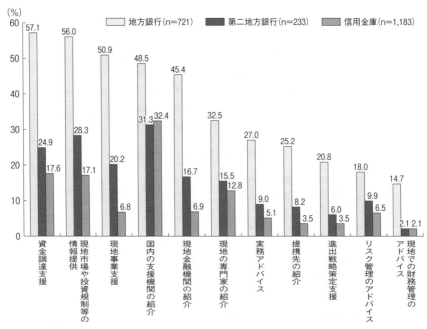

資料：中小企業庁委託「中小企業を取り巻く金融環境に関する調査」（2011年12月、みずほ総合研究所㈱）

（出所）中小企業庁『2012年版中小企業白書』

56.0％、「現地事業支援」50.9％、「国内の支援機関の紹介」48.5％、「現地金融機関の紹介」45.4％の割合が高くなっている。以下、「現地の専門家の紹介」32.5％、「実務アドバイス」27.0％、「提携先の紹介」25.2％、「進出戦略策定支援」20.8％、「リスク管理のアドバイス」18.0％、「現地での財務管理のアドバイス」14.7％と続く。

第二地方銀行では、「国内の支援機関の紹介」31.3％、「現地市場や投資規制等の情報提供」28.3％、「資金調達支援」24.9％の割合が高いが、信用金庫では、「国内の支援機関の紹介」32.4％以外の項目は、いずれも20％未満で高くない。これは業態による規模の違いが、金融機関が取り組むことのできる業務に差を生じさせているからと考えられる。

図表7－24は、地方銀行、第二地方銀行、信用金庫の業態別に、地域金融機関が海外進出支援を推進するために行っている自行庫内での具体的取組について調査した結果を示している。

地方銀行では、「海外での拠点（現地法人、支店、駐在員事務所）の設置」65.3％、「他の金融機関、商社、公的機関等へのトレーニー派遣」61.4％、「外国金融機関との連携」56.1％、「海外展開支援を行う専門機関、コンサルタン

●図表7－24　地域金融機関の海外展開支援推進のための自行庫内の取組（複数回答）●

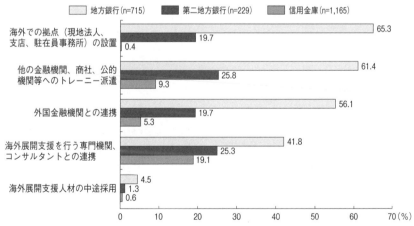

資料：中小企業庁委託「中小企業を取り巻く金融環境に関する調査」（2011年12月、みずほ総合研究所㈱）

（出所）中小企業庁『2012年版中小企業白書』

7

取引先の海外進出支援業務等

トとの連携」41.8％の取組が高くなっている。

　第二地方銀行では、「他の金融機関、商社、公的機関等へのトレーニー派遣」25.8％、「海外展開支援を行う専門機関、コンサルタントとの連携」25.3％、「海外での拠点（現地法人、支店、駐在員事務所）の設置」19.7％、「外国金融機関との連携」19.7％の割合が高いが、信用金庫では、「海外展開支援を行う専門機関、コンサルタントとの連携」19.1％以外の項目は、いずれも10％未満で高くない。地方銀行では海外に拠点を置くことでも海外進出支援を行っているが、第二地方銀行や信用金庫では、日本国内において外部の専門機関やコンサルタントと連携していることがうかがえる。

　本章では、中小企業を念頭に取引先企業の海外進出支援業務について述べてきた。改めて強調しておきたいことは、銀行業務全般について言えることだが、取引先企業の海外進出支援業務についても、まず、お客様が直面している課題、お客様の要望事項、金融機関に期待していることをしっかりと受け止めることから出発することが大切であるということだ。多くのアンケートや調査結果の資料に基づいて解説してきたのもそのためである。その上で、取引先企業の海外進出の目的別、国際化の発展段階別、海外進出のプロセス別、海外進出の形態別、そしてここでは割愛したが進出対象の国・地域別に整理して、個別具体的に支援を考え、実行していくことである。

参考資料

- 石川雅啓著『実践 貿易実務』(日本貿易振興機構)
- 一般社団法人金融財政事情研究会編『海外進出支援実務必携』(きんざい)
- 浦野直義監修『輸出入と信用状取引―新しいUCP & ISBPの実務』(経済法令研究会)
- 大村博著『外国為替〈外為エッセンシャルシリーズⅠ〉』(きんざい)
- 勝悦子著『新しい国際金融論』(有斐閣)
- 外国為替研究会編『外国為替・貿易小六法〈令和5年版〉』(外国為替研究協会)
- 軽森雄二、細川博著『海外進出のしかたと実務知識』(中央経済社)
- 経済法令研究会編『ゼミナール外為実務Q&A 五訂版』(経済法令研究会)
- 経済法令研究会編『七訂 外国為替入門』(経済法令研究会)
- 小島浩司編著『金融機関のための中小企業海外展開支援実務のポイント』(経済法令研究会)
- 後藤守孝、軽森雄二、粥川泰洋著『すらすら図解貿易・為替のしくみ』(中央経済社)
- 式部正昭著『八訂 外国為替の基礎』(経済法令研究会)
- 三井住友銀行総務部金融犯罪対応室著『図説 金融機関職員が知っておきたい外為法の常識』(きんざい)
- 三菱UFJリサーチ&コンサルティング編『外国為替の実務 第11版』(日本経済新聞出版社)
- 三菱UFJリサーチ&コンサルティング著『外為法ハンドブック2023』(三菱UFJリサーチ&コンサルティング)
- 三宅輝幸著『貿易実務と外国為替がわかる事典』(日本実業出版社)
- 有限責任あずさ監査法人企業成長支援本部編『中堅・中小企業のアジア進出ガイドブック』(中央経済社)
- 『ICC取立統一規則の条文注釈』(国際商業会議所日本委員会)
- 「平成18年度 海外との取引リスクに関する調査」(みずほ総合研究所)
- 金融庁「企業アンケート調査の結果」平成29年10月25日
- 中小企業庁「中小企業白書」(2010年・2012年・2014年・2023年版)
- 中小企業庁「日本の中小企業・小規模事業者政策」平成25年8月
- 中小機構「平成27年度中小企業向け海外展開支援サービスに関するアンケート調査報告書」平成28年3月
- 中小機構「平成28年度中小企業海外事業活動実態調査報告書」平成29年3月
- 「外国為替入門コース」(経済法令研究会)
- 「3ヵ月マスター外為コース」(きんざい)
- 貞嘉徳、高田翔行著『経済安全保障×投資規制・貿易管理外為法Q&A』(中央経済社)
- Kin Sindberg『From A to UCP』(Books on Demand GmbH)
- Andy Riley『Forfaiting for Exporters』(Thomson Business Press)
- ジェトロWEBサイト 「初めての海外進出」https://www.jetro.go.jp/theme/fdi/basic.html
- 首相官邸WEBサイト 「日本再興戦略〜JAPAN is BACK〜」
  http://www.kantei.go.jp/jp/singi/keizaisaisei/pdf/saikou_jpn.pdf

第1章担当
遠藤　玲司（えんどう　れいじ）
貿易アドバイザー協会（AIBA）所属
千葉銀行で長年、国際業務に携わり、同行各店の顧客の貿易取引相談や行員の外国為替の実務研修、トレーニーなどに従事。同行退職後、外国為替の通信講座等に係る執筆活動を行っている。著書に「3ヵ月マスター外為コース」（きんざい）、「やさしい外為営業入門講座」（近代セールス社）、「外国為替と貿易の基本がよくわかるコース」（共著、経済法令研究会）等がある。

第2章・第3章担当
利見　英一（としみ　ひでかず）
貿易アドバイザー協会（AIBA）所属
京都銀行で外国為替業務に長年携わり、外為事務企画や外為システム構築を行う。ニューヨーク支店に7年間駐在。帰国後、行内研修の講師や京都貿易協会主催セミナーの講師を務めた。銀行退職後、外国為替関係通信講座用テキスト等の校閲・執筆を行っている。

第4章担当
花木　正孝（はなき　まさたか）
近畿大学経営学部教授　貿易・ファイナンスコース主任
大阪大学経済学部卒業。1989年4月住友銀行（現三井住友銀行）入行。営業店にて外為を中心に法人営業を担当後、2003年より大阪外為センター（現大阪グローバルサービス部）勤務。研修・サポートグループにて、主に地方銀行・第二地方銀行・信用金庫職員向けの外為実務研修・相談業務を担当。2015年4月近畿大学経営学部准教授。2021年4月同教授。2022年9月博士（商学）。2022年10月より現職。専門は、外為実務、外為コンプライアンス、貿易代金決済電子化等。日本貿易学会、国際商取引学会理事、日本港湾経済学会常任理事。

第5章担当
大重　康雄（おおしげ　やすお）
志學館大学法学部教授。貿易アドバイザー協会（AIBA）認定貿易アドバイザー（#018）
成蹊大学経済学部卒業。1976年4月〜2004年3月鹿児島銀行勤務。主に国際業務を中心に外貨資金取引や地域での貿易取引支援に取り組む。2004年4月から2019年3月鹿児島女子短期大学教養学科勤務。主に国際経済・地域経済・キャリア開発等を担当。2019年4月から現在まで志學館大学法学部法ビジネス学科勤務。主に国際ビジネス論・経営学・地域経済演習等を担当。鹿児島県立短期大学非常勤講師。外国貿易論等を担当。

第6章1節～3節担当

奥田　善生（おくだ　よしきよ）

1966年三井銀行（現三井住友銀行）入行、浅草支店外国課長、大阪外国事務センター輸入課長、研修部長代理、外貨両替事務室長等を務め、主に外国為替の業務と研修を担当。共著に「輸出入と信用状取引」、「ゼミナール外為実務Q&A」他がある。

第6章4節担当

堀内　秀晃（ほりうち　ひであき）

ゴードン・ブラザーズ・ジャパン　代表取締役社長

京都大学経済学部卒業。住友銀行（現三井住友銀行）入行。1991～2005年ニューヨーク勤務。問題債権部門の部門長としてDIPファイナンスをはじめとする事業再生融資、ファンド投資、多くの私的整理、法的整理案件を手掛ける。2005年に帰国後はプライベート・エクイティファンド投資を担当。2007～2015年まで日本GE（GEキャピタル）にてAsset Based Lendingを用いた事業再生融資を手掛ける。2015年にゴードン・ブラザーズ・ジャパンに移籍、動産関連業務に従事。2022年12月より現職。

第7章担当

木下　義文（きのした　よしふみ）

日本経済大学経営学部経営学科・同大学院経営学研究科教授。2003年1月、ジェトロ貿易アドバイザー認定を経て、2019年3月まで貿易アドバイザー協会（AIBA）所属。

1984年3月立教大学社会学部卒業。1984年4月三井銀行（現三井住友銀行）入行、2017年3月退職。この間、一貫して外国為替、貿易金融、中小企業の海外進出支援業務に従事。2017年4月、日本経済大学経営学部経営学科・同大学院経営学研究科准教授。2018年3月日本大学大学院総合社会情報研究科博士後期課程修了、博士（総合社会文化）。2018年4月現職。中小企業の国際展開における課題と対策についてファミリービジネスの視点から研究を行う。

三訂 外国為替の実務

2018年 7 月15日	初版第 1 刷発行	編　　　者	経済法令研究会
2020年11月30日	改訂版第 1 刷発行	発 行 者	志　茂　満　仁
2023年12月 8 日	三訂版第 1 刷発行	発 行 所	㈱経済法令研究会

〒162-8421　東京都新宿区市谷本村町 3 -21
電話 代表 03(3267)4811　制作 03(3267)4823
https://www.khk.co.jp/

営業所／東京03(3267)4812　大阪06(6261)2911　名古屋052(332)3511　福岡092(411)0805

カバー・本文デザイン／bookwall　制作／長谷川理紗　印刷／日本ハイコム㈱　製本／㈱ブックアート

©Keizai-hourei Kenkyukai 2023　Printed in Japan　　　　　ISBN978-4-7668-2505-3